Heinz Börner
Bernd Härtner

Im Leseland

Die Geschichte des Volksbuchhandels

Das Neue Berlin

Inhalt

Vorbemerkung

Der Anstoß für diese Arbeit liegt länger zurück. Im September 2002 fand im Leipziger Haus des Buches eine von der Martin-Luther-Universität Halle-Wittenberg organisierte Veranstaltung statt. Sie stand unter dem Thema »Zwischen Buchvertrieb und Buchmarkt – Rundgespräch zur Genese, Struktur und Funktion des Buchhandels in der DDR«. Es diskutierten Wissenschaftler und aktive wie ehemalige Verantwortliche, die in allen Zweigen des Buchhandels der DDR tätig gewesen waren.

Seitdem sind fast zehn Jahre vergangen. Verschiedene Publikationen haben sich mit der Geschichte, dem Wirken und dem weiteren Schicksal der Verlage und des Zwischenbuchhandels der DDR in wissenschaftlicher oder populärer Form beschäftigt. Eine entsprechende geschlossene Darstellung des Sortimentsbuchhandels fehlt dagegen nach wie vor.

Die vorliegende Arbeit zur Geschichte des Volksbuchhandels will dazu beitragen, diese Lücke zu schließen. Die Autoren sind sich bewusst, dass nicht der Volksbuchhandel allein den Buchverkauf in der DDR vertrat, aber insgesamt hinreichende Repräsentanz für dieses Thema bietet. Wir haben dabei nicht die Absicht, eine Dokumentation vorzulegen, sondern berichten von unserer eigenen langjährigen Erfahrung und stützen uns auf die Auskünfte von Zeitzeugen, die an der Entwicklung des Volksbuchhandels beteiligt waren.

Bei der Ausarbeitung konnten wir unter anderem die bereits seit den siebziger und achtziger Jahren vorliegenden,

jedoch nie an die Öffentlichkeit gelangten Betriebsge-
schichten aus den Bezirken der DDR einbeziehen.

Wir danken allen, die uns in Wort und Schrift den Schatz
ihrer Erinnerungen, ihre persönlichen Aufzeichnungen und
ihre Fotoalben geöffnet und uns so unterstützt haben: Rolf
Aurich †, Harry Baier, Klaus Berger, Marlit Findewirth, Sieg-
mund Findewirth, Siegfried Förster, Siegfried Heinrich †,
Günter Hempel †, Jutta Heß, Siegfried Jahn, Werner Kahlen-
berg, Herbert Kaptor †, Ernst Karlipp, Wolfgang Krostitz,
Wolfgang Mitschke, Siegfried Müller, Heinz Neuer, Lothar
Oehme †, Karlheinz Pätzold, Hans-Georg Plott, Wilfried
Prüfer, Roland Quos †, Hans Reihe, Konrad Reich †, Kurt
Rüddiger, Manfred Schlechte †, Rudolf Schmalz, Herbert
Schuster, Fritz Waniek und Just Weiss.

Besonderen Dank sagen wir unseren langjährigen Kollegen und Freunden Lothar Fröhlich und Jürgen Petry, die
dem Projekt entscheidend auf den Weg geholfen und wert-
volle Hinweise zur Realisierung gegeben haben.

Heinz Börner / Bernd Härtner
Leipzig, Januar 2012

Einleitung

Über vier Jahrzehnte bestimmte der Volksbuchhandel das Erscheinungsbild des Sortimentsbuchhandels in der Öffentlichkeit der DDR. Er verfügte über etwa 750 Buchhandlungen, Antiquariate sowie Kunst- und Musikalienhandlungen, einen eigenen Versandbuchhandel sowie eine Betriebsberufsschule, die frühere und heutige Deutsche Buchhändler-Lehranstalt, die 1853 in Leipzig gegründet worden war. Im Volksbuchhandel arbeiteten in den achtziger Jahren durchschnittlich 6000 Mitarbeiter. Stets stellten Frauen den überwiegenden Teil der Beschäftigten, auch wenn sich das in der Leitungspyramide nur ungenügend widerspiegelte. Insgesamt wurden über 8000 Lehrlinge in den Berufen Buchhändler, Antiquar und Musikalienhändler ausgebildet, dazu noch etwa 4000 Seiteneinsteiger über die Erwachsenenqualifizierung.

Der Volksbuchhandel war die größte Einrichtung des Sortimentsbuchhandels, die je im deutschsprachigen Raum auf den Markt getreten ist. Sein dichtes, an die politische Gliederung der DDR angelehntes Handelsnetz war ein erheblicher Wirtschaftsfaktor in der Buchlandschaft. Die beachtlichen ökonomischen Ergebnisse definierten sich immer über die vorrangige Erfüllung eines klar formulierten, wenn auch zeitweilig stark umstrittenen kulturpolitischen Auftrags.

Ein Monopol im Bucheinzelhandel der DDR, wie es der Leipziger Kommissions- und Großbuchhandel (LKG) als nahezu alleiniger Vertreter des Zwischenbuchhandels praktisch innehatte, besaß der Volksbuchhandel jedoch zu keiner Zeit, denn es gab noch viele andere Anbieter von Literatur. Zum Fachhandel gehörte der immer noch große private Sektor – noch 1987 war jede vierte eine Privatbuchhandlung –, der starke, traditionell begründete Qualitätsmerkmale und ausgeprägtes Selbstbewusstsein einbrachte.

»Das internationale Buch« in Rostock

»Buchhandlung am Markt«, Leipzig

10

»Das gute Buch«, Halle

Volksbuchhandlung in Oberhof

Bücher bekam man auch in den Buchabteilungen der Warenhäuser »CENTRUM« und »konsument«, in manchen Geschäften des Einzelhandels sowie in fast allen Verkaufsstellen des Postzeitungsvertriebs.

Es gab darüber hinaus in einigen Städten die kirchlichen Einrichtungen »Wort und Werk« und »St. Benno-Buchhandlung«, mancherorts beide. Die Vereinigung organisationseigener Betriebe (VOB) unterhielt ebenfalls Objekte, und schließlich existierten noch einige verlagseigene Buchhandlungen. Zu ihnen gehörten die Schnittzentren des Verlags für die Frau in zehn Städten oder die Buchhandlung des Akademie Verlages am Berliner Gendarmenmarkt.

Dagegen waren die Einrichtungen des Buch- und Zeitschriftenvertriebs der Nationalen Volksarmee der Öffentlichkeit nicht zugänglich. Der Literaturvertrieb in der NVA war ursprünglich Aufgabe des Volksbuchhandels gewesen, wurde ab Mitte der sechziger Jahre jedoch auf eigene Füße gestellt. 1987 umfasste er 144 Objekte.

1990, mit der radikalen Änderung der gesellschaftlichen Grundlagen, verlor der Volksbuchhandel seine Existenzberechtigung als staatlich geleitetes Gesamtunternehmen und lebt heute nur in der Erinnerung und in der privatwirtschaftlichen Tätigkeit vieler Buchhändler, die im Volksbuchhandel ihre ersten Schritte in diesem Beruf gegangen sind.

Von der »Roten Feldpost« zum Volksbuchhandel

Am 15. Juni 1990, einem Freitag, eröffnete der Volksbuchhandel – bereits unter treuhänderischer Verwaltung stehend – am Leipziger Dorotheenplatz, einen Steinwurf von seiner Hauptdirektion entfernt, seine letzte Filiale, eine Spezialbuchhandlung für Kunst und Reproduktionen. Sie wurde geleitet von Siegfried Jahn und – bei Sekt und einem bescheidenen Buffet – mit allen guten Wünschen für ihren weiteren Weg versehen.

Zwei Wochen danach kam es zur Währungsunion mit der BRD, nochmals zwei Monate später hörte die DDR auf zu existieren und mit ihr der Volksbuchhandel. Die guten Wünsche zur Eröffnung erfüllten sich nicht. Die Buchhandlung gibt es heute nicht mehr, Nachfolger aus anderen Branchen wechselten in rascher Folge.

Verglichen mit der langen Geschichte des deutschen Buchhandels umfasst das Wirken des Volksbuchhandels eine kurze Zeit, wenngleich seine Ursprünge auf sozialdemokratischen Traditionen beruhen und bis in die zweite Hälfte des 19. Jahrhunderts zurück reichen.

Damals war der organisierte Vertrieb sozialdemokratischen Gedankengutes notwendig geworden, aber er war für das Bürgertum neu und gefährlich und darum von Illegalität bedroht. Damit war klar, dass hierfür die seit langem bestens bewährten Strukturen des deutschsprachigen Buchhandels nicht zur Verfügung standen. Unter diesem Aspekt verwundert es nicht, dass erste Spuren linker buchhändlerischer Tätigkeit im deutschsprachigen Teil der neutralen Schweiz zu finden sind.

Die erste Volksbuchhandlung, die im Sinne politischer Ausrichtung diesen Namen verdient, wurde 1879 in Zürich-Hottingen gegründet.

Im Gebiet des Deutschen Reiches unterband Bismarcks Sozialistengesetz jede normale Entwicklung, aber das Gesetz schlug auf seine Urheber zurück: Die Sozialdemokratie kehrte nach 1890 stark wie nie zuvor auf die politische Bühne zurück. Die Arbeit in der Illegalität hatte ihre organisatorischen Strukturen noch gefestigt. Das traf auch auf den Buchvertrieb zu: Die deutschen Sozialdemokraten Julius Motteler (1838–1907) und Joseph Belli (1849–1927) bauten für Transport und Vertrieb illegaler sozialdemokratischer Schriften unter dem Namen »Die Rote Feldpost«

ein hervorragend funktionierendes Netz auf, das Motteler den Ehrennamen »Der Rote Feldpostmeister« eintrug. Der Bedarf an sozialdemokratischen Schriften wuchs auch durch die Tätigkeit der Arbeiterbildungsvereine, in Sachsen vor allem vorangetrieben von Julius Vahlteich (1839–1915).

Nach dem Fall des Sozialistengesetzes entstand in Leipzig die erste Volksbuchhandlung gemeinsam mit der Zentralbibliothek der Leipziger Arbeiterschaft: 1906, im Volkshaus in der Zeitzer Straße, der heutigen Karl-Liebknecht-Straße.

Leipzig war zu diesem Zeitpunkt bereits das Zentrum des deutschsprachigen Buchhandels, und so dürfte die Eröffnung einer Buchhandlung anderer Prägung und Zielsetzung wenig Aufsehen erregt haben. Aber damit war eine Entwicklung eingeleitet, die sich rasch fortsetzte und erst im Ersten Weltkrieg ein zeitweiliges Ende fand.

In der Zeit der Weimarer Republik organisierte sich die Arbeiterschaft wieder. Unter dem Einfluss der russischen Oktoberrevolution trat neben der SPD nun die KPD auf den Plan, und wie bei ihren politischen Aktionen und Zielstellungen operierten auch die Buchvertriebe beider Arbeiterorganisationen streng getrennt. Die Nationalsozialisten machten ab 1933 solche Unterschiede nicht mehr. Sie bekämpften Sozialdemokraten und Kommunisten gleichermaßen.

Somit gehören zu den Wurzeln des Volksbuchhandels, wie er sich in der DDR schließlich entwickelte, auch Traditionen und verschiedene Vorläufer des Buchvertriebs außerhalb des bürgerlichen Buchhandels. Dessen Strukturen allerdings prägten auch den Buchhandel der DDR, so unterschiedlich sich die Buchhandelslandschaft im Osten und im Westen Deutschlands später entwickelte.

Die Ausgangssituation
in der Sowjetischen Besatzungszone

Ein Datum für die Gründung des Volksbuchhandels kann auch nach 1945 nicht festgemacht werden.

Leipzig, seit der Jahrhundertwende die unumstrittene Hauptstadt des Buchhandels in der ganzen Welt, geriet gegen Ende des Zweiten Weltkrieges in das Fadenkreuz unterschiedlicher Interessen der Alliierten. In der kurzen Zeit amerikanischer Besetzung sah man es als eine vordringliche Aufgabe an, das verbliebene, schwer angeschlagene Potenzial der Buchstadt Leipzig so schnell und gründlich wie möglich einem »kommunistischen Zugriff« zu entziehen. Das war nach Erstem Weltkrieg und Inflation, nach Judenverfolgung und nahezu völliger Zerstörung des Grafischen Viertels schon der fünfte – wenn auch nicht letzte – schwere Aderlass, den der »Leipziger Platz« in kaum dreißig Jahren hinzunehmen hatte.

Fünfunddreißig Tage nach dem Ende des Zweiten Weltkrieges auf dem europäischen Kontinent, am 12. Juni 1945, verließ ein langer Konvoi amerikanischer Militärfahrzeuge über die kaum befahrene, aber weitgehend intakte Autobahn Leipzig mit dem Ziel Wiesbaden. Geladen hatten die Fahrzeuge Verleger und weitere Vertreter der Buchbranche mit ihren Familien, dazu Archive und Dokumente.

Unter denen, die gingen, waren einige, deren Namen und Wirken über mehrere Jahrhunderte Leipzig schließlich zur Buchhauptstadt der Welt gemacht hatten. Brockhaus und Teubner, Thieme und Insel und andere verließen an diesem Tag Leipzig für immer, darunter auch der zweitgrößte Kommissionär C. F. Fleischer.

Breitkopf & Härtel folgte ihnen nur eine Woche später. Damit wurden die organisatorischen und geistigen Grundlagen am »Leipziger Platz« noch einmal stark geschwächt und Leipzigs zentrale Stellung im deutschen wie im internationalen Buchhandel weiter untergraben. Frankfurt am

Main sollte das neue Zentrum werden. Major Douglas Waples, Chef einer amerikanischen Kommission zur »Rettung Deutscher Kulturgüter«, hatte ganze Arbeit geleistet.

Diskret und gezielt waren die großen Verlagshäuser informiert worden, dass die amerikanische Besatzung nur ein kurzes Zwischenspiel bleiben würde und der Einmarsch sowjetischer Truppen unmittelbar bevorstehe. Eine »Rettung« der Unternehmen sei nur durch die sofortige Umsiedlung in die amerikanische Besatzungszone möglich. Der Hinweis auf eine sowjetische Besatzung überzeugte viele, aber keineswegs jeden.

Verleger Ernst Reclam beispielsweise war nicht bereit, Leipzig ohne weiteres zu verlassen, auch das Haus Koehler & Volckmar, bis 1945 größter Zwischenbuchhändler, nicht. Aber diejenigen, die die Stadt verließen, reichten aus, der mehrhundertjährigen Rolle Leipzigs auf dem Weltbuchmarkt einen Schlag zu versetzen, von dem es sich nicht mehr erholte.

So aktiv und konsequent sich die amerikanischen Zwischenbesatzer in ihrer Episode bis zur Elbe und Mulde zeigten, um bestimmte Dinge vor ihrem eigenen Verbündeten in Sicherheit zu bringen, so passiv verhielten sie sich in ihrem vorübergehenden Machtbereich selbst.

Sie erteilten keinem Verlag, keiner Druckerei, keiner Buchhandlung eine Lizenz. Der sowjetische Alliierte sollte keine funktionsfähige Infrastruktur vorfinden, auch wenn zu dieser Zeit noch Vertreter aller gesellschaftlichen Schichten und politischen Gruppierungen vom Fortbestand eines einheitlichen Deutschland ausgingen.

In Leipzig versuchte eine Gruppe um den letzten Ministerpräsidenten Sachsens vor der NS-Zeit, Erich Zeigner (SPD – er sollte kurz darauf Oberbürgermeister von Leipzig werden), den Schriftsteller Fritz Selbmann (KPD – später Minister für Schwerindustrie in Sachsen) und den späteren Stadtrat für Kultur und Hauptgeschäftsführer des Börsenvereins Alfred Ernst (SPD) schon in der Zeit der amerikanischen Besatzung von der Rolle Leipzigs als Buchstadt zu retten, was zu retten war. Dafür erhielten sie von der amerikanischen Militäradministration Betätigungsverbot, Fritz Selbmann sogar Gefängnis.

Was kommen würde, wenn die sowjetischen Truppen in Leipzig einrückten, wusste niemand. Am 2. Juli 1945, zwei Tage nach dem Abzug der Amerikaner, waren sie da.

Von nun an gehörte auch Leipzig – wie Schwerin, Halle, Erfurt – zum Einflussbereich der Sowjetischen Militäradministration in Deutschland (SMAD). Ihre Anordnungen, das öffentliche Leben in Gang zu setzen und zu entwickeln, umfassten auch den kulturellen Bereich und waren auf Arbeitsmöglichkeiten der Künstler und Schriftsteller, der Theater, von Presse und Rundfunk, Verlagen und Druckereien gerichtet. Ausdruck dessen war unter anderem der SMAD-Befehl Nr. 51 zur »Wiedererrichtung und Tätigkeit der Kulturinstitutionen« vom 25. September 1945 unter den maßgeblich für die Kulturarbeit Verantwortlichen, Oberst Sergej Tjulpanow und Kulturoffizier Alexander Dymschitz.

Im zunächst nur von sowjetischen Truppen besetzten Berlin bereiteten – noch auf den rauchenden Trümmern – Frauen und Männer der ersten Stunde auch die Gründung neuer Verlage vor. Johannes R. Becher erwarb sich Verdienste um die Heimholung von Emigranten aus dem Westen. Es kamen Brecht und Seghers, Ludwig Renn und Bodo Uhse, mit unterschiedlichen Erfahrungen, aber mit dem Willen zum Neubeginn.

In Leipzig erhielten die Verlage der im Juni 1945 geflohenen Verleger unter der neuen Besatzungsmacht wieder Lizenzen. Prozesse – oft über Jahrzehnte – mit den jetzt im Westen befindlichen Verlegern und den im Osten ansässigen Verlagen würden folgen, doch änderte das zunächst nichts daran, dass wieder Bücher gemacht wurden. In Deutschland Ost wie in Deutschland West, oft unter dem gleichen Namen und nicht selten mit gleicher Ausrichtung der Programme (Insel, Reclam, Brockhaus u.a.). Dazu kamen Neugründungen wie der Aufbau Verlag Berlin und Weimar (16. August 1945), Verlag Technik Berlin (12. Februar 1946), Henschelverlag Berlin (1. Juni 1946), Verlag Neues Leben Berlin (2. September 1946) und andere, die sich später in der DDR einen Namen machten und auch internationales Renommee erlangten. Der Leipziger Kommissions- und Großbuchhandel wurde am 14. Juni 1946 als GmbH mit 30 000 RM Stammkapital gegründet, vorerst noch als eines unter vielen Unternehmen des Zwischenbuchhandels.

Diese konzentrierten sich trotz aller Zerstörungen immer noch in Leipzig, wie der Branchenführer Koehler & Volckmar (bis zur Enteignung 1949), die beiden bis in die DDR-Zeit überlebenden Kommissionäre H. G. Wallmann und Winter und weitere Unternehmen. Auch in anderen Besatzungszonen machten sich Zwischenbuchhändler daran, ihre frühere Stärke auf dem Buchmarkt wiederzuerlangen, so Libri in Hamburg oder Umbreit in Stuttgart.

Die Neulizenzierung des seit 1945 führungslosen Börsenvereins in Leipzig folgte am 21. Juni 1946.

Bereits am 5. Juni 1945 hatte die Handelskammer Leipzig einen »Aktionsausschuss des Börsenvereins« gegründet. Ihm gehörten die Verleger Hans Brockhaus, nach dessen baldigem Weggang Dr. Walter Jäh vom Carl Marhold Verlag Halle sowie Musikalienhändler Edgar Bielefeldt, Sortimentsbuchhändler Georg Petermann und Aufsichtsrat Theodor Volckmar-Frentzel von Koehler & Volckmar an.

Am selben Tag unterzeichneten der Leiter der Leipziger Geschäftsstelle Albert Heß und die Verleger Wilhelm Klemm sowie der aus Frankfurt am Main stammende Buchhistoriker und Verleger Georg Kurt Schauer in Wiesbaden ein Protokoll über die Einrichtung einer Zweigstelle des Börsenvereins, der erste Schritt zur Spaltung der damals 120-jährigen Dachorganisation des deutschen Buchhandels.

Die ersten Nachkriegsmonate waren im Buchhandel und Verlagswesen vom Rückgriff auf Bewährtes sowie von Neugründungen gekennzeichnet, von einem Volksbuchhandel war hier noch keine Rede. Einen Gründungsbeschluss gab es nicht, dafür aber ein riesiges Bedürfnis nach der Verbreitung neuen Gedankengutes und so etwas wie eine eigene Tradition. Festere Organisationen würden entstehen, wenn die Zeit reif war.

Nach zwölfjähriger Unterdrückung humanistischen Gedankengutes konnte und musste das Buch beim Neuaufbau des gesellschaftlichen Lebens eine wichtige Rolle spielen. So kam es bald unter Verantwortung von SPD, KPD, Kommunen und Organisationen zu zahlreichen Neugründungen von Sortimentsbuchhandlungen, von denen einige auch den Namen »Volksbuchhandlung« führten. Sie suchten sich zunächst in Ost und West ihren Platz in den noch bestehenden, wenn auch schwer kriegsgeschädigten Strukturen des Buchhandels. Wer also jetzt auf den Plan trat, noch dazu mit einem neuen Anspruch, sah sich der Konkurrenz von traditionsreichen Sortimentsbuchhandlungen gegenüber, wurde von immer noch renommierten Zwischenbuchhändlern im Auftrag von Verlagen mit klangvollen Namen beliefert. Hinzu kam, dass mindestens bis zu den Währungsreformen im Sommer 1948 die innerdeutschen Waren- und damit auch Bücherströme relativ reibungslos liefen.

Eine der ersten Buchhandlungen, die nach dem Zweiten Weltkrieg als Volksbuchhandlung auftrat, befand sich nicht auf dem Gebiet der sowjetischen, sondern auf dem der französischen Besatzungszone, in Singen (Hohentwiel). Dort wurde sie bereits im Juni 1945 als GmbH gegründet. Ihr erster Geschäftsführer hieß Gerhard Wohlfahrt, Eigentümer war die Ortsgruppe der KPD, die in Ost und West zu den ersten Aktivisten gehörte.

Ebenfalls sehr früh im Juni 1945 – noch war die Rote Armee die einzige Besatzungsmacht in Berlin – wurde im

späteren Ostsektor die »Bücherstube Köpenick«, Bahnhof-
straße 3, gegründet, als deren Inhaberin und Geschäftsfüh-
rerin sich Irma Tamm auswies, auch sie im Auftrag der
Kommunistischen Partei. Acht Jahre später wurde Irma
Tamm Direktorin des LKG, der zu dieser Zeit schon fast allein den Zwischenbuchhandel in der inzwischen entstandenen DDR beherrschte. Auch ihr Ehemann und Kampfge-
fährte Erich Tamm leitete eine kleine Buchhandlung in der
Friedrichstraße, wurde aber schon bald Chef der Berliner
Buchhandelsgesellschaft (BBG). Wiederum fünf Jahre später erklomm Irma Tamm eine weitere Stufe in der Nomen-
klatura und war fortan Leiterin der Abteilung Literaturpropaganda und -vertrieb in der Hauptabteilung Literatur und
Buchwesen des Kulturministeriums der DDR. Zugleich war
sie die rechte Hand ihres Chefs Erich Wendt, zuvor Leiter
des Aufbau Verlages. Hatte dieser als Mann des Buches
schon große Verdienste – nach seinem Tode wurde er als
Namensgeber der Betriebsberufsschule des Volksbuchhandels geehrt –, so ist er auch als erfolgreicher und geachteter
Politiker bekannt geworden: Als Staatssekretär handelte er
für die DDR das erste deutsch-deutsche Berlinabkommen
nach dem Mauerbau aus.

In Sachsen wurde die erste Neugründung am 1. August
1945 in Nossen unweit von Dresden bekannt, bei der sich
als Eigentümer die Stadt selbst auswies und deren Anschrift
zeitgemäß Stalinplatz 28 lautete.

Gleichfalls in Sachsen und ebenfalls im August kam es
jedoch zu einer Gründung, die später sogar die Entwicklung des Volksbuchhandels mitbestimmte: die Buchhandlung Franz-Mehring-Haus. Unter diesem Namen, den sie
auch nach 1990 behielt, wurde sie im August 1945 in der
Leipziger Goethestraße 3–5 eröffnet, übrigens damals wie
heute (vorübergehend natürlich nicht) das Leipziger Gebäude der inzwischen in der Commerzbank aufgegange-
nen Dresdner Bank. Zum Zeitpunkt ihrer Gründung war
diese Buchhandlung allerdings nur eine – wenn auch recht

Eine der ersten Volksbuchhandlungen, gegründet 1945: Franz-Mehring-Haus in Leipzig

große – Abteilung des »Vertriebs für Wissenschaft und Literatur«. Dahinter verbarg sich die Auslieferung des Parteiverlages der KPD Neuer Weg, eines Vorläufers des Dietz Verlages.

Die Vergabe von Eigennamen bei der Firmierung von Volksbuchhandlungen war später eine weit verbreitete Praxis. Die Palette der so Geehrten reichte von lokalen Größen – Volksbuchhandlung »Johannes Gillhoff«, Ludwigslust – bis zu berühmten Namen aus der Kultur- und Geistesgeschichte – Karl-Marx-Buchhandlung, Berlin oder Volksbuchhandlung »Alexander von Humboldt«, Potsdam.

Mitunter wies der Firmenname nur auf eine Örtlichkeit – Volksbuchhandlung am Markt – oder territoriale Besonderheit hin – Elbe-Buchhandlung Schönebeck. Manchmal fehlte sogar die ausdrückliche Benennung als Volksbuchhandlung.

Am 17. Januar 2009 endete, fast unbemerkt von der Öffentlichkeit, die Geschichte des Franz-Mehring-Hauses in Leipzig. Konkurrenzdruck und Standortprobleme führten zum Verlust an Wirtschaftskraft und Rentabilität und schließlich zum Ende dieser einst weithin bekannten Institution, die damit das Schicksal vieler traditionsreicher Sortimentsbuchhandlungen teilt.

Am 1. Juli 1946 war eine Neugründung in Thüringen, Jena am Holzmarkt 3, zu verzeichnen, bei der erstmals die inzwischen gegründete SED als Eigentümer auftrat. Sie tat es in Gestalt des Thüringer Volksverlages Weimar, der ihr gleichfalls gehörte. Die SED war offensichtlich und nicht erfolglos bemüht, ihren politischen Anspruch auch wirtschaftlich zu untermauern. Der Thüringer Volksverlag ist dafür ein Beispiel, denn als der LKG 1948 nach der Währungsreform und der damit verbundenen endgültigen Spaltung des deutschen Wirtschaftsraumes in eine schwere Liquiditätskrise geriet, war es die SED, die durch drei Verlage, die allesamt ihr gehörten, das Stammkapital aufstockte und das Unternehmen rettete. Sie sah im LKG – obgleich damals noch GmbH – den Antipoden zu den noch immer starken privaten Unternehmen des Zwischenbuchhandels, die trotz Enteignung und Flucht von Inhabern vor allem in Leipzig noch zahlreich vertreten waren.

Ebenfalls am 1. Juli 1946 gründete der neu entstandene SED-Ortsverein in Borna, südlich von Leipzig, in der

Mühlgasse 5 in einem nur zirka 20 Quadratmeter großen Eckgeschäft eine Volksbuchhandlung, die sich bis heute am selben Ort befindet. In deutlich erweiterten Räumen gehört sie nunmehr dem Filialisten Lewejohann

Am 1. November 1946 eröffnete in der Großen Ulrichstraße zu Halle an der Saale, damals Provinz Sachsen-Anhalt, eine Volksbuchhandlung unter dem Namen »Das Gute Buch«. Ihr Gründer, Heinrich Müncker, sollte später noch eine bedeutende Rolle im Volksbuchhandel spielen. Er sorgte sich bereits früh um den beruflichen Nachwuchs, die Facharbeiterzeugnisse vieler junger privater und Volksbuchhändler der späten fünfziger und frühen sechziger Jahre trugen seine Unterschrift.

Im thüringischen Schmalkalden wurde 1947 die Volksbuchhandlung in der Auergasse 9 eröffnet, diesmal wieder mit dem Inhaber Thüringer Volksverlag Weimar. Geschäftsführer Robert Häfner erwarb sich später Meriten als Bezirksdirektor des Volksbuchhandels, zunächst in Suhl, dann in Erfurt.

Die ebenfalls 1947 gegründete Volksbuchhandlung am Rathausplatz von Zittau in Sachsen führte sogar noch den Namen des Vorbesitzers in der Firmierung: vormals E. Olivas Buchhandlung, gegründet 1847. Inhaber war nunmehr, genau hundert Jahre später, der SED-Kreisvorstand Zittau. Wie viele verschiedene Besitzer diese Buchhandlung in diesen einhundert Jahren gehabt hat, ist nicht bekannt, und auch die Umstände, unter denen der Inhaberwechsel zum Volksbuchhandel vollzogen wurde, waren nicht zu ermitteln. Die verbreitete Meinung allerdings, dass die Übernahme privater Buchhandlungen durch den Volksbuchhandel später bestimmend für seine Expansion gewesen sei, ist nicht richtig. Kam es doch vor, lagen in den allermeisten Fällen sachliche Gründe vor; man nahm die Gelegenheit wahr, aber man führte sie nicht herbei.

Am 7. Januar 1947 eröffnete auch in der britischen Besatzungszone der SPD-Ortsverein in Hannover, Georgstraße 33, eine Volksbuchhandlung unter der Geschäftsführung von Theodor Nehme.

Ein letztes Beispiel für die etwas unübersichtliche, fast holprige Entstehung des Volksbuchhandels: Am 1. Januar 1947 eröffnete auch die Gewerkschaft eine erste eigene Buchhandlung. Sie hieß »Bücherstube Gutenberg« und befand sich in Leipzig in der Karl-Liebknecht-Straße. Domizil war ein markantes, noch heute dominierendes Gebäude, das 1915/16 errichtete Haus der Deutschen Handlungsgehilfen. Der Mann, der dieser lange bestehenden Buchhandlung ihr erstes Profil gab, hieß Herbert Kaptor. Nach und nach entstanden 29 derartige gewerkschaftliche »Bücherstuben Gutenberg« allein in Sachsen. Ob für den plötzlichen Inhaberwechsel 1952 wirtschaftliche Gründe oder politische Beschlüsse maßgebend waren, ist nicht überliefert. Tatsache ist, dass zu diesem Zeitpunkt alle Gewerkschaftsbuchhandlungen an den Volksbuchhandel übergeben worden sind – ein gehöriger Zuwachs für dessen Handelsnetz, wobei die meisten dieser Objekte auch weiterhin als »Bücherstube Gutenberg« firmierten.

Auch anderthalb Jahre nach Kriegsende war das Bild des künftigen großen Buchhandelsbetriebes kaum erkennbar. Noch gab es nicht einmal ein Gesamtunternehmen, das den Namen »Volksbuchhandel« trug. Privatpersonen, Kommunen, Parteien, Gewerkschaften, auch der »Kulturbund zur demokratischen Erneuerung Deutschlands« traten als Eigentümer auf und gründeten Buchhandlungen und Verlage. Der nun häufiger auftauchende Begriff »Volksbuchhandlung« stand da noch nicht unbedingt für das Eigentumsverhältnis.

Doch schon bald zeichnete sich, wie in allen gesellschaftlichen Bereichen, in Ost und West eine unterschiedliche Entwicklung ab. Im Westen kam es – wenn auch mit zeitlichen Abstufungen unter den drei Besatzungsmächten – zur Restaurierung der alten Verhältnisse unter Beseitigung der nationalsozialistischen Organisationen. Im Osten dagegen drängte die Besatzungsmacht zusammen mit den in der SED organisierten Kräften auf die Veränderung der gesellschaftlichen Verhältnisse, wobei zunächst eine antifaschistisch-demokratische Grundordnung die Lage stabilisieren sollte. Ausgangspunkt war der Gründungsaufruf der KPD vom Juni 1945, der formulierte, dass es nicht darum gehe, in der sowjetischen Besatzungszone und später vielleicht auch einmal in ganz Deutschland das sowjetische System zu kopieren. Hier wirkte die sowjetische Administration in den ersten Jahren in enger Zusammenarbeit mit Moskau sogar eher mäßigend.

Dagegen herrschte Einigkeit darüber, das faschistische Gedankengut auszumerzen, soweit eine solche Aufgabe mit administrativen Maßnahmen überhaupt zu bewältigen war. Es ging also vor allem darum, Buchhandlungen und Bibliotheken von derartiger Literatur zu säubern und dafür ein einigermaßen verlässliches Instrumentarium zu schaffen, dessen Kriterien lieber zu weit als zu eng gefasst wurden.

An diese ebenso dringliche wie sensible Aufgabe gingen die Alliierten in Ost und West, wenn nicht gemeinsam, so doch im gleichen Sinn. Bereits am 8. September 1945 erließ der Chef der sowjetischen Militäradministration den Befehl Nr. 39 über die »Vernichtung faschistischer Literatur zur schnellen Ausmerzung der nazistischen Ideen und des Militarismus«.

Ihm folgte am 13. Mai 1946 der »Befehl Nr. 4 des Alliierten Kontrollrates« zur »Einziehung nationalsozialistischer und militaristischer Literatur«, nunmehr gültig für alle Besatzungszonen.

Bei der praktischen Durchsetzung des Befehls spielte die Deutsche Bücherei in Leipzig eine entscheidende Rolle. Eine Buchprüfungskommission unter Vorsitz des Generaldirektors Dr. Heinrich Uhlendahl erarbeitete eine »Liste der auszusondernden Literatur«, einen Index, der zwischen 1946 und 1953 schließlich auf vier Bände mit 38 700 Titeln anwuchs. Ein zweifellos dringend notwendiges Dokument, aber auch ein glattes Pflaster und nicht selten besonders für Antiquariate mit verhängnisvollen Folgen.

Generell mangelte es in dieser Zeit an neuen Büchern. Die notwendigen Aussonderungen verschärften die Situation, unter der ein normales Bestellsystem ausgeschlossen war.

Bücher wurden, wie schon in den letzten Kriegsjahren, zugeteilt. Erst etwa ab 1947 konnte wieder zu geregelter buchhändlerischer Arbeit übergegangen werden.

Doch dann zeichnete sich in der sowjetischen Besatzungszone angesichts der aus dem Boden schießenden kommunalen sowie partei- und organisationseigenen Buchhandlungen eine Konsolidierung und ein Richtungswechsel ab: Am 25. April 1947 verabschiedete die Deutsche Verwaltung für Volksbildung die »Richtlinie für die Zulassung, Führung und Übernahme buchhändlerischer Betriebe«. Damit setzte die inzwischen auf den Plan getretene SED einen Schlusspunkt unter den »Wildwuchs« von Neugründungen.

Auf diesem Dokument fußte 1957 eine »Richtlinie Nr. 2 zur Erteilung der Erlaubnis für eine Gewerbetätigkeit in der privaten Wirtschaft auf dem Gebiet der Kultur«. Mit ihr wurde die Eröffnung privater Buchhandlungen künftig zwar nicht gänzlich verhindert, aber doch weitgehend ausgeschlossen.

Über dreißig Jahre galt diese Richtlinie, dann wurde sie noch im Spätherbst 1989 von der Hauptverwaltung Verlage und Buchhandel im Wettlauf mit den geschichtlichen Ereignissen aufgehoben.

Die Organisation beginnt

Das erklärte Ziel der KPD vor 1933 war ein »Sowjetdeutschland«. Diesen Strukturen hätte sich auch ein neuer Buchhandel, ein Volksbuchhandel, unterwerfen müssen. Die theoretischen Grundlagen dafür lagen seit Jahrzehnten vor und wurden in der Sowjetunion bereits verwirklicht. Lenin hatte schon 1905 gefordert, dass sich der Literaturvertrieb vollständig in den Händen der Partei befinden müsse. Das hätte für einen Buchhandel, der frei von Privateigentum war, den Bruch mit den bürgerlichen Buchhandelstraditionen bedeuten müssen, und zweifellos gab es solche Überlegungen. Es wurde auch begonnen, sie in die Tat umzusetzen, indem man mit dem Volksbuchhandel einen Teil des Sortimentsbuchhandels (und damals nicht einmal den größten) dem Zwischenbuchhändler LKG unterstellte. Aber schließlich vollzog sich die Entwicklung doch in eine andere Richtung, indem man das eine tat und das andere nicht ließ: Mit dem Volksbuchhandel entstand ein parteieigener, später volkseigener Sortimentsbuchhandel, der jedoch auf den bewährten Organisationsstrukturen des deutschen Buchhandels aufbaute.

Schon in der ersten Periode des oft spontanen Neubeginns und vielfältiger Aktivitäten, die zeitlich etwa bis zur Gründung der DDR reicht, wurden Grundlagen für eine spätere Zentralisierung der Wirtschaft geschaffen. So kam es bereits am 24. Oktober 1945, also ein halbes Jahr vor Gründung der SED, durch die KPD zur Gründung eines wirtschaftsleitenden Organs, das die Entwicklungen in der Buchbranche der Sowjetischen Besatzungszone und der DDR weitgehend bestimmte, der ZENTRAG, der »Zentralen Druckerei-, Einkaufs- und Revisionsgesellschaft mbH«. Das Unternehmen hatte eine Vorgängergesellschaft mit damals noch etwas geringerem Aufgabenfeld, die schon vor 1933 gegründete, ebenfalls der KPD gehörende »PEUVAG«. Das Stammkapital der Zentrag betrug 20 000 RM, als Gesellschafter erschienen drei maßgebliche Genossen der KPD, die auch die Stammeinlagen aufgebracht haben dürfte: Karl Huth (Leiter der Druckereien und Verlage beim Zentralvorstand der KPD) 7 000 RM; Alfred Oelßner (Hauptkassierer der KPD) 7 000 RM ; Fritz Schälike (Leiter des KPD-Verlages Neuer Weg) 6 000 RM.

Die Eintragung der Zentrag ins Handelsregister erfolgte am 26. November 1945, und alsbald wurde ihr Stammkapital auf 100 000 RM erhöht. Der Gesellschaftervertrag benannte als Aufgaben: »Gegenstand des Unternehmens ist die Errichtung und Leitung von Druckereien, der zentrale Einkauf, die technische und kaufmännische Revision sowie die Beratung in allen kaufmännischen und technischen Fragen derselben.« Hierfür brachten die Gesellschafter einige Erfahrungen mit, und gemeinsam war ihnen ihre antifaschistische Vergangenheit. Alfred Oelßner, Jahrgang 1879 – nicht zu verwechseln mit dem 1958 gemaßregelten Spitzenfunktionär Fred Oelßner –, war bei Gründung der Gesellschaft bereits 66 Jahre alt. Er konnte auf eine abgeschlossene Ausbildung als Buchbinder verweisen, besaß reiche Erfahrungen im Umgang mit Kasse und Revision und hatte von 1929 bis 1932 als Geschäftsführer das Versandhaus »Arbeiterkult« geleitet. 1946 trug er noch zu einer weiteren Erhöhung des Stammkapitals bei, doch an der vollen Ausbildung der Zentrag zum wirtschaftsleitenden Organ war er nicht mehr beteiligt.

Auch auf anderer Ebene waren Bemühungen zur Zentralisierung und einheitlichen Ausrichtung spürbar. Schon am 1. August 1945 war ein »Erziehungs- und Kulturamt«, später »Volksbildungsamt« gegründet worden, zu dem auch eine »Zentralstelle für Buch- und Bibliothekswesen« gehörte. Diese Verwaltungsstelle zeichnete unter der Sowjetischen Militäradministration für Buchhandel, Bibliotheken und Verlagswesen verantwortlich. Ihr erster Leiter wurde der ehemalige preußische Ministerialrat Dr. Heinrich Becker, kurze Zeit später auch Vorsteher des kurzfristig noch gesamtdeutschen Börsenvereins und zudem Verlagsleiter des Bibliographischen Instituts, das die verwaiste Position des geflohenen Brockhaus Verlages einnehmen sollte.

Becker war in seinem ersten wichtigen Nachkriegsamt zuständig für Genehmigungen aller Art, sofern sie die Buchbranche betrafen: für die Wiedereröffnung von Kommissions- und Sortimentsbuchhandlungen, für Lizenzierungen, Neugründungen von Verlagen und Buchhandlungen sowie die Überwachung und Pflege öffentlichen Schrifttums. Wohl konnte Becker seine Entscheidungen nur mit Zustimmung der Sowjetischen Militäradministration treffen und oft genug in deren Auftrag, doch er traf sie mit der Kompetenz seiner beruflichen Erfahrung und mit Überblick . So hatte er unter anderem großen Einfluss auf die Gründung des LKG und die Vorbereitung der Internationalen Buchkunst-Ausstellung (IBA) 1959. Zusätzlich zu seiner Verantwortung im Dienst der SMAD war er verlegerisch tätig und blieb von 1946 bis 1958 Vorsteher des Leipziger Börsenvereins.

Welcher Tradition soll man folgen?

Bis zum Beginn des 2. Weltkrieges hatte Deutschland den am besten organisierten Buchhandel der Welt. Wo sonst noch auf der Welt lieferten Bücherwagendienste (damals keine LKW, sondern an die Nachtschnellzüge gehängte »Bücherwaggons«) innerhalb von 48 Stunden jedes bestellte Buch von Leipzig über Königsberg nach Memel in Ostpreußen, Bozen in Tirol, Breslau in Schlesien, Saarbrücken im Westen oder Flensburg im Norden? Leipzig war Standort von Buch- und Musikalienverlagen, Sortiments- und Versandbuchhandlungen, Antiquariaten, von bestens funktionierenden Barsortimenten ebenso wie von Kommissionären mit jahrzehntelanger Lagerhaltung, Druckereien, Maschinenbaubetrieben für das grafische Gewerbe, verfügte dazu über vorbildliche buchhändlerische Einrichtungen wie Bestellanstalt und Paketaustauschstelle. Es war zudem Sitz des Börsenvereins seit 1825 und der Deutschen Bücherei seit 1912 sowie Schauplatz der bis dahin größten Bücherschau, der Internationalen Ausstellung für Grafik und Buchgewerbe (Bugra) von 1914. Leipzig war der Mittelpunkt des deutschen Buchgewerbes, der »Leipziger Platz«.

Diese Entwicklung und ihr schließlich erreichter, beispielgebender Stand war das Ergebnis einer übergreifenden Branchenrationalisierung, weniger durch Verdrängung als durch Einbeziehung. Dieser Standard, einmal existent und von Bücherfreunden als selbstverständlich angesehen, galt als Maßstab eines funktionierenden Buchmarktes. Konnte man einer solchen Tradition folgen? Schon 1905 hatte Lenin darauf hingewiesen, dass literarische Tätigkeit keine Quelle des Gewinns von Einzelpersonen sein darf und den bürgerlichen Strukturen entgegenstehen muss. Ersterem wollte und musste der Volksbuchhandel folgen, wenn er eine neue Erscheinungsform im deutschen Buchhandel sein sollte. Schwieriger war die Frage zu beantworten, ob er dazu zwingend auf die bestens bewährte Arbeitsweise und die historischen Kooperationsbeziehungen des deutschen Buchhandels hätte verzichten müssen. Immerhin gab es eine eigene Tradition proletarischen Buchhandels mit sozialdemokratischen Wurzeln und bis 1933 auch einen straff organisierten Parteiliteraturvertrieb von SPD und KPD. Es gab auch kleinere Läden beider Parteien, die sich in einigen Fällen Volksbuchhandlung nannten, manchmal aber auch ganz anders. Diese verstanden ihre Aufgabe jedoch nur selten in dem, was man als über den Vertrieb parteiinterner Broschüren hinausgehend als buchhändlerische Arbeit bezeichnen konnte. In der Gesamtheit des deutschen Buchmarktes blieb ihre Rolle bescheiden, wenn auch nicht unbemerkt. Ein später Zeitzeuge dieses von einer politischen Partei organisierten Literaturvertriebs war der alte Genosse Otto Weiske (KPD), der bis in die siebziger Jahre als Faktotum in der Zentralen Leitung des Volksbuchhandels ein bescheidenes, aber sicheres Auskommen fand. Vor 1933 war er Chef einer »Volksbuchhandlung« nahe des Leipziger Zentrums gewesen. Seine Aktivitäten beschränkten sich nicht auf die Leitung des ihm anvertrauten Objektes, sondern er war zugleich verantwortlicher Instrukteur für Organisation und Abwicklung des Parteiliteraturvertriebs und wie alle seine Genossen für Agitation und Propaganda zuständig. Mit klassischer buchhändlerischer Arbeit hatte sein beachtlicher und nicht ungefährlicher Einsatz indes nur wenig zu tun.

Einen Buchhandel ohne Profitstreben zu schaffen, der aber zugleich die besten Traditionen deutschen Buchhandels fortführte und auch die daraus resultierenden Ansprüche seiner Kunden erfüllte, das war die zu lösende Aufgabe.

Deshalb knüpfte der Volksbuchhandel schon bald an die Arbeitsweise und das flächendeckende Netz des bürgerlichen Buchhandels an.

Die buchhändlerische Verkehrsordnung wurde bzw. blieb auch in Ostdeutschland und in der frühen DDR das zentrale und verbindliche Dokument für die Sparten des Buchhandels aller Eigentumsformen. Sie war, nachdem sie einige Vorgänger gehabt hatte, 1891 in der im Grunde noch heute gültigen Form eingeführt worden, wobei ungeachtet einiger Namensänderungen ihr wesentlicher Inhalt wie ihre Funktion unverändert blieb.

Schließlich wurde das Dokument doch noch weiterentwickelt. Am 1. Juli 1969 wurde die »Ordnung für den Literaturvertrieb« von der Hauptverwaltung Verlage und Buchhandel für verbindlich erklärt, und eindeutig, wenn auch ungenannt, war ihre Grundlage die alte buchhändlerische Verkehrsordnung. In der Bundesrepublik war schon 1959 eine »Verkehrs- und Verkaufsordnung« erschienen, die sich aus der gleichen Quelle speiste.

Bereits per 1. Juli 1976 wurde dieses grundlegende Dokument nochmals an die Gegebenheiten angepasst und vom Minister für Kultur der DDR in Kraft gesetzt. Nur so konnte man sich ernsthaft mit den Privaten messen, und so ging man in diesen Wettbewerb, die DDR übrigens als einziges der sozialistisch geprägten Länder.

Schon bald nach den eher spontanen Gründungen wurden die Volksbuchhandlungen eine ernsthafte Alternative zu den privaten Buchhandlungen. Zeigte sich das zuerst an der wachsenden Zahl der Objekte, so hinkte die Qualität der buchhändlerischen Arbeit zunächst noch hinterher. Doch beförderten die Befugnisse die Eigenverantwortung der Leiter, zu deren beachtlichen Rechten und Pflichten so entscheidende wie das der Sortimentsbildung und -entwicklung gehörten, neben der Existenz verschiedener Eigentumsformen *der* Unterschied zum Buchhandel anderer sozialistischer Länder. Nach und nach entstand ein parteieigener, leistungsfähiger Buchhandel.

Von Einzelobjekten zum Gesamtunternehmen

Nie wieder war die Zusammensetzung der Mitarbeiter im Volksbuchhandel so sehr vom Zufall bestimmt wie bei seiner Entstehung. Wie in vielen anderen Bereichen bot sich an, wer gerade Arbeit suchte, und man nahm zumeist, wen man kriegen konnte. Unter diesen Umständen erscheint es heute erstaunlich, dass nicht wenige dieser Vertreter der ersten Stunde lange im Volksbuchhandel arbeiteten und einige von ihnen leitende Funktionen übernahmen.

Viele kamen von den Schlachtfeldern des zweiten Weltkriegs oder mit den großen Flüchtlingstrecks, dem Tod noch einmal entronnen, viele hatten die Gesundheit, das Heim, die Familie oder die Arbeitsstelle verloren, manche alles auf einmal. Sie kamen mit oder ohne abgeschlossene Berufsausbildung, mit Erfahrungen in einem früheren, gänzlich anderen Beruf, mit Notabitur. Es waren auch Buchhändler dabei, in der Regel mit einer guten Ausbildung. Sie traten ohne Ansprüche an, viele – zumindest anfangs – wohl auch ohne politische Ambitionen, aber mit viel Hoffnung.

Indessen wurden die Weichen zur Zentralisierung bereits gestellt, und die Vereinigung von KPD und SPD war auf die Tagesordnung gesetzt worden. Viele Vorurteile gab es bei den Mitgliedern beider Parteien und ihren Anhängern, genährt durch ebenso viele negative Erfahrungen aus vergangenen Kämpfen. Nach vollzogener Vereinigung versuchte man, dem Problem in einigen Bereichen mit paritätischen Lösungen zu begegnen. Das traf auch auf die Zentrag zu, die bereits zwei Monate nach Gründung der SED, am 21. Juni 1946, praktisch neu gegründet wurde. Diesmal war es eine Vereinigung der SPD-eigenen, mit gleichen Aufgaben betrauten Wirtschaftsholding »Konzentration« und der KPD-eigenen Zentrag. Für diesen Namen entschied man sich. Paritätische Geschäftsführer wurden die bisherigen Amtsinhaber Karl Huth (KPD) und Adolf Rupprecht (SPD).

Auch der Gesellschaftervertrag erhielt eine neue Fassung. Nun waren die Aufgaben wesentlich erweitert, deutlich auf Zentralisierung und den Aufbau eines umfassenden Revisionsapparates gerichtet. Aber nicht nur der Herstellung grafischer Erzeugnisse galt die Aufmerksamkeit, verstärkt wendete man sich nun auch dem Verlagswesen und dem Vertrieb zu. So heißt es zu den Aufgaben der Zentrag: »Gründung und Aufbau von Buchverlagen und Buchhandlungen, die helfen, das sozialistische Bewusstsein der Werktätigen zu entwickeln und ihnen das geistige Rüstzeug für den Aufbau einer neuen, der sozialistischen Gesellschaftsordnung zur Verfügung zu stellen.«

Freilich formulierte dieser Punkt noch kein Gründungsdokument für ein einheitliches, zentral geleitetes Unternehmen, doch war damit der Weg für den systematischen Aufbau eines parteieigenen Netzes von Buchhandlungen, von »Volksbuchhandlungen« vorgezeichnet. Besondere Verdienste um dessen Entwicklung erwarb sich in den Jahren bis 1952 im Rahmen seiner Tätigkeit in der Zentrag Hans Holm (1885–1981). Der gebürtige Hamburger war schon früh mit der Entstehung und Verbreitung proletarischer Literatur in Verbindung gekommen, eine Arbeit, die er auch in der Illegalität fortsetzte. Am entstehenden Volksbuchhandel vor allem in Sachsen und speziell in Leipzig hatte er entscheidenden Anteil.

Am Tag der Neugründung der Zentrag kam es – nur zufällig zeitgleich – zu einem weiteren bedeutenden Ereignis für die sich neu formierende Buchhandelslandschaft. Ebenfalls am 21. Juni 1946 erteilte die Informationsabteilung der sowjetischen Militäradministration (rückwirkend zum 15. Juni 1946) dem Börsenverein die Erlaubnis, seine Tätigkeit als Organisation des deutschen Buchhandels wieder aufzunehmen.

Die Initiative dazu war vom Leipziger Oberbürgermeister Dr. Erich Zeigner via SED-Zentralsekretariat ausgegangen. Am 5. August 1946 erfolgte die Überreichung der Lizenzurkunde. Bereits am folgenden Tag fand die erste Arbeitstagung von Vorstand und Hauptausschuss statt, die von Dr. Ernst Reclam geleitet wurde.

Entscheidend für die weitere Entwicklung im Osten Deutschlands war zunächst die – wie in den westlichen Besatzungszonen – neu geschaffene bzw. wiederbelebte Länderstruktur. Es entstanden die Länder Brandenburg, Mecklenburg, Sachsen, Sachsen-Anhalt und Thüringen, die sich 1946/47 auch eigene Verfassungen gaben. Die Bildung der Länder mit ihrer weitreichenden, wenn auch durch das Besatzungsstatut eingeschränkten Selbstverwaltung war zugleich ein starkes Argument für die Glaubwürdigkeit der antifaschistisch-demokratischen Entwicklung. Für die Dauer ihrer Existenz bestimmten sie die Struktur aller gesellschaftlichen Bereiche, auch die der Buchbranche.

So entstanden auf Initiative der Zentrag 1946 in den

Ländern Landesverlagsleitungen, gegründet als GmbH und bis 1949 von jeweils einem Vertreter aus ehemals KPD und SPD paritätisch geleitet. Ihre Aufgabe war der Aufbau von Druckereien, Verlagen und später Buchhandlungen, also die Entwicklung eines parteieigenen Apparates für Produktion und Vertrieb grafischer Erzeugnisse. Es entstanden:

In Sachsen: Sachsenverlag Dresden. Geschäftsführer: Hermann Eckardt (KPD) und Hans Finsterbusch (SPD)

In Thüringen: Thüringer Volksverlag Weimar. Geschäftsführer: Paul Hockarth (KPD) und Cäsar Thierfelder (SPD)

In Sachsen-Anhalt: Mitteldeutsche Druckerei- und Verlags GmbH Halle. Geschäftsführer: Paul Thielemann (KPD) und Hans Schiller (SPD)

In Brandenburg: Märkische Druckerei- und Verlagsanstalt Potsdam. Geschäftsführer: Erich Jaab (KPD) und Erich Bredow (SPD)

Mecklenburg: Mecklenburgische Landesdruckerei Schwerin. Geschäftsführer: Erwin Klobes (KPD) und Karl-Heinz Blanck (SPD)

Von diesen Unternehmen traten später vor allem der Sachsenverlag und der Thüringer Volksverlag mit beachtlichen verlegerischen Leistungen hervor. Beide gehörten 1948 zu den Parteibetrieben, die den konkursgefährdeten LKG, der zu dieser Zeit noch im harten Wettbewerb mit anderen stand, durch Erhöhung des Stammkapitals retteten.

Politisch wurden nach der Vereinigung die noch paritätischen Leitungen der Unternehmen der jeweiligen Landesleitung der SED unterstellt. Der Zentrag oblag die Verwaltung, die Schulung, die wirtschaftliche Kontrolle und die

Entwicklung der nachgeordneten Unternehmen. Es dauerte einige Zeit, bis die neuen Strukturen und Zuständigkeiten zu funktionieren begannen, deshalb kam die Gründung und vor allem die Entwicklung des Volksbuchhandels anfangs recht unterschiedlich voran.

Zunächst überholten jedoch zwei andere, gleichfalls neue Buchhandelsorganisationen den Aufbau des Volksbuchhandels.

1946 wurde Meshdunarodnaja Kniga (Das Internationale Buch) von der Sowjetunion für die Versorgung der Militär- und Zivilangehörigen der Sowjetarmee gegründet. Der Verlag für fremdsprachige Literatur Moskau eröffnete in Berlin am Potsdamer Platz eine Großbuchhandlung, die Erwin Kintzel, später Chef der Volksbuchhandlung »Käthe Kollwitz«, Berlin, vorm. E. Kintzel, und Alexander Fadejew, später charismatischer erster Mann vom Internationalen Buch Leipzig, gemeinsam leiteten. Etwa gleichzeitig entstanden in Berlin und Leipzig je eine Buchhandlung von Meshdunarodnaja Kniga, denen bald Neueröffnungen in anderen Städten folgten. 1951 übernahm der Volksbuchhandel diese Läden, wobei in den meisten Fällen der Firmenname einfach eingedeutscht wurde. Unter dem Namen »das internationale buch« waren später vor allem die Objekte in der Dresdner Kreuzstraße und in der Leipzig Petersstraße derart bekannt, dass für sie ein Kürzel zum positiven Synonym wurde. Man sprach einfach vom »ib«, und jedermann, ob Kunde oder Mitarbeiter, wusste Bescheid.

Das Importgeschäft hatte beim Betreiberwechsel von Meshdunarodnaja Kniga der LKG übernommen.

Ebenfalls Ende 1946 begann der einheitliche Gewerkschaftsbund FDGB mit dem Aufbau eines eigenen Buchhandelsnetzes und eröffnete sein erstes Objekt am 2. Januar 1947.

Nunmehr wurde es notwendig, die Volksbuchhandlungen nach einheitlichen Prinzipien zu entwickeln und zu lei-

Die »rollende Volksbuchhandlung« in Ostsachsen

ten. In der Unterstellung der jeweiligen Landesleitungen der SED entstanden parteieigene Buchhandelsbetriebe in Form von Ländergesellschaften, die Vorläufer eines zentral geleiteten Volksbuchhandels darstellen. Einige ihrer leitenden Mitarbeiter trugen später auch im Großunternehmen Volksbuchhandel Verantwortung. Auch Buchhändler, kaufmännische Mitarbeiter und Hilfskräfte aus dieser Zeit gehörten zum langjährigen Personalstamm vieler Volksbuchhandlungen.

Die Ländergesellschaften erhielten Firmenbezeichnungen, die zumeist auch zugleich der Name des einzelnen Objekts waren, z.B. »Buch und Kunst« Bautzen oder »Das Gute Buch« Halle, wodurch diese als Filialen eines gleichnamigen Unternehmens erkennbar waren.

Von einer auch nur vorübergehenden paritätischen Leitung der Ländergesellschaften ist nichts bekannt. 1947 entstanden folgende Unternehmen in den Ländern:

Sachsen: »Buch und Kunst«.
Geschäftsführer: Heinz Ludwig

Thüringen: »Thüringer Buchhandelsgesellschaft«.
Geschäftsführer: Richard Kamilie

Brandenburg: »Unterhaltung und Wissen«.
Geschäftsführer: Erich Heß

Mecklenburg: »Welt im Buch«.
Geschäftsführer: Hans Naundorf

Sachsen-Anhalt: »Das Gute Buch« in Halle.
Geschäftsführer: Heinrich Müncker
sowie »Der Bücherfreund« in Magdeburg,
Geschäftsführer: Harald Stolle

In Berlin kam es nach mehreren Vorläufern erst 1950 zur Gründung einer Berliner Buchhandels-Gesellschaft (BBG) im Sinne der oben genannten Ländergesellschaften. Die Vier-Sektoren-Stadt gehörte keiner Besatzungszone an. Doch nach den Währungsreformen von 1948 und erst recht den Staatsgründungen von 1949 wurden Ost- und Westberlin als dem jeweiligen Machtbereich zugehörig betrachtet.

1947 war also – von Berlin abgesehen, wo der entstehende Berliner Volksbuchhandel in die Ambivalenz dieser Praktiken einbezogen war und Direktor Erich Tamm auch später immer mal wieder eine besondere Rolle der BBG reklamierte – die Gründung der Ländergesellschaften abgeschlossen und somit das organisatorische Fundament für eine spätere einheitliche Leitung des Volksbuchhandels bereitet. Das hieß aber noch nicht, dass damit ein wirklich konkurrenzfähiger Buchhandel geschaffen war. Es mangelte an qualifizierten Leitern, an buchhändlerischer Arbeitsorganisation, außerdem – das galt für alle Eigentumsformen – mangelte es an Büchern überhaupt, so dass vorläufig keine normale Bestelltätigkeit möglich war.

Diese erste Organisationsform des Volksbuchhandels hatte bis 1952 Bestand und wurde dann von den politischen Ereignissen überholt. Nur die Firmierungen etlicher Buchhandlungen erinnerten bis zum Ende des Volksbuchhandels daran, dass es Ländergesellschaften überhaupt gegeben hatte.

Die ersten verantwortlichen Leiter gingen unterschiedliche Wege:

Dem Chef von Sachsen, Heinz Ludwig, war nur eine kurze Amtszeit beschieden, umso stärkere Akzente setzten seine Nachfolger Günther Berndt (Dresden) und Erwin Hempel (Dresden-Land), nach Gründung der Bezirke dann noch langjährige Direktoren für Dresden bzw. Frankfurt (Oder).

Der Leiter von Sachsen-Anhalt (Halle), Heinrich Müncker, erwarb sich Achtung in vielen buchhändlerischen Funktionen.

Der Chef der Thüringer Buchhandelsgesellschaft, Richard Kamilie, verließ seinen Posten in Richtung Westen.

Irma Tamm wurde erste Direktorin der Berliner Buchhandels-Gesellschaft.

Erich Heß, zunächst Leiter in Potsdam, wurde Hauptabteilungsleiter des gesamten Volksbuchhandels, als dieser kurzzeitig dem LKG unterstellt war, und blieb es im danach wieder selbständigen Unternehmen bis September 1955. Danach besetzte er bis zu seinem Eintritt ins Rentenalter den Posten des Direktors für den Bezirk Leipzig.

»Was erwarten wir von einer Volksbuchhandlung?«

Am 24. September 1949 veröffentlichte das »Börsenblatt für den Deutschen Buchhandel«, dessen Leipziger Ausgabe erstmalig wieder am 25. August 1946 erschienen war (ein westdeutsches Pendant – Frankfurter Ausgabe – gab es bereits seit Oktober 1945), einen Artikel, der sich eindeutig an den Adressaten Volksbuchhandel wandte, obwohl der buchhändlerische Dachverband den Einrichtungen aller Eigentumsformen verpflichtet war. Die Tatsache, dass die darin geäußerten Forderungen nicht wie üblich auf dem Leitungsweg, sondern über die Presse an ihn herangetragen wurden, änderte nichts an ihrer Verbindlichkeit.

Aus dem Artikel lassen sich die Forderungen an die Volksbuchhändler in 15 Punkten zusammenfassen. Zu den meisten der hier genannten Aufgaben bekannte sich der Volksbuchhandel bis zu seinem Ende.

1. Der Volksbuchhändler muss für seine kulturpolitische Erziehungsaufgabe an sich und seiner politischen und fachlichen Bildung unermüdlich arbeiten.
2. Dem Volksbuchhandel als einer neuen Erscheinung im deutschen Buchhandel fällt die Funktion zu, bei der Erziehung des Volkes mit gutem Beispiel voranzugehen.
3. Der Name Volksbuchhandel soll nicht nur eine Firmenbezeichnung sein, er soll auch keine Konkurrenz zum privaten Buchhandel darstellen. Gemeinsam sollen beide den Weg zur Erfüllung ihrer kulturpolitischen Mission beschreiten.
4. Für den Volksbuchhandel muss die kulturpolitische Aufgabe stets im Vordergrund stehen. Der Volksbuchhändler soll bei klarem politischem Bewusstsein und mittels gründlicher Literaturkenntnisse das deutsche Volk so beeinflussen, dass sich Krieg und Faschismus nicht wiederholen.

5. Der Volksbuchhandel muss für die von ihm verkaufte Literatur die Verantwortung übernehmen. Das bedeutet, den Lesern Bücher nahe zu bringen, die Humanismus und Frieden zum Inhalt haben.

6. Das Heldentum der Arbeit in einer gerechten Gesellschaftsordnung muss der tragende Gegenstand der Literatur sein, für die sich Volksbuchhändler einsetzen.

7. Der Bevölkerung sind die Klassiker der deutschen und der Weltliteratur unverfälscht zu erschließen.

8. Volksbuchhändler haben dazu beizutragen, dass der Blick der Menschen geweitet wird und sie Literaturen anderer Völker kennen und schätzen lernen.

9. Volksbuchhändler vertreiben nicht nur als wichtig klassifizierte Literatur, sondern beeinflussen auch, an wen und wie sie das tun. (Hier wird zum ersten Mal von unterschiedlicher kulturpolitischer Wertigkeit der Vertriebswege gesprochen. Später hat sich der Begriff »Gesellschaftlicher Literaturvertrieb« verselbständigt.)

10. Hauptzielgruppen der Volksbuchhandlungen sind die arbeitenden Menschen in Stadt und Land. Kommen diese nicht oder noch nicht zum Volksbuchhändler, dann geht dieser zu ihnen in die Betriebe und Dörfer.

11. Volksbuchhändler haben nicht nur das in den Büchern gebündelte Wissen an die arbeitenden Menschen zu bringen, sondern es auch in Form von Lesungen, Buchbesprechungen usw. zu verbreiten und Patenschaften mit Betrieben und Institutionen zu bilden.

12. In einer Volksbuchhandlung müssen stets die wichtigsten politischen Schriften zu finden sein.

13. Es ist überlegenswert, in Volksbuchhandlungen Leihbüchereien ausschließlich mit politischen Schriften einzurichten.

14. Die Gesamtheit der Aufgaben von Volksbuchhandlungen soll Grundlage für den Wettbewerb sein.

15. Die Planerfüllung setzt fachlich wie politisch gut aus-

gebildetem Personal voraus. Deshalb verdient die Aus- und Weiterbildung besondere Aufmerksamkeit.

Auffällig ist zum einen die starke Betonung einer eigenständigen kulturpolitischen Funktion des Volksbuchhandels, die er angeblich auszuüben imstande sei. Das Pro und Kontra dieser Forderung hat das Unternehmen während der gesamten Zeit seiner Existenz begleitet, mal mehr und mal weniger stark diskutiert. Zum anderen belegt die Benennung von Hauptzielgruppen – Arbeitern und Bauern – die keineswegs neue Erkenntnis, dass es immer noch große Gruppen von Nichtlesern gab. Diese zu erreichen wurden Vertriebswege propagiert, die tatsächlich in dieser Art vom privaten Buchhandel schon aus Kostengründen kaum gangbar waren. Allerdings wurde in diesem Artikel die Kostenfrage auch für den Volksbuchhandel völlig ausgeklammert. Überraschend wirkt zu diesem Zeitpunkt die mehrfache Betonung der identischen Ziele von Volks- und Privatbuchhandel, die in dieser Form später unterblieb.

Das buchhändlerische Fachorgan hatte sich mit diesem Artikel zum Sprecher der den Ländergesellschaften übergeordneten Parteiorgane bzw. der Zentrag gemacht – was auch der zugedachten Rolle des Börsenvereins als kulturpolitisches Instrument von Partei und Staat entsprach – und die inhaltlichen Vorstellungen und Richtlinien für das inzwischen entstandene Handelsnetz formuliert.

»Das richtige Buch zur richtigen Zeit in die richtigen Hände!«

Die am 8. Mai 1946 eröffnete erste Nachkriegs-Frühjahrsmesse in Leipzig stand noch ganz im Zeichen der deutschen Einheit, auch wenn das »Reich« aus dem Namen der Messestadt inzwischen wieder verschwunden war. Es blieb den Westmächten vorbehalten, mit einem ebenso plötzli-

chen wie wirksamen Schritt handfeste Tatsachen zu schaffen. Am 20. und 21. Juni 1948 leitete man in den drei Westzonen mit dem »Gesetz zur Neuordnung des Geldwesens«
die Zementierung der deutschen Teilung ein, eine ge-
schichtliche Tatsache, die man später gern ausschließlich
dem Mauerbau in Berlin unterschob. Für die Westzonen,
bereits zur Bi- und Trizone – einem staatsähnlichen Gebil-
de – zusammengefasst, begann die Zeit des Wirtschafts-
wunders, die Ostzone war abgekoppelt. Die Rolle Leipzigs
als Zentrum des internationalen Buchhandels war spätes-
tens an dieser Stelle zu Ende. Trotzdem sollte Leipzig als
traditionelle Stadt des Buches bis 1990 noch einmal einen
zumindest nationalen Aufschwung erleben. Dass es nach
der wiedergewonnenen Einheit abermals einen Absturz –
diesmal fast ins Bodenlose – geben würde, hätte sich wohl
niemand vorstellen können. Der Verlust des zu DDR-Zeiten exzellent geleiteten und bestens dastehenden Reclam-
Verlages ist dafür nur ein besonders krasses Beispiel, nachdem sich Stadt und Verlag mehr als ein Jahrhundert gegenseitigen Ruhm verdankten.

Am 6. August 1948 wurde mit der Preisanordnung
Nr. 129 der gebundene Ladenpreis für Bücher wieder verbindlich festgeschrieben. Bereits am 1. Juli 1948 waren das
Zuteilungsverfahren aufgehoben und das Bestellwesen wieder eingeführt worden. Beide Verordnungen nützten dem
Volksbuchhandel. Später verlor in der DDR die Buchpreis-
bindung ihre besondere Rolle, da ab 1958 ohnehin für alle
Waren gesetzliche Einzelhandelsverkaufspreise (EVP) festgelegt wurden.

Die 1. Parteikonferenz der SED vom 25.–28. Januar 1949
brachte einschneidende Veränderungen in der Gesellschaft
mit sich. Die SED beschloss, sich nach den leninschen
Prinzipien als »Partei neuen Typus« zu verstehen und
damit die Unterordnung der Basis unter die jeweils höhere Parteiinstanz als »Demokratischen Zentralismus« zu
verwirklichen

Zu diesem Zeitpunkt gab es auch einige bedeutsame Schritte für den Buchhandel, und sie korrespondierten mit jenen Vorstellungen, die im Börsenblatt-Artikel vom 24. September 1949 geäußert worden waren.

Am 15. Oktober 1949 trat die erste Ausbildungsordnung für Buchhändler in Kraft. Der Aus- und Weiterbildung wurde von Anfang größte Aufmerksamkeit zuteil.

Die Zentrag gab die ersten Plankennziffern für alle ihr nachgeordneten Betriebe heraus. Der Volksbuchhandel war somit ebenfalls in den Zweijahresplan und die Volkswirtschaftsplanung einbezogen.

Am 21. Oktober 1949 gab es eine wesentliche Erweiterung im Handelsnetz des Buchhandels: Die Zentrag gründete das »Buchhaus Leipzig«, den ersten zentralen Versandbuchhandel der DDR, der zunächst jedoch nicht in den Volksbuchhandel eingegliedert wurde. Das geschah erst 1958. Vorrang in der Arbeit des Buchhauses hatten die ländlichen Gebiete, in denen man Defizite objektiver und subjektiver Art beim Zugang zum Buch ausgemacht hatte.

Und noch eine bemerkenswerte Neuerung fällt in diese Zeit: Der Börsenverein (Ost) veranstaltete vom 27. November bis 3. Dezember 1949 die erste »Woche des Buches«, historisch nicht unbedenklich, gab es doch eine Veranstaltungstradition aus der NS-Zeit. Getragen wurde sie außer vom Neugründer Börsenverein und seinen Mitgliedern vor allem vom mächtigen Gewerkschaftsbund FDGB. In diesem ersten Jahr sah sich Vorsteher Heinrich Becker veranlasst, die Neuauflage der Woche des Buches in allen großen Städten – von Rostock bis Erfurt – in ihrem veränderten gesellschaftspolitischen Inhalt zu erläutern. Die »Woche des Buches« entwickelte sich zu einer der erfolgreichsten, jährlich wiederkehrenden literaturpropagandistischen Veranstaltungen, die sich großer Beliebtheit erfreute.

Ebenfalls 1949 entdeckte der Leiter der großen Leipziger Gewerkschaftsbuchhandlung »Bücherstube Gutenberg«, Herbert Kaptor, den Büchergutschein wieder. Er hat in den unterschiedlichsten Ausführungen und mit wechselndem bürokratischem Aufwand den Volksbuchhandel während seiner gesamten Geschichte begleitet.

Zum Jahresende 1949 wies der Börsenverein für die DDR 1600 Vollbuchhandlungen und 1300 Buchverkaufsstellen aus. Wenn auch der Anteil des Volksbuchhandels noch gering war, so besaß er doch schon namhafte Objekte und eine solide Ausgangsposition für den weiteren Ausbau seines Handelsnetzes.

Im September 1950 fand der 3. FDGB-Kongress statt, dessen Beschlüsse für die nachfolgende Entwicklung des Volksbuchhandels maßgebliche Bedeutung hatten. Das »Arbeitsprogramm zur Entfaltung der kulturellen Massenarbeit« verfolgte das langfristige Ziel, bürgerliche Bildungsprivilegien zu brechen und Arbeitern und Bauern den Weg zur höheren Bildung und damit an die Hochschulen und Universitäten frei zu machen. Darüber hinaus sollte der »neue Mensch« nicht nur gebildet, sondern auch selbst kulturell-schöpferisch tätig sein. In den Betriebskollektivverträgen gehörten Förderpläne für Produktionsarbeiter, Frauen und Jugendliche bald zum unverzichtbaren Standard. Patenschaftsverträge mit Bühnen, Orchestern, Verlagen und auch Volksbuchhandlungen wurden abgeschlossen. Der Volksbuchhandel seinerseits setzte neue Akzente, indem er einen aktiven und rührigen Außendienst organisierte und mit eigenen Kräften und ehrenamtlichen Helfern seinen Ladentisch in die Betriebe hinein »bis zum Arbeitsplatz« verlängerte. Mit Agenturverträgen wurde auch der staatliche Handel in den Buchvertrieb einbezogen.

Die Leipziger Buchhandlung Franz-Mehring-Haus begann mit großen Verkaufsausstellungen in Leuna, im Schkopauer Buna-Werk und in Böhlen. Später unterhielt sie eine Außendienstabteilung von 16 Mitarbeitern, die nahezu den Umsatz erreichten, den das Stammhaus selbst verzeichnete. Die am 2. September 1950 gegründete Berliner Buchhandelsgesellschaft legte als eine ihrer ersten Amtshandlungen einen »Plan zur Arbeit mit dem Buch in Berliner Betrieben und Verwaltungen« vor. Bereits im Juni 1950 nahm in Potsdam der erste »Vertriebsmitarbeiter« (ehrenamtlicher Buchverkäufer auf Rechnung einer Volksbuchhandlung gegen Provision von in der Regel 10 Prozent) seine Arbeit auf. Es galt dabei als selbstverständlich, ja beinahe als wünschenswert, dass der ehrenamtliche Buchverkäufer und seine Kunden ihre Geschäfte innerhalb der damals 48-stündigen Wochenarbeitszeit tätigen durften. Jahre später hatte der Volksbuchhandel von diesen Vertriebsmitarbeitern eine ganze Division, etwa 10 000 derartiger Helfer, und jede zeitweilige Unterschreitung dieser Zahl wurde ihm als schwerer Mangel angelastet.

Noch weitere Vertriebswege wurden begangen: In Schwerin schloss der spätere Bezirksbuchhändler Günter Stolzenburg mit einer Konsum-Drogerie den ersten Agenturvertrag ab, eine Vereinbarung einer Volksbuchhandlung mit einem Spezialgeschäft über die Lieferung sortimentsverwandter Fachliteratur, später auch Belletristik, unter Remissionsbedingungen, eine Art Subverkauf gegen Provision. Auch diese Agenturverträge des Volksbuchhandels gingen später in die Tausende.

Verkaufsausstellungen in Betrieben und Einrichtungen gehörten nun zum normalen Arbeitsprogramm fast jeder Volksbuchhandlung. Das Fehlen eines Fahrzeugs war dabei kein Hindernis: Ein zentraler Fahrdienst koordinierte und übernahm die notwendigen Transporte. Mit dem mehr oder weniger ehrenamtlichen Buchhandel beschritten die Volksbuchhändler tatsächlich neue, bis dahin unpopuläre Wege und leisteten einen unbestreitbaren Beitrag zur Gewinnung neue Leser.

Nur wenige Privatbuchhandlungen erkannten oder akzeptierten, dass sich diese Möglichkeiten auch ihnen boten und sie damit ihre Marktposition sogar hätten verbessern können. Ausdrücklich genannt seien die drei privaten Leip-

Buchverkauf am Arbeitsplatz

ziger Universitäts- und wissenschaftlichen Buchhandlungen mit ihren Spezialgebieten Schlemminger (Medizin), Lorenz (Naturwissenschaften) und Genth (Geisteswissenschaften).

Zum Erfolg der neuen Vertriebsmethoden muss bemerkt werden, dass in dieser Zeit – und noch lange danach – das Angebot größer als die Nachfrage war und Lieferbeschränkungen noch weitgehend unbekannt, so dass mehr Kunden als ursprünglich angenommen die Direktangebote der Vertriebsmitarbeiter an den Arbeitsplätzen nutzten. Später wurden alle Vertriebsmethoden des Volksbuchhandels, bei denen er sich auf vertraglicher Basis ehrenamtlicher oder außerberuflicher Helfer bediente, unter dem Begriff »Gesellschaftlicher Literaturvertrieb« (GLV) zusammengefasst. Die Abkürzungen GLV und VM (Vertriebsmitarbeiter) wurden schließlich geläufige Termini der volksbuchhändlerischen Arbeit. Doch im Zusammenhang mit der immer wieder geäußerten Erwartung an eine eigenständige kulturelle Mission des Volksbuchhandels erwuchs gerade der Bereich, in dem er sich fremder Hilfe bediente, zu einem überdimensionierten Wert- und Gradmesser seiner Arbeit.

Am 25. April 1950 erhielt mit der Bildung der Vereinigung organisationseigener Betriebe (VOB) die Zentrag eine neue Satzung. Sie hieß nun »Vereinigung organisationseigener Betriebe – Zentrag« mit allen Vollmachten der Leitung, Planung, Entwicklung und Personalentscheidung. Am gleichen Tag wurde Paul Hockarth zu einem weiteren Geschäftsführer bestellt, der ab 1954 als stellvertretender Abteilungsleiter Finanzverwaltung und Parteibetriebe maßgeblich die Entwicklung des Volksbuchhandels mitbestimmte.

Die gestärkte Position der Zentrag wiederum löste im Börsenverein nicht unberechtigte Befürchtungen um seine künftige Rolle in der Buchlandschaft aus.

Im November 1950 wählte der Hauptausschuss einen neuen Vorstand. Vorsteher war nun Dr. Heinrich Becker, Verlagsleiter des Bibliographischen Instituts. In den Vorstand waren Erich Wendt, Chef des Aufbau Verlages, und Kurt Hagemann, Direktor des Verlages Volk und Wissen, gekommen. Ihre Befürchtung, dass der Börsenverein nach und nach auf reine Repräsentationsaufgaben zurückgestuft werden könnte, war nicht unbegründet, unterstand doch die Mehrzahl der Verlage ohnehin der Zentrag – ebenso wie der Volksbuchhandel sowie der bereits auf die Marktführerschaft zusteuernde LKG, insgesamt also wesentliche Teile aller drei traditionellen buchhändlerischen Sparten.

So verwundert es nicht, dass Heinrich Becker bereits kurz nach seiner Wahl zum Vorsteher einen Vorstoß unternahm, dem Börsenverein jenen Einfluss zu sichern, der ihm nach seiner Auffassung zukam. Am 14. Dezember 1950 legte er dem Amt für Literatur- und Verlagswesen den Entwurf einer »Anordnung über die Organisation der Buchhandelsbetriebe der DDR im Börsenverein der deutschen Buchhändler zu Leipzig« vor. Damit versuchte der Börsenverein, die amtliche Bestätigung als das Fachorgan für den Buchhandel in der DDR zu erhalten. Der Vorstoß scheiterte.

Eine Rolle als wirtschaftsleitendes Organ wurde dem Börsenverein nicht zugestanden, er agierte lediglich als moralische Institution, als nichtstaatliche, glaubwürdige Kontaktorganisation zur Bundesrepublik und zum kapitalistischen Ausland, als Bewahrer einer glorreichen Vergangenheit und Ausrichter internationaler Veranstaltungen.

Auch handfeste wirtschaftliche Interessen der DDR ließen es nicht geraten erscheinen, die Rechtsform des Börsenvereins zu ändern. Dabei ging es um den Rechtsanspruch auf die gesamtdeutschen Vermögenswerte des Vereins und die weiterhin kostenlose Belieferung der Deutschen Bücherei mit allen Neuerscheinungen der Verlage der Bundesrepublik als Pflichtexemplare, die auch tatsächlich weitgehend eingehalten wurde, es ging um Urheberrechte und anderes mehr. Das alles war wichtig genug, allein – um ernsthafte Mitsprache im Buchwesen der DDR selbst ging es nicht. Das Papier geriet in Vergessenheit, der Börsenverein blieb wie er war, aber immerhin, er blieb.

Das Jahr 1951 brachte mit dem Beginn des 1. Fünfjahrplans (1951–1955) eine gewisse Konsolidierung der bisherigen Entwicklung. Unterdessen war es in der Parteiführung schon zu Meinungsverschiedenheiten über Richtung und Tempo des weiteren Weges gekommen.

Für den Buchhandel deuteten aber die Dinge zunächst auf Kontinuität. Im Mai 1951 fand die 1. Buchhändlertagung der DDR in Leipzig statt. Im August erließ die Regierung der DDR eine »Verordnung über die Entwicklung

fortschrittlicher Literatur«, wobei der Begriff »fortschritt-
lich« derart verschwommen war, dass man jederzeit pro
oder kontra über ihn befinden konnte. Im November 1951
fand die 1. Verlegerkonferenz des im gleichen Jahr geschaf-
fenen Amtes für Literatur und Verlagswesen statt, auf der
dessen Leiter Fritz Apelt forderte: »Das richtige Buch zur
richtigen Zeit in die richtigen Hände.« Dieser Gemeinplatz
überdauerte als Lehrmeinung im Volksbuchhandel Jahrzehnte, bevor er in den siebziger Jahren durch die einset-
zende dauerhafte Bücherknappheit zu seiner eigenen Kari-
katur wurde.

Ebenfalls 1951 wurde die einst vom Börsenverein gegründete Deutsche Buchhändler-Lehranstalt zur zentralen
Berufsschule für den Buchhandel aller Sparten und Eigentumsformen in der DDR.

Betrafen diese Ereignisse mehr oder weniger das Umfeld
des Volksbuchhandels, so griff eine Weisung sehr direkt in
seine Arbeit ein, die das ZK der SED im April 1951 an den
LKG erließ. Auslöser waren angebliche oder tatsächliche
Beschwerden aus dem parteieigenen Volksbuchhandel über
eine ungerechte oder schleppende Belieferung. Ohne nähe-
re Untersuchungen – möglicherweise waren diese den Beschwerden vorausgegangen – wurde nun angeordnet:

1. Im LKG sind Instrukteurbereiche zu bilden, womit
zweifellos Verantwortliche für die Länder-Gesellschaften
des Volksbuchhandels gemeint waren.

2. Die gemeinsame Spedition für alle Kunden des LKG
ist aufzulösen. Künftig sind die Parteibuchhandlungen direkt und in einem kürzeren Lieferrhythmus nach Ländergesellschaften zu beliefern.

3. Im LKG sind Vorbereitungen zu treffen, die eine
schnelle Einordnung des Volksbuchhandels als eine Hauptabteilung möglich machen.

Diese Weisung bedeutete in der praktischen Umsetzung
nicht nur einen enormen zusätzlichen Arbeitsaufwand und
explodierende Kosten im LKG durch Tausende Kilometer

Fahrten mit halbgefüllten Fahrzeugen, Mehrverbrauch an Verpackungsmaterial, Bedarf an zusätzlichen Arbeitskräften und noch höhere Anforderungen an die ohnehin begrenzten Arbeitsmittel. Sie stellte auch, und das zum ersten Mal in dieser Rigorosität, einen administrativen Eingriff in den Wettbewerb dar, indem die SED ihren parteieigenen Buchhandel zum Nachteil der anderen bevorzugte.

1952 beschloss die 2. Parteikonferenz den »planmäßigen Aufbau der Grundlagen des Sozialismus«. Die Aufgaben reichten von der Festigung der Staatsmacht, der Entwicklung der Industrie und Kollektivierung der Landwirtschaft bis zur Durchsetzung sozialistischer Ideologie und Kultur.

Konkrete Schritte folgten bald. Schon am 23. Juli 1952 erließ die Regierung der DDR das »Gesetz über die weitere Demokratisierung des Aufbaus und der Arbeitsweise der staatlichen Organe in den Ländern der Deutschen Demokratischen Republik«, womit die Zentralisierung des entstehenden Arbeiter-und-Bauern-Staates verfügt wurde. Die fünf Länder wurden aufgelöst und in 14 Bezirke umgewandelt, wobei jeweils zwei bis drei Bezirke ein bisheriges Land umfassten. Anfangs hieß es deshalb z.B. noch Bezirk Leipzig (Land Sachsen).

Durch seinen besonderen politischen Status blieb Ost-Berlin noch bis zum September 1961 in dieser Konstruktion zumindest nominell draußen. Das führte auch dazu, dass die Berliner Buchhandelsgesellschaft ihren Namen behielt und mit ihm auch ihren Anspruch auf eine besondere Rolle im zentral geleiteten Volksbuchhandel. In der politischen Wirklichkeit aber war sie fest in das System der 15 Bezirke integriert. Die Ländergesellschaften des Volksbuchhandels verloren ihren Namen und ihre Existenz.

Mit dem »Gesetz über die weitere Demokratisierung« büßte der Volksbuchhandel seine gerade im Aufbau befindlichen und erste Erfolge verzeichnenden Strukturen ein. Er hatte noch einen Besitzer, die Partei, aber keine Leitung mehr. So wurden die damals 322 Volksbuchhandlungen schließlich – heute muss es scheinen, eher notgedrungen – einem funktionierenden Unternehmen angeschlossen und der Volksbuchhandel als Hauptabteilung am 1. September 1952 dem LKG angegliedert. Zum ersten Mal war er nun ein zentral geleitetes, wenn auch noch nicht selbständiges Unternehmen.

Erich Heß war der erste Hauptverantwortliche des Volksbuchhandels, der aus dessen eigenen Reihen hervorging.

Heß' Laufbahn im Volksbuchhandel war das, was man gemeinhin als »von der Pike auf« bezeichnet. Sie hatte in einer kleinen Volksbuchhandlung in Berlin begonnen, deren einzige Besonderheit darin bestand, dass sie im britischen Sektor um Kunden warb. Dort machte er durch Initiative, rhetorische Begabung und wirtschaftliche Erfolge auf sich aufmerksam, so dass die Zentrag ihm die Gesamtleitung des Volksbuchhandels anvertraute, auch wenn das zunächst nur die Stelle eines Hauptabteilungsleiters im LKG war.

Die Maßnahme, mit dem Volksbuchhandel einen ausgewählten, wenn auch zahlenmäßig starken Vertreter des Bucheinzelhandels zum Bestandteil des schon zu dieser Zeit mächtigsten Zwischenbuchhändlers zu machen, ließ für den Fortbestand traditioneller buchhändlerischer Strukturen das Schlimmste befürchten. Schließlich blieb aber auch dieser einschneidende Strukturwandel nur ein Zwischenschritt.

Nur acht Monate später beschleunigte ein umfassenderer Beschluss das Schrittmaß und die Richtung: Am 18. Mai 1953 beschloss das Zentralkomitee der SED die »Verbesserung und Verstärkung des parteieigenen Buchhandels«.

Erneut wurde die Bedeutung der Literatur in jeder Gesellschaft, ganz besonders aber in der sozialistischen hervorgehoben. Lesen müsse ein gesamtgesellschaftliches Anliegen werden. Die Parteien, die Gewerkschaften, der Jugendverband und alle sonstigen Organisationen, vom Kulturbund bis zu den Kleintierzüchtern, müssten in ihren Einflussbereichen das Lesen fördern und bei Auszeichnungen Bücher einbeziehen; Betriebsbüchereien seien zu gründen und dafür zu sorgen, dass diese gut ausgestattet und allen Werktätigen stets und ständig und vor allem kostenlos zugänglich wären.

Auch der Volksbuchhandel wurde konkret angesprochen. Seine Standorte seien neben den Arbeiterwohngebieten auf die Zentren der Groß- und Kreisstädte zu erweitern. Da nun die politischen Voraussetzungen gegeben wären, müssten Bezirksbuchhandlungen geschaffen werden, die jeweils die stärksten, leistungsfähigsten und möglichst attraktivsten Buchhandlungen im Bezirk sein sollten. In 60 Großbetrieben, in Verwaltungen und Institutionen, beispielsweise an Universitäten und Hochschulen, sollten Werks- oder Betriebsbuchhandlungen errichten werden. Erforderlich sei, dass jeder Kreis wenigstens über eine Volksbuchhandlung verfüge, ebenso die Stadtbezirke der größeren Städte.

Bald waren die ersten Auswirkungen dieses Beschlusses sichtbar. Am 1. September 1953 öffnete »Das gute Buch« Halle seine Türen, und bereits am 11. September 1953 wurde in Berlin die »Karl-Marx-Buchhandlung« eingeweiht, geleitet wurde sie von Erich Tamm. Sie entstand im Zuge des Aufbaus der Stalinallee und war wohl der erste bedeutende Neubau des Volksbuchhandels, auch wenn die Berliner Buchhandelsgesellschaft noch nicht offiziell zum Volksbuchhandel gehörte. Zusammen mit dem »Franz-Mehring-Haus« Leipzig verfügte der Volksbuchhandel nun über drei große Objekte mit einer Fläche von über 2000 Quadratmeter.

Aber der genannte Beschluss ging inhaltlich noch weiter und bestimmte:

1. Der Volksbuchhandel erhält von nun an regelmäßig Mittel für Investitionen.
2. Alle großen und die Mehrzahl der Kreisbuchhandlungen werden unabhängig von ihrer Größe mit Transportfahrzeugen – manchmal für mehrere zusammen – ausgestattet, ihre technische Ausstattung wird verbessert.
3. In 205 Verkaufsstellen der Konsumgenossenschaften und 100 Verkaufsstellen der Handelsorganisation (HO) sollen Buchabteilungen eingerichtet werden, die vom Volksbuchhandel über Agenturverträge zu beliefern sind.
4. Das bereits bestehende »Buchhaus Leipzig« wird noch einmal auf die Landarbeit eingeschworen. Unter dem Motto »Das Buchhaus bringt das Buch ins Haus« liefert es jedes gewünschte Buch seines relativ breiten Sortiments portofrei an den Besteller. Gleichzeitig werden in allen größeren Buchhandlungen, die räumliche Voraussetzungen dafür haben, Versandabteilungen aufgebaut.
5. An der Deutschen Buchhändler-Lehranstalt werden mit dem Druckerei- und Verlagskontor und dem Amt für Literatur und Verlagswesen abgestimmte Sonderkurse für die Schnellausbildung von Buchhändlern angeboten.

Das alles funktionierte nicht sofort. Es gab Widerstände – auch in den eigenen Reihen –, doch insgesamt brachte es dem Volksbuchhandel einen gewaltigen Umsatzzuwachs. Für die Übrigen wurde der Markt langsam enger.

Eine weitere Maßnahme im Jahr 1953 war der Schlag gegen die privaten Leihbüchereien. Deren Bestände wurden auf ihren Beitrag zu einer »fortschrittlichen Bewusstseinsbildung« und ihren »hygienisch einwandfreien« Zustand überprüft. Derart weit gefassten Kriterien hielt niemand stand. Traf der erste (angeblich ausschlaggebende)

Grund nicht zu, so war der zweite (vorgeschobene) bei einem Unternehmen, dessen Geschäftsgrundlage der Verleih war, in jedem Fall zutreffend.

Zwar gab es eine Weisung, dass Leihbüchereien, die nach der Überprüfung neu beginnen wollten, durch die Verlage und den LKG großzügig beim Neuaufbau ihrer stark gelichteten Bestände mit Sonderrabatten und schnellstmöglicher Belieferung zu helfen sei. Doch in der Praxis kam es nicht dazu.

Die ehemaligen Inhaber und die früheren Beschäftigten erhielten in der Regel Übernahmeangebote. Nicht selten führten die früheren Leihbüchereibesitzer, soweit in ihren vormaligen Räumen Volksbuchhandlungen eröffnet wurden, diese weiter. Später gehörten viele zum Stammpersonal des Volksbuchhandels. So wurde der Haldenslebener Buchhändler und Leihbüchereibesitzer Albrecht Zabel wenige Jahre später Direktor des Volksbuchhandels im Bezirk Schwerin. Der Sohn und Gehilfe in der väterlichen »Leihbücherei und Schreibwarenhandlung Richard Mitschke zu Malchin« in Mecklenburg, Wolfgang Mitschke, wurde später Direktor des Volksbuchhandels im Bezirk Magdeburg. Beide gehörten zu den langjährigen Bezirkschefs, Zabel bis zum Eintritt ins Rentenalter, Mitschke bis 1990.

Als der Volksbuchhandel schon bald aus dem LKG wieder ausgegliedert wurde, sprach er ein gewichtiges Wort im Bucheinzelhandel mit. Mit der gewachsenen Zahl von Vertriebsmitarbeitern, den Nebenmärkten in Spezialgeschäften, Landwarenhäusern des Konsums und der HO sowie dem Investitions- und Ausbildungsprogramm hatte der Volksbuchhandel einen kräftigen Schub erlebt. Weitere Maßnahmen hatten dazu beigetragen, so etwa die Übernahme der Einzelhandelsgeschäfte von Meshdunarodnaja Kniga, der bereits erwähnte Übergang der gewerkschaftlichen Bücherstuben an den Volksbuchhandel sowie schließlich die auftragsgemäße Übernahme des Parteiliteraturvertriebes, letzterer ein besonders exemplarischer Hinweis auf den Dienstherrn, die SED, die mit den Mitteln des demokratischen Zentralismus ihre Parteibetriebe, auch den Bucheinzelhandel, nun zielstrebig entwickelte.

Am 9. Juni 1953 proklamierte das Politbüro den »Neuen Kurs« der SED, der am 11. Juni vom Ministerrat konkretisiert wurde. Alle Feiern zum sechzigsten Geburtstag Walter Ulbrichts am 30. Juni wurden abgesagt und die bereits im LKG lagernden Huldigungsbroschüren nicht mehr ausgeliefert.

Ernste Verstöße gegen die Interessen der Einzelbauern, des privaten Einzelhandels (auch der Buchhändler), der Handwerker und der Intelligenz mussten eingeräumt werden. Zwangsmaßnahmen, wie der Entzug von Lebensmittelkarten, Preissteigerungen, Enteignungen aus fadenscheinigen Gründen und anderes mehr sollten rückgängig gemacht werden.

Es kam trotzdem zum Aufstand vom 17. Juni 1953, dessen Nachwirkungen anhaltend waren und mit dazu führten, dass die Vergesellschaftung der Produktivkräfte in der DDR nie vollendet wurde.

Nach 1953 standen die Zeichen zunächst auf Konsolidierung, auf Wiedergewinnung von Vertrauen. Schließlich war der Weg nach Westen offen, und auch im Volksbuchhandel wechselte manch vermeintlicher Mitstreiter die Seiten.

Trotzdem ging der Volksbuchhandel aus dem Jahr 1953 äußerlich gestärkt hervor. Seit Ende 1952 war das Netz von Buchhandlungen und Buchverkaufsstellen um 174 auf 496 Objekte angewachsen, 79 davon befanden sich in Berlin.

Dennoch wurde die Zentralisierung verstärkt betrieben und in deren Folge der Volksbuchhandel wieder aus dem LKG herausgelöst.

Verwaltung und Zuständigkeiten

Die Jahre 1954–1958: Zentrale Verwaltung

Der Beginn des Jahres 1954 brachte für den Volksbuchhandel einen weiteren Schritt auf dem Weg zu einem eigenständigen, einheitlich geleiteten Unternehmen. Ab dem 1. Januar war das Intermezzo der Unterstellung unter den LKG beendet. Erich Heß behielt zunächst seine führende Position.

Die neue Selbständigkeit hatte eine gute Seite: Die Rolle des Volksbuchhandels als eigenständige Organisation des Buchhandels wurde nie wieder infrage gestellt. Immerhin war über eine Unterstellung beim Ministerium für Handel und Versorgung nachgedacht worden.

Von nun an war eine Zentrale Verwaltung für die Geschicke zuständig. Als Sitz wurde Leipzig bestimmt, und bis zum Ende der DDR residierte die oberste Behörde des Volksbuchhandels im bescheidenen Gebäude der Friedrich-Ebert-Straße 25, das jedoch zentrumsnah gelegen und von einem schönen Gartengrundstück umgeben war.

Der Volksbuchhandel wurde ein juristisch selbständiger Betrieb. Alle Volksbuchhandlungen – vorläufig noch mit Ausnahme Berlins – unterstanden nunmehr der Zentralen Verwaltung. Verantwortliches Leitungs- und Kontrollorgan des Eigentümers SED für den Volksbuchhandel war jetzt nicht mehr das Druckerei- und Verlagskontor (DVK), sondern direkt die Abteilung Finanzverwaltung und Parteibetriebe des Zentralkomitees mit ihrem stellvertretenden Leiter Paul Hockarth.

Parallel dazu kam es am 7. Januar 1954 in der DDR zur Bildung des Ministeriums für Kultur; erster Kulturminister wurde Johannes R. Becher.

Die neue Eigenverantwortung und die Möglichkeiten, die sich dem Volksbuchhandel nun eröffneten, verlangten nach Veränderungen. Die Zeit von Erich Heß lief ab, und im September 1955 wurde Fritz Brilla zum neuen Mann an der Spitze des Volksbuchhandels.

Brilla, Jahrgang 1907, war seit 1925 Mitglied der KPD. Erfahrungen in der illegalen Tätigkeit, Konzentrationslager und Dienst im Strafbataillon 999 hatten seinen politischen Weg bis 1945 bestimmt. Später hatte er als Verlagsleiter des Deutschen Bauernverlages und als Direktor im Druckerei- und Verlagskontor Führungsqualitäten bewiesen, bevor man ihm die Leitung des Volksbuchhandels übertrug. Bei der Entwicklung des Betriebes konnte er sich auf Mitstreiter stützen. Zu ihnen gehörten unter anderem Kurt Bauer (Planung), Rudolf Vogel (Schulung), Kurt Rüddiger (Technik) und Rolf Aurich (Buchhaltung), die in der Zentralen Verwaltung den Weg für den einheitlich geleiteten Volksbuchhandel ebneten.

In den 14 Bezirken sollte die Arbeit des Volksbuchhandels von Bezirksbuchhändlern geleitet werden, die in Personalunion auch der jeweils größten Buchhandlung vorstanden. Diese Doppelfunktion erwies sich als keine glückliche Lösung. Das erkannten auch die Betroffenen und suchten nach einem praktikablen Weg. Meist sah dieser so aus, dass der Bezirksbuchhändler wohl nominell Leiter des ihm anvertrauten Objektes blieb, sich aber für das operative Geschäft einen erfahrenen Buchhändler suchte, der praktisch als Geschäftsführer fungierte. Der Bezirksbuchhändler blieb weitgehend frei vom Tagesgeschäft, und schon bald ging aus diesem Intermezzo die selbständige Funktion des Direktors im Bezirk hervor.

Ins Jahr 1954 fallen Aktivitäten, die die Arbeit des Buchhandels lange Zeit begleiteten; bei einigen war der Volksbuchhandel Initiator.

Ab dem 1. Januar 1954, nur zufällig zeitgleich mit der Entlassung des Volksbuchhandels in die Selbständigkeit, kam es zu einer organisatorischen Änderung im LKG: die

Umstellung vom Sammel- auf den Einzelbestellzettel. Der gesamte Bucheinzelhandel der DDR bestellte von nun an jeden Titel einzeln auf einem Bestellzettel, der als Anzeige im Format DIN A 7 in einem vom LKG seit September 1952 herausgegebenen und wöchentlich als Heft erscheinenden Vorankündigungsdienst (VD) enthalten war. Eine kartonierte Ausgabe, in Einzelzettel geschnitten und auf der Rückseite mit Zeilen und Spalten für Bestellungen, Lieferungen und Meldungen versehen, war die Grundlage für den Aufbau rationeller, sicherer und auskunftsfähiger Karteien in den Buchhandlungen aller Eigentumsformen.

Die Anzeige eines Titels im Vorankündigungsdienst war für die Verlage kostenlos. Sie enthielt alle für den Besteller notwendigen Informationen, meist einschließlich einer kurzen Annotation zum Inhalt und Hinweisen zum Interessentenkreis. Da zu dieser Zeit die Monopolstellung des LKG als Zwischenbuchhändler nahezu vollständig ausgebildet war, lief praktisch jedes Buch über ihn. Weil es später zu einer durchgängigen Anwendung der EDV im Volksbuchhandel wie im gesamten Bucheinzelhandel nicht mehr kam, blieb die schriftliche Bestellform auf der Grundlage des Vorankündigungsdienstes mit geringfügigen Änderungen bis zum Ende der DDR bestimmend.

Am 1. Mai 1954 organisierte der Berliner Volksbuchhandel den ersten großen Schriftstellerbasar, an dem sich 43 Schriftsteller beteiligten. Diese Begegnungen mit Autoren erfreuten sich regional und überregional bald großer Beliebtheit und fanden dann auch an weiteren Orten und mit beachtlichen Teilnehmer- und Besucherzahlen statt, so in Rostock und Leipzig.

Ebenfalls in dieser Zeit hatte eine Serie von Buchlotterien begonnen, die erste wiederum in Berlin. Später wurden solche Initiativen auch von anderen veranstaltet, etwa von der Zentralen Leitung des Volksbuchhandels, vom Börsenverein und sogar von einzelnen Volksbuchhandlungen. Bei einigen Veranstaltern trat hier das geschäftliche Anliegen

Alle lesen! Der Volksbuchhandel wirbt mit Plakaten.

hinter dem kulturpolitischen zurück, indem es praktisch keine Verlierer gab. Wer auf sein Los nicht ausdrücklich einen Gewinn erzielte, konnte mit einer oder eben mehreren »Nieten« zum Lospreis – in der Regel 50 Pfennig, manchmal 1 Mark – in der Buchhandlung einkaufen. Das war bei den Bücherpreisen in der DDR eine durchaus lukrative Angelegenheit; so bekam man einen Normalband der Deutschen Volksbibliothek des Aufbau Verlages in Leinen mit Schutzumschlag bereits für 2,85 DM (wie die Währung der DDR damals noch abgekürzt wurde).

Andere Initiativen blieben von der Öffentlichkeit eher unbemerkt, konnten aber als Zeichen einer neuen Ausrichtung buchhändlerischer Arbeit und Zusammenarbeit gelten. Hierzu gehörten die ab 1954 beginnenden Themenplanberatungen, ein Versuch, in die Verlagsproduktion die Meinung derjenigen einfließen zu lassen, die das Ohr am Kunden hatten. Die löbliche und ernst zu nehmende Absicht geriet erst in Zweifel – und später sogar zur Farce –, als die Meinung des Sortiments höchstens noch die verzerrte Nachfrage und längst nicht mehr den Bedarf widerzuspiegeln vermochte.

In den dreieinhalb Jahren der Verantwortlichkeit einer Zentralen Verwaltung konnte der Volksbuchhandel sein Handelsnetz noch einmal erheblich erweitern, so dass es 1958 über 650 Objekte umfasste.

Ebenfalls in dieser Zeit wurde in einem Schulungszentrum die Aus- und Weiterbildung konzentriert, und kurze Zeit später erschien im Berliner Verlag Volk und Wissen die »Ausbildungsunterlage Buchhändler«.

Die Bemühungen um die Entwicklung der Planwirtschaft brachten zahlreiche Koordinierungen in der Branche hervor, von denen einige zu konkreten Ergebnissen führten, andere dagegen nur Absichtserklärungen blieben. So fehlte es einer Vereinbarung zwischen der Zentralen Verwaltung und Fachbuchverlagen zur »Verbesserung des Vertriebs der Fachliteratur« wohl an realen Möglichkeiten der gegenseitigen Einflussnahme. Dagegen wurde die Anfang 1957 vom LKG begonnene Arbeit mit Kommissionshandelsverträgen – im Gleichschritt mit dem übrigen Einzelhandel – zu einem Faktor für Handel und Versorgung, auch im Buchhandel. Erster Vertragspartner war der private Buchhändler Carl Böttger in Bernburg, Bezirk Halle. Der staatliche, volks- oder parteieigene Partner übernahm die Warenbestände, erstattete fixe Kosten und gewährte eine Provision. Im Gegenzug war der private Buchhändler – wie auch Einzelhändler anderer Branchen – in die staatliche Planung einbezogen. Wenig später begann auch der Volksbuchhandel mit dem Abschluss derartiger Verträge.

Heute wird damaliger Druck oder gar Zwang auf die künftigen Vertragspartner mitunter überschätzt. Nicht wenige von ihnen begrüßten durchaus die Möglichkeit, auf dieser Grundlage ihr privates Unternehmen, das oft genug – mitunter seit Generationen – ihr Lebenswerk war, mit zwar eingeschränkter Selbständigkeit, aber dafür mit deutlich vermindertem Risiko weiterführen zu können. Die Kommissionsbuchhändler waren nun mit der Arbeit des Volksbuchhandels vertraglich verbunden und an der Planerfüllung beteiligt. Später waren sie ebenso wie der gesamte buchhändlerische Fachhandel von den Beschränkungen auf dem Buchmarkt betroffen.

Besondere Erwähnung verdient in diesem Kreis Frau Helga Weyhe aus Salzwedel in der Altmark, Bezirk Magdeburg. Sie übernahm die seit 1871 in Familienbesitz befindliche Buchhandlung von ihrem Vater und führte sie in der DDR als Kommissionsbuchhandlung weiter. Heute ist sie mit 88 Jahren und einer Berufszeit von mehr als 65 Jahren immer noch in ihrer 1990 wieder privatisierten Buchhandlung tätig und dürfte damit eine der dienstältesten Buchhändlerinnen in Deutschland sein.

1955 verabschiedete die 1. Ökonomische Konferenz des LKG einen »Maßnahmeplan zur weiteren Steigerung der Wirtschaftlichkeit des LKG«.

Auf einer DDR-weiten Konferenz des Volksbuchhandels in Dresden wurde im November 1956 beschlossen, den

Umsatz – stets die sogenannte Hauptkennziffer – bis 1960 gegenüber 1955 um 50 Prozent zu steigern. Parallel dazu kam es 1956 zur Bildung einer zentralen Wettbewerbskommission bei der Zentralen Verwaltung, entsprechende Gremien entstanden in den Bezirken. Der »sozialistische Wettbewerb« sollte fester Bestandteil der Arbeit werden; Ergebnisse, die über die Planerfüllung hinausgingen, versprachen gesellschaftliche und materielle Anerkennung. Kollektive und Einzelpersonen gaben im Rahmen des Wettbewerbs Selbstverpflichtungen ab, die sich nicht nur mit dem konkreten Arbeitsprozess verbanden, sondern auch kampagneartig anlässlich politischer Ereignisse erwartet wurden.

Zur »ideologischen Festigung« schickte die SED Funktionäre der ersten Reihe zu Verlegern und Buchhändlern. Als Kulturminister Johannes R. Becher 1955 zur 130-Jahr-Feier des Börsenvereins in Leipzig die Festrede hielt, würdigte er vor allem dessen Tradition. Direkter zur Arbeit des Buchmarktes ging es bei anderen Anlässen zu. So sprach Kurt Hager, damals Sekretär des Zentralkomitees der SED für Wissenschaft, Volksbildung und Kultur, im November 1956 auf einer Konferenz der Hauptverwaltung Verlagswesen des Ministeriums für Kultur mit wissenschaftlichen und Fachverlagen zum Thema: »Perspektiven und Aufgaben der Wissenschaft und Technik im zweiten Fünfjahrplan und die Aufgaben der Literatur.« Bereits auf der 4. Verlegerkonferenz im Dezember 1954 hatte Albert Norden, damals erster Sekretär des in der DDR gegründeten »Ausschusses für Deutsche Einheit« die »besondere Verantwortung der Verleger und Buchhändler für die sozialistische Persönlichkeitsentwicklung« formuliert. Indem man davon ausging, dass eine in der sozialistischen Planwirtschaft produzierte Literatur aller Gattungen a priori die richtige sein muss, geriet bei mangelndem Verkauf und der damit verbundenen Bildung von Beständen der angeblich fehlende Einsatz der Buchhändler in die Kritik. Das führte dazu, dass einige Schriftsteller verstärkte Beachtung ihrer Erzeugnisse einforderten, indem sie auf deren »fortschrittliche« Thematik verwiesen. Oft lösten sie damit Diskussionen und Verwicklungen aus, die in keinem Verhältnis mehr zum literarischen Wert oder zur fachlichen Bedeutung der Bücher standen. Derartige Argumentation konnte aber auch ins Gegenteil umschlagen. Der Romanautor Wolfgang Joho etwa hatte im Vorfeld des IV. Schriftstellerkongresses von 1956 den Buchhändlern gleich jegliche Fähigkeit und Bestimmung abgesprochen, mit einer besonderen Ware zu handeln.

Der Volksbuchhandel versuchte seine Organisation und sein umfangreiches Handelsnetz zu nutzen, um Bestände umzuverteilen. Hierzu wurde die Halle 9 des Leipziger Messegeländes angemietet, wohin nun Volksbuchhandlungen aus allen Teilen der DDR ihre bis dahin unverkäuflichen Bestände lieferten. Von hier aus sollten sie neue Interessenten finden. So weit, so gut. Aber organisatorisches Chaos und vor allem die Tatsache, dass sich überhaupt derartige Bestände an Literatur bilden konnten, die doch planmäßig produziert worden war, führten schließlich dazu, dass der Begriff »Halle 9« vorübergehend zum Synonym für alle Missstände des parteieigenen Buchhandels wurde.

Die SED sah sich schließlich veranlasst, auf der 32. Tagung des Zentralkomitees eine Kulturkonferenz einzuberufen sowie eine Kommission einzusetzen und diese mit der »Überprüfung der Arbeit der literaturverbreitenden Institutionen« zu beauftragen.

Ein größeres Alarmsignal konnte es nicht geben. Solche Aktivitäten zogen fast immer drastische organisatorische und personelle Konsequenzen nach sich. So auch in diesem Fall: Dass der Volksbuchhandel seit seiner Herauslösung aus dem LKG durchaus eine positive Entwicklung genommen, sein Handelsnetz wesentlich erweitert und eine gutfunktionierende Aus- und Weiterbildung aufgebaut hatte, fiel nun weniger ins Gewicht.

Für die Zentrale Verwaltung und für Fritz Brilla war es das Ende, das dadurch beschleunigt wurde, dass einige von Brillas engsten Mitstreitern sich in dieser Situation in den Westen absetzten, womit ihm zusätzlich die politische Verantwortung für deren Flucht aufgebürdet wurde.

Am 30. Juni 1958 endete mit der Auflösung der Zentralen Verwaltung für das einheitliche Unternehmen Volksbuchhandel die erste, kürzere Etappe seiner Entwicklung. Ihre Ergebnisse waren beachtlich, ihr Ende aber unschön.

Die Jahre 1958–1963: Zentrale Leitung

Juli 1958. Es geht voran in der DDR. Ende Mai sind die letzten Rationierungen aufgehoben und ein einheitliches Preisniveau aus gesetzlichen Festpreisen eingeführt worden. Der V. Parteitag steht kurz bevor und konstatiert nunmehr: »Der Sozialismus siegt!« Zehn Gebote der sozialistischen Moral sollen diese Gewissheit untermauern. Vorläufig geht es noch nicht ganz so schnell. Wer sich 1958 mit dem D-Zug auf die 120 Kilometer lange, von Krieg und Reparationen geschädigte Strecke von Dresden nach Leipzig begibt, muss dafür fast drei Stunden einplanen.

Eine solche Fahrt hat der Dresdner Hellmuth Fischer am Morgen des 1. Juli hinter sich. In wenigen Minuten wird er seine neue Dienststelle in der Friedrich-Ebert-Straße erreichen. Dann ist er Chef der neugebildeten Zentralen Leitung, Nachfolger von Fritz Brilla, Vorgesetzter von 16 Direktoren und Herr über mehr als 650 Volksbuchhandlungen und rund 6 000 Mitarbeiter.

Der 42-jährige Fischer hatte eine Lehre als Stein- und Offsetdrucker absolviert, sich nach dem Krieg zum Ingenieur für Polygraphie qualifiziert und im Auftrag der Zentrag in verschiedenen Druckereien gearbeitet. Statt der Herstellung von Druckerzeugnissen wird er nun für deren Verbreitung verantwortlich sein und einen der größten

Parteibetriebe leiten, mit Buchhandlungen von der Ostsee bis in den Thüringer Wald, vom Harz bis an die Oder. Die wenigsten hat er bisher von innen gesehen.

Fast ein Vierteljahrhundert wird Hellmuth Fischer als geachteter Chef des Volksbuchhandels die Geschäfte führen. Seine Fähigkeit, sich durchzusetzen und doch ausgleichend zu wirken, die Sympathien, die ihm die meisten Volksbuchhändler entgegenbrachten, und schließlich die Länge seiner Amtszeit – länger als die der drei anderen Amtsinhaber vor ihm und nach ihm zusammen – prägten diese fast 25 Jahre.

Am selben Tag, als Hellmuth Fischer seine Arbeit an der Spitze der Zentralen Leitung beginnt, tritt eine neue Unterstellung in Kraft. Aus der erst knapp zwei Jahre zuvor gegründeten Hauptabteilung Verlagswesen im Ministerium für Kultur entsteht am 1. Juli 1958 die Abteilung Literatur und Buchwesen. Zunächst wird sie von Dr. Siegfried Seidel geleitet, 1960 löst ihn Bruno Haid ab. Haid war nach antifaschistischer Vergangenheit 1955 bis 1958 stellvertretender Generalstaatsanwalt der DDR, seine weitere juristische Laufbahn scheiterte nach einer Parteirüge. 1960 übernahm er im Ministerium für Kultur die Leitung der Abteilung Kultur und Buchwesen. Aus ihr ging 1963 die Hauptverwaltung Verlage und Buchhandel (HV) hervor, die Bruno Haid, nunmehr im Rang eines stellvertretenden Ministers für Kultur bis 1973 leitete.

Der Start der neuen Organisationsform fiel für den Volksbuchhandel wieder einmal in eine Zeit verstärkter ideologischer Auseinandersetzungen. Nicht so sehr seine wirtschaftlichen Leistungen, sondern vermeintliche Bewusstseinsmängel seiner Leiter und Mitarbeiter waren auch der Anlass für die umfangreichen Überprüfungen, die Ablösung von Heß und andere personelle und organisatorische Veränderungen gewesen.

Während sich die Zentrale Leitung unter Hellmuth Fischer und seinem engsten Mitstreiter, Hauptbuchhalter

Hans Hünich – gleich ihm aus der Zentrag gekommen –
noch formierte, unterzog das Zentralkomitee der SED vom
7. bis zum 26. Juli 1958 die Arbeit des Volksbuchhandels
einer Prüfung. Vorausgegangen war ein »Beschluss über die
Verbesserung der Arbeit der literaturverbreitenden Einrichtungen« vom 22. Juli 1958. Er ging auf jene 32. Tagung
von 1957 zurück, die den Volksbuchhandel für die Anhäu-
fung von Beständen, vor allem aber für den mangelnden
Absatz von sozialistischer Gegenwartsliteratur verantwortlich gemacht hatte.

Wegen der postulierten Vorrangigkeit ideologischer Anforderungen sah sich zu dieser Zeit auch der Börsenverein
nachdrücklich an die ihm zugedachte Rolle erinnert. Am
19. September 1958 fand in Berlin ein Gespräch mit Staatssekretär Erich Wendt statt, um das der Börsenverein selbst
gebeten hatte und an dem auch Vertreter der Abteilung
Kultur des Zentralkomitees und der Hauptabteilung Literatur und Buchwesen teilnahmen. Nach einem allgemeinen
Bekenntnis zu den Aufgaben des Börsenvereins bestand
Wendt in aller Deutlichkeit darauf, dass dieser nur bera-
tende, keine exekutive Kompetenz habe und ebenso »keine
rein fachlichen Funktionen, sondern gleichzeitig politische,
gesellschaftliche und erzieherische.« Damit war dem Börsenverein zumindest innerhalb der DDR einerseits seine
fachliche Zuständigkeit stark beschnitten, andererseits jedoch eine ideologische Verantwortung aufgetragen worden,
für die man ihn jederzeit in die Pflicht nehmen konnte.

Immerhin lebte im gleichen Jahr die Tradition des Sorti-
menterausschusses auch im Osten wieder auf. Erster Vorsit-
zender in dieser Position, die jedoch keineswegs für den
Volksbuchhandel reserviert war, wurde Hellmut Dietzel,
Sortimenter und später Buchhandlungsleiter in der Berliner Buchhandelsgesellschaft.

Statt neben Partei und Staatsführung als drittes Leitungsorgan zu fungieren, sollte der Börsenverein andere Aufgaben wahrnehmen, was ihm auch zunehmend gelang. Be-

reits im März 1958 war zwischen dem Börsenverein Frankfurt und dem Börsenverein Leipzig die Unterzeichnung eines Vertrages über die Vermögensregelung erfolgt. Es war die Zeit der Hallstein-Doktrin, und es ist kaum denkbar, dass eine solche Vereinbarung mit einer staatlichen Stelle der DDR zustande gekommen wäre.

Ab dem 1. Halbjahr 1958 sind viele Aktivitäten in Vertrieb und ebenso literaturpropagandistische Maßnahmen zu verzeichnen, die den Wirkungskreis des Volksbuchhandel erweiterten. Bei zahlreichen gesellschaftlichen Anlässen setzte er sich öffentlichkeitswirksam in Szene. In einer Art Doppelstrategie wurde versucht, neue Käuferschichten zu erreichen, indem man nicht nur für den Kauf von Büchern in den Buchhandlungen selbst warb, sondern immer öfter und gezielt mit dem Buch aus der Buchhandlung dorthin ging, wo man noch neue Leser zu gewinnen hoffte. Von ersterem Bemühen zeugten mit viel Aufwand vorbereitete

Bildung und Unterhaltung – Schaufensterplakat

68

Werbeaktionen, wie zum Beispiel die ermunternde Aufforderung »Du hast Urlaub – leiste Dir Dein Buch!« Sie war in Schaufenstern zu sehen, erschien in Urlaubsgebieten am Himmel, von Kleinflugzeugen vorbeigeschleppt, und erreichte ihre größte Wirksamkeit in der Sendung »Tausend Tele-Tipps« des inzwischen etablierten Fernsehens. Damals war man in der DDR noch überzeugt von der Notwendigkeit und Wirkung von Fernsehwerbung, zumal die dazu gesendeten Spots oft recht originell waren, was auch für diese Buchwerbung galt. Später, als es in allen Bereichen an Waren mangelte, zu deren Kauf man besonders hätte auffordern müssen, verzichtete man darauf.

Der im Jahr darauf folgenden Aktion »Fachbücher helfen qualifizieren – kaufe Dir Dein Fachbuch« fehlte die Lockerheit ihrer Vorgängerin, weshalb sie auch nicht die gleiche Wirksamkeit erreichte.

Weitere Aktivitäten waren direkt oder indirekt auf die Verbreitung des Buches gerichtet, so eine Aktion der Freien Deutschen Jugend »500 000 Bücher aufs Land« – abgerechnet wurden schließlich 650 000 Bücher – oder ein Jahr später »Tage des Buches auf dem Lande«.

Auch kulturelle Großveranstaltungen sollten dazu beitragen, den Umgang mit dem Buch zu einer festen Gewohnheit zu machen. So beteiligte sich der Buchhandel 1959 an den 1. Arbeiterfestspielen im Bezirk Halle mit vielen Ausstellungen und Lesungen. Bei den zweiten Arbeiterfestspielen 1960 in Karl-Marx-Stadt gab es dann bereits ein von fast siebzigtausend Teilnehmern besuchtes Literaturfestival.

Doch sollten die Leser nicht nur Leser sein, sondern auch schöpferisch tätig werden. Die 1. Bitterfelder Konferenz 1959 forderte die Arbeiter unter dem Motto »Greif zur Feder, Kumpel!« auf, selbst zu schreiben, wobei der ermunternde Zusatz »… die sozialistische Nationalliteratur braucht Dich« das Ziel formulierte. Die angestrebte Massenbewegung kam jedoch nicht zustande. Die 2. Bitterfelder

Konferenz 1964 musste konstatieren, dass das angestrebte Ergebnis nach Zahl, Qualität und öffentlicher Beachtung um einiges verfehlt worden war.

Wer dennoch glaubte, dauerhaftes Interesse und einigermaßen literarische Begabung bei sich entdeckt zu haben, konnte sich nunmehr in »Zirkeln schreibender Arbeiter« betätigen. Hier war fachliche Anleitung ebenso gewährleistet wie staatliche Kontrolle.

Die ökonomische Entwicklung war dagegen mit dem Motto »Sozialistisch arbeiten, lernen und leben« allein nicht in Schwung zu bringen. Zwar gab es zu Beginn der sechziger Jahre unbestreitbare Fortschritte, die dennoch nicht ausreichten, die hochgesteckten Ziele zu verwirklichen. Sowohl der 2. Fünfjahrplan 1956–1960 als auch der an seine Stelle getretene Siebenjahrplan 1959 bis 1965 wurden als unrealistisch abgebrochen.

Aber auch im Volksbuchhandel fassten Formen »sozialistischer Arbeit« Fuß. So rief im März 1959 das Kollektiv der Volksbuchhandlung Kamenz im Bezirk Dresden die Volksbuchhändler auf, um den Titel »Kollektiv der sozialistischen Arbeit« zu kämpfen. Bereits einen Monat vorher war im Bezirk Halle der erste Betriebskollektivvertrag (BKV) im Volksbuchhandel abgeschlossen worden. Der BKV wurde in allen volks- und parteieigenen Betrieben zum Leitungsinstrument und zum Sinnbild der Interessenübereinstimmung von Leitung und Belegschaft.

Zu den Maßnahmen, die die innerbetriebliche Organisation des Volksbuchhandels festigten, gehörte die am 1. Januar 1959 eintretende »Geschäftsordnung für den Volksbuchhandel«, herausgegeben von der Zentralen Leitung, in Kraft. Ihr folgte die Einführung des ersten Gehaltsgruppenkataloges für den Volksbuchhandel, vergleichbar einem heutigen Tarifvertrag. Danach betrug das Anfangsgehalt eines Sortimenters (mit dem Berufsabschluss Buchhändler) monatlich 350 DM. Bis dahin hatte es bei 280 DM gelegen.

Für das Jahr 1958 verfasste Hauptdirektor Hellmuth Fischer Anfang 1959 erstmalig einen Jahresbericht, den er vor der Abteilung Finanzverwaltung Parteibetriebe im ZK der SED zu verteidigen hatte. Ebenfalls 1959 fand die erste Jahreskonferenz des Volksbuchhandels in Leipzig statt. Da sich aber diese Veranstaltung für ein DDR-weites Unternehmen als äußerst zeit- und kostenaufwendig erwies, wurde schon 1962 von dieser Praxis wieder abgegangen. Der Jahresbericht und seine Verteidigung – in späteren Jahren vor der HV Verlage und Buchhandel des Ministeriums für Kultur – bestanden bis zum Ende des Volksbuchhandels fort, eine Pflichtübung, in welcher die angesprochenen Probleme ebenso an Brisanz zunahmen wie die Möglichkeiten zu ihrer Behebung schwanden.

Zu einem beachteten und wirksamen Informationsmittel wurde indes die bereits ab Dezember 1958 von der Zentralen Leitung herausgegebene Zeitschrift »Der Volksbuchhändler«. Äußerlich unscheinbar, wurde diese anfangs monatlich, später zweimal im Monat erscheinende Publikation für viele Volksbuchhändler ein kritisches und praxisorientiertes Mitteilungsblatt, in dem sie über ihre speziellen Erfahrungen und Probleme berichten konnten. Für die Zeit seines Erscheinens bis 1965 bildete »Der Volksbuchhändler« die ideale Ergänzung zum branchenübergreifenden Fachorgan »Börsenblatt für den Deutschen Buchhandel«.

Mit der ebenfalls zum 1. Januar 1959 erfolgenden Unterstellung des Zentralantiquariats der DDR, das bisher dem Deutschen Buchexport und -import angegliedert war, wurde dem Volksbuchhandel eine komplizierte, ja delikate Aufgabe übertragen, stand doch die antiquarische Literatur unter Verdacht, altes, unerwünschtes Gedankengut zum Leser zu transportieren. Die Verbreitung antiquarischer Literatur, bisher weitgehend in Privathand, hatte entsprechend oft Anstoß erregt.

Die Entwicklung des Handelsnetzes zeichnete sich in diesen Jahren nicht nur schlechthin durch die weiter steigende Anzahl von Volksbuchhandlungen aus, sondern legte auch qualitativ zu. Im Juni 1959 eröffnete in der traditionsreichen »Bücherstube Gutenberg« in Leipzig die erste – weiterhin öffentliche – Lehrbuchhandlung, die in den nächsten Jahren in allen Bezirken Nachfolger fand. Man mag heute darüber streiten, ob eine Einzelausbildung unter den strengen Augen erfahrener Mitarbeiter oder eine im relativ geschützten Kollektiv einer Lehrbuchhandlung die bessere ist. Insgesamt waren die Erfahrungen und die Ergebnisse dieser Einrichtungen positiv, vor allem schulten sie die Berufsanfänger im Hinblick auf später zu übernehmende Verantwortung.

Im Mai 1961 gab eine Direktorentagung der Zentralen Leitung »Grundsätze für die Spezialisierung des Handelsnetzes« vor. Jetzt konnte mit dem Aufbau eines spezialisierten Handelsnetzes begonnen werden, schließlich gab es ja bereits »Bücher und andere Handelsgegenstände des Buchhandels«. Nunmehr wurden drei Kategorien von Volksbuchhandlungen definiert: Allgemeine Sortimentsbuchhandlungen, Buchhandlungen mit Spezialabteilungen, Spezialbuchhandlungen.

Als Spezialsortimente bezeichnete man solche für Kunst und Reproduktionen, Musikalien und Schallplatten (damals die einzigen Tonträger) sowie fremdsprachige Bücher (internationale Buchhandlungen). Hinzu kamen noch die sich entwickelnden Antiquariate. Später erarbeiteten sich viele Spezialbuchhandlungen einen sehr guten Ruf, und vor allem die internationalen Buchhandlungen erlangten vielerorts überregionale Bedeutung.

Schon bald nach ihrer Bildung wurde die Zentrale Leitung personell verstärkt. Der bisherige Direktor im Bezirk Halle, Rudolf Schmalz, wurde 1. Stellvertreter des Hauptdirektors. Mit ihm gewann die Zentrale Leitung einen eloquenten Vertreter ihrer Interessen. Fast zeitgleich mit ihm nahm Heinz

Börner seine Tätigkeit auf, der spätere langjährige ökonomische Leiter des Volksbuchhandels. Er war ein Quereinsteiger, dem Buchhandel bis dahin nur als Kunde verbunden, der sein neues Berufsfeld erst nach seiner Abmusterung als Offizier der Seestreitkräfte betrat.

Am 1. Juli 1961 trat ein weiteres Dokument in Kraft, dessen Bedeutung nicht hoch genug eingeschätzt werden kann: die »Ordnung über Stellung, Rechte und Pflichten des Buchhandlungsleiters im Volksbuchhandel«. Dieses Dokument begründete und stärkte die Verantwortung des Buchhandlungsleiters, die ihm einen weiten Rahmen von Entscheidungsfreiheit bei der Erfüllung seiner Aufgaben sicherte. Zugleich war diese Ordnung sehr pragmatisch; sie orientierte den Leiter im Gegensatz zu vielerlei kulturpolitischen Appellen vor allem auf die ökonomischen Aspekte seiner Arbeit.

Noch einmal wurde der Volksbuchhandel in diesen Jahren von einer massiven, grundsätzlichen Kritik an seiner Arbeit eingeholt. Der bis dahin kaum bekannte Schriftsteller J. C. Schwarz hatte den vermeintlich ungenügenden Absatz seines Buches »Der neue Direktor« statt mit dessen Qualität mit den Verkaufsbemühungen des Volksbuchhandels erklärt, wieder mit dem Argument, der Volksbuchhandel setze sich nicht genügend für die Gegenwartsliteratur ein. Prompt kam das entsprechende Räderwerk ins Laufen, diesmal mit ganz großer Übersetzung. Auf dem 14. Plenum des ZK der SED stellte Walter Ulbricht höchstpersönlich fest: »Das System des Buchvertriebs in der DDR ist unzulänglich und muss überprüft werden.«

Barbara Hackel, Freiberg

Nach meiner Ausbildungszeit und Fernstudium an der Fachschule für Buchhändler in Leipzig-Leutzsch übernahm ich 1972 die Leitung der »Akademischen Buchhandlung für Montanwissenschaften« in Freiberg mit damals achtzehn Mitarbeitern und zwei Lehrlingen. Die wichtigsten Aufgaben waren für mich als Buchhandlungsleiter die Arbeitsabläufe zu organisieren und neue Kunden zu akquirieren, vorwiegend durch Außenarbeit: Verkaufsausstellungen in Schwerpunktbetrieben der Region, Betreuung von Vertriebsmitarbeitern und Agenturen.

Die Buchlieferungen waren ohnehin kaum beeinflussbar, da durch »Quotenregelung« festgeschrieben.

Wichtig war die Planerfüllung insgesamt sowie im Detail der sogenannte IB-Umsatz (Importbuch, d.h. originalsprachige Literatur aus der Sowjetunion) und natürlich die sogenannte Parteiliteratur für die Grundorganisationen der SED. Eine Buchhändlerin war dafür verantwortlich, Broschüren, die fast keiner wollte und die mitunter nicht abgeholt bzw. bezahlt wurden, zu vertreiben.

Einmal monatlich wurde der »Plan« abgerechnet, einmal im Quartal der »Wettbewerb« ausgewertet. Da alle Abrechnungsvorgänge und auch Gewinn- und Verlustrechnungen zentral vorgenommen wurden, blieb dem Buchhandlungsleiter kaum Spielraum für eigene Entscheidungen. Die Kommunikation zwischen den Buchhandlungsleitern war zum Teil recht intensiv und kameradschaftlich – andererseits waren wir gegenüber einigen von unseren Vorgesetzten mitunter misstrauisch und zurückhaltend, da oft administrative Weisungen durchgesetzt wurden, die unserem Verständnis widersprachen – Beispiel: Es war verboten, mit dem Firmenfahrzeug die Kreisgrenze zu überqueren, was aber zum Warenaustausch (sog. »Umlagerungen«) zwischen den Buchhandlungen dringend erforderlich und der »Planerfüllung« dienlich war. So trafen wir uns mit den Fahrzeugen voller Ware an der Kreisgrenze, luden entsprechend um und umgingen damit diese Weisung.

In unseren Buchhandlungskollektiven herrschte eine offene und freundschaftliche Arbeitsatmosphäre. Auch in der Freizeit wurde vieles gemeinsam unternommen – nicht nur in Vorbereitung auf das Wettbewerbsziel »Kollektiv der sozialistischen Arbeit« – nein, es war das Gefühl der Zusammengehörigkeit und des »Miteinander«. Das ist leider mit der Wende verloren gegangen.

Jetzt kann es darauf an, im Wettbewerb mit anderen Anbietern die »Nase vorn zu haben«, Mitbewerber auszuschalten. So wurde z.B. die

Zusammenarbeit mit der Bibliothek der Bergakademie besonders wichtig; wir waren nicht mehr alleiniger Ansprechpartner für die Literaturbeschaffung, und Verdienste aus der vorrangigen Belieferung der Bibliothek durch uns aus DDR-Zeiten zählten nichts mehr! Auch im Kampf um den Schulbuchvertrieb gab es für uns keinen Bonus für die jahrzehntelangen Belieferungen unserer Schulen – der Markt ist heute noch härter umkämpft.

Schwerpunkte wie straffe Arbeitsorganisation, Abrechnungsvorgänge, Kosten- und Gewinnrechnung, Zeitpläne der Mitarbeiter (heute sind es noch acht), Wareneinkauf, Warenpflege und Lagerhaltung traten in den Mittelpunkt der Leitungstätigkeit.

Dabei durften inhaltliche Fragen wie Sortimentsgestaltung und Bestelltätigkeit unter den neuen Aspekten des Überangebotes an Büchern aller Niveaustufen nicht außer Acht gelassen werden. Wir mussten als Uni-Buchhandlung die Balance zwischen einer gut sortierten Fachbuchhandlung und einem allgemeinen Sortiment mit niveauvoller Belletristik, Kinder-, Reise- und Hobbyliteratur halten, und das alles unter strengster Beachtung unserer finanziellen Möglichkeiten.

Sehr hilfreich war nach der Privatisierung 1991 die Unterstützung durch Buchhändler aus den alten Bundesländern wie z.B. Herr Riethmüller aus Tübingen, Herr Grosse aus Clausthal-Zellerfeld und besonders Herr Voerster und Kundenbetreuer von Koch, Neff & Volckmar. Auch meine Mitgliedschaft in der AWS (Arbeitsgemeinschaft wissenschaftlicher Sortimentsbuchhandlungen) bot mir die Chance, ähnlich strukturierte Sortimente kennenzulernen und Probleme zu diskutieren.

Mein persönliches Fazit:

Ich war mit »Leib und Seele« Buchhändlerin und hätte mir keinen anderen Beruf gewünscht. Die Wende war eine Chance, auch die Seiten des Berufs kennenzulernen, zu denen wir im Volksbuchhandel keinen Zugang hatten. Man konnte eigene Konzeptionen umsetzen und war dafür auch selbst mit aller Konsequenz verantwortlich.

März 2011

Ab 1963: Im Bereich der Hauptverwaltung
Verlage und Buchhandel

Am 1. Januar 1963 traten auf der Grundlage eines Beschlusses des ZK der SED vom 31. Juli 1962 (ein entspre-
chendes staatliches Gesetz folgte – wie üblich – erst im Dezember) für den Wirtschaftszweig einige entscheidende
Veränderungen »zur Verbesserung der Arbeit im Verlagswesen und Buchhandel« in Kraft, die gleichwohl den bisherigen Weg zur Zentralisierung bestätigten und sogar beschleunigten. Die Maßnahmen sollten beitragen zu (man
beachte die Reihenfolge) »einer höheren politisch-ideologischen Qualität der Buchproduktion, einer einheitlichen politischen und ökonomischen Leitung von Verlagswesen und
Buchhandel sowie der weiteren Verbesserung der ökonomischen Ergebnisse dieser Einrichtungen.«

Die SED trennte sich vom Parteieigentum an den Einrichtungen des verbreitenden Buchhandels; der Leipziger
Kommissions- und Großbuchhandel und der Volksbuchhandel wurden in Volkseigentum überführt.

Zusammen mit den Verlagen wurden sie nun der im Ministerium für Kultur neu gebildeten Hauptverwaltung Verlage und Buchhandel unterstellt, deren Leiter indessen
Bruno Haid blieb. Dieses Leitungsorgan trat seine Arbeit
im Namen gleich dreier bisher maßgebender Institutionen
an, der »Abteilung Verlage und Buchwesen«, der »Vereinigung Volkseigener Betriebe (VVB) Verlage« und des »Dru-
ckerei- und Verlagskontors«. Bereits im März 1963 wurden
der neuen Hauptverwaltung auch die Einrichtungen des öffentlichen Bibliothekswesens unterstellt.

So groß der Verantwortungsbereich der neuen staatlichen Leitung auch war – entsprechende Hauptverwaltun-
gen waren ebenso für andere Kulturbereiche gebildet worden –, behielt die SED auch nach der Überführung ihrer
Parteibetriebe in Volkseigentum gemäß der in der Verfas-
sung der DDR verankerten führenden Rolle ihren Einfluss.

Nun war die Doppelunterstellung unter Partei- und Staatsführung ab 1963 auch für den Volksbuchhandel festgeschrieben. Die politisch-ideologische Anleitung der Zentralen Leitung erfolgte durch den Sektor Verlage, Buchhandel und Bibliotheken in der Abteilung Wissenschaften im ZK der SED (erst zehn Jahre später wurde dieser Sektor der Abteilung Kultur unterstellt), die staatliche Leitung durch die Hauptverwaltung Verwaltung und Buchhandel, die ihrerseits, wie die angeleiteten Einrichtungen auch, von Parteistrukturen durchzogen war.

Trotzdem begann für den Volksbuchhandel nun eine lange, relativ stabile Periode seiner Arbeit. Er sah sich in eine gesellschaftliche Gesamtkonzeption eingebunden, war Bestandteil eines einheitlich geleiteten und geplanten Prozesses der Literaturentwicklung und der Literaturverbreitung und entsprechend der politischen Gliederung strukturiert. Er verfügte in den Bezirksstädten über attraktive Objekte, war in den Stadtbezirken und allen Kreisstädten sowie in vielen kleineren Ortschaften vertreten und reichte außerdem noch mit spezifischen Vertriebsmethoden in Betriebe und abgelegene Gebiete. Es war ebenso eine Tatsache, dass er sich dabei auf absehbare Zeit mit Privatbuchhandlungen ergänzen würde, deren solide Arbeit einen stabilen Platz im Buchvertrieb behauptete. Das galt auch für die Verlagslandschaft, in der volkseigene Verlage neben partei- und organisationseigenen, privaten und solchen mit staatlicher Beteiligung zu finden waren. Einzig der Zwischenbuchhandel befand sich in Gestalt des LKG nahezu vollständig in Volkseigentum, zwei verbliebene private Unternehmen, die Kommissionäre H.G. Wallmann und Winter, führten in Leipzig ein kaum wahrnehmbares Nischendasein.

Somit konnte die Struktur und Organisation des Volksbuchhandels um 1963 im Wesentlichen als abgeschlossen betrachtet werden. Unter der Ägide der Hauptverwaltung Verlage und Buchhandel – bald nur noch »Hauptverwaltung« oder »HV« genannt – trat der Volksbuchhandel als gefestigtes Unternehmen mit beachtlicher Wirtschaftskraft an.

Fast fünf Jahre führte nun Hellmuth Fischer den volkseigenen Bucheinzelhandel und hatte ein stabiles Leitungsteam um sich gebildet. 15 Buchhandelsbetriebe in den Bezirken sowie das Buchhaus Leipzig und das Zentralantiquariat der DDR – mit Sitz ebenfalls in Leipzig – bildeten die nächste Ebene der Leitungspyramide. Sie repräsentierten inzwischen fast 750 Volksbuchhandlungen.

Der Jahresumsatz hatte bereits 250 Millionen Mark überschritten, bei den Buchpreisen in der DDR ein respektables Ergebnis.

Das Handelsnetz, bisher schematisch nach Umsatzgröße pro Jahr klassifiziert von
»G« – Großbuchhandlung (über 1 Million)
bis »BV« – Buchverkaufsstelle (unter 100 000)
wurde neu geordnet. Neben reine Wertgrößen traten nun sortimentsseitige Aspekte, welche die inhaltliche Seite der buchhändlerischen Arbeit stärker berücksichtigten. Im Ergebnis dieser Spezialisierung entstanden:

– allgemeine Sortimentsbuchhandlungen
– allgemeine Sortimentsbuchhandlungen
    mit erweitertem Fachbuchsortiment
– allgemeine Sortimentsbuchhandlungen
    mit Spezialabteilungen (Bild, Musikalien,
    Antiquariat, Fremdsprachen)
– Spezialbuchhandlungen für
    – Kunst, Bilder und Reproduktionen
    – Musikalien und Tonträger
    – Fremdsprachen und Importe
    – Antiquariat
sowie Spezialabteilungen für
    – Medizin

- Naturwissenschaften und Technik
- Staat und Recht
- Kinder- und Jugendliteratur

Die erste Kinderbuchhandlung der DDR in Leipzig

Kombinationen derartiger Spezialsortimente wie etwa Kunst und Musikalien waren möglich.

Die Direktoren leiteten ihre Betriebe über eine Leitungsorganisation nach Sachgebieten, wie sie der in der übergeordneten Zentralen Leitung entsprach. Mit deren Bildung Mitte 1958 waren sie zugleich von ihrer Doppelaufgabe entbunden worden, auch noch für die größte Volksbuchhandlung im Bezirk verantwortlich zu sein.

Die Leitung von der Zentrale über die Transformation im Bezirk bis in die Buchhandlung war somit fachlich und personell gewährleistet. Dabei blieb die Eigenverantwortung der Leitungsebenen, insbesondere der Direktoren, beachtlich, und das Prinzip der Einzelleitung hatte Bestand. Vor allem aber blieb die Verantwortung der Buchhandlungsleiter für ihre Sortimentsgestaltung auch unter den Grundsätzen der Spezialisierung unangetastet.

Dass später selbst bei sorgfältiger Bestellarbeit viele Lieferungen den Charakter von Zuteilungen annahmen, hatte seine Ursachen nicht im Leitungsmodell für den Volksbuchhandel.

Die Fachbereiche gliederten sich entsprechend den verschiedenen Aufgaben in Abteilungen, in den Bezirken gaben Instrukteure, jeweils für mehrere Kreise mit ihren Buchhandlungen zuständig, Anleitung und Unterstützung.

Als führende Abteilung galt die Abteilung »Literaturpropaganda und -vertrieb« (LPV), deren Leiter in der Regel auch als stellvertretender Direktor fungierte, und zwar in der Zentralen Leitung ebenso wie in den Bezirken. Dass im Namen des Vertriebsorgans die »Propaganda« vor dem »Vertrieb« stand, entsprach der politischen Orientierung auf den Vorrang der kulturpolitischen Aufgabe. Erst Jahre später wandelte man die Bezeichnung in »Literaturvertrieb und -propaganda« um, kurz LVP, die dann bis zum Ende der DDR gültig blieb.

Die weiteren Leitungsbereiche bildeten und entwickelten sich bis auf eine Ausnahme, auf die später eingegangen wird, entsprechend der Aufgabenstellung zu Abteilungen und Fachbereichen, also Kader, Arbeit, Schulung, Planung, Rechnungswesen und Finanzen.

In zwei Arbeitsbereichen wurden zu dieser Zeit Aufgaben weitgehend aus der Verantwortung der Volksbuchhandlungen in die Leitungen der Bezirke verlagert:

Noch bei Gründung der Zentralen Leitung 1958 hatte jede Volksbuchhandlung ihre eigene Buchhaltung unterhalten, je nach Größe und Umfang der anfallenden Daten in Personalunion mit den anderen buchhändlerischen Arbeiten oder arbeitsteilig mit einem oder mehreren Mitarbeitern. An sich war das kein großes Problem, schließlich ist die kaufmännische Ausbildung Bestandteil des Berufsbildes. Doch damals wie heute sagt man Buchhändlern ein ambivalentes Verhältnis zu Zahlen nach. Dass dergleichen Ausnahme blieb, dafür sorgte man schon in den fünfziger Jahren in der Ausbildung. An der Deutschen Buchhändler-Lehranstalt etwa bemühte sich Studienrat Erwin Worm ebenso engagiert wie erfolgreich, Lehrlingen aus dem privaten wie dem Volksbuchhandel Sicherheit und Respekt beim Umgang mit Soll und Haben zu vermitteln. Aber um die Arbeit rationeller und einheitlicher zu gestalten und dem immerwährenden Mangel an Arbeitskräften zu begegnen, kam es Anfang der sechziger Jahre zur Herauslösung des Rechnungswesens aus den Buchhandlungen und zur Zusammenfassung in den Betrieben. Das zentralisierte Rechnungswesen übernahm nun weitere Aufgaben wie eine regelmäßige Inventur- und Revisionstätigkeit. Diese beschränkte sich nicht auf Belegkontrolle und Zahlenwerk, sondern erstreckte sich auch auf Warenbestände, Arbeitsorganisation, Arbeitsklima bis hin zu Ordnung, Sicherheit und Sauberkeit. Damit war ein wichtiges Kontrollinstrument vorhanden, das dazu beitrug, einheitliche Regelungen durchzusetzen.

Ein weiterer Bereich, bei dem eine Zusammenfassung der Kräfte und Möglichkeiten in den Betrieben zweckmäßig erschien, war Dekoration und Werbung, für die vorher ebenfalls jede Volksbuchhandlung selbst verantwortlich gewesen war. Hier überwog der Dienstleistungscharakter, denn so ließen sich die anfällige Technik und die knappen Materialien sinnvoller einsetzen.

Am 26. August 1964, gut anderthalb Jahre nach Installierung der Hauptverwaltung, unternahm das Ministerium für Kultur einen weiteren Schritt in Richtung Zentralisierung. Der Minister für Kultur erließ die »Anordnung über das Statut des Volksbuchhandels«.

Für den Volksbuchhandel war es ein Schritt zurück.

Die bisherigen Betriebe verloren ihre juristische Selbständigkeit samt Eintrag ins Handelsregister, sie wurden zu Zweigstellen. Volksbuchhandel der DDR, Zweigstelle Bezirk Potsdam, hieß es nun. Selbst die logische Bezeichnung Betriebsteil wollte man offiziell nicht zugestehen, sie behauptete sich dennoch trotzig-umgangssprachlich. Nunmehr hatte nur der Volksbuchhandel den Status als volkseigener Betrieb und juristische Person und war im Handelsregister eingetragen. Einen Justiziar sah das Statut für diesen Betrieb mit immerhin rund 6000 Mitarbeitern und erheblicher Wirtschaftskraft nicht vor. Juristische Probleme sollten vom LKG mit vertreten werden, eine Vorgabe, die sich als völlig ungenügend erwies.

Das neue Statut schränkte die Eigenverantwortung der bisherigen Buchbetriebe drastisch ein. Sie waren nun weniger selbständig, als es die Ländergesellschaften je gewesen waren.

Der Zentralen Leitung selbst nützte die erweiterte Administration nur sehr bedingt. Sie bekam zusätzlich zu ihren Aufgaben nun noch eine Art »Bankfunktion«, da die Zweigstellen zu direkten Bankverbindungen in ihren Territorien nicht berechtigt waren. Die Folge war ein erheblicher administrativer Aufwand, dessen Effektivität darunter litt, dass Entscheidungen aus zu großer Entfernung und unter mangelnden Detailkenntnissen getroffen werden mussten, was die Staatsbank gleichermaßen traf wie den Volksbuchhandel selbst.

Hellmuth Fischer und sein Mitarbeiter Hans Hünich, besorgt über die Auswirkungen und brüskiert davon, dass man sie zur Beratung des neuen Statuts nicht hinzugezogen hatte, drohten damit, ihre Funktionen niederzulegen. Soweit kam es nicht, doch das Statut trat in Kraft. Erst am 1. Januar 1989 stellte nach zähem Ringen ein neues Statut den ursprünglichen volkswirtschaftlichen Status und die Selbständigkeit der Betriebe wieder her, zur durchgreifenden Wirksamkeit in der Praxis kam es nicht mehr.

Wesentlich schneller agierte die Hauptverwaltung auf vertrautem Terrain mit dehnbaren Begriffen. Bereits im Februar 1965 legte sie ein »Perspektivprogramm für die ideologische und kulturpolitische Arbeit auf dem Gebiet der Literatur, des Verlagswesens und der Literaturverbreitung« vor. Es sollte sich erst später zeigen, dass ein solches Programm zu seiner Verwirklichung auch materieller Absicherung bedarf, die jedoch weniger gewährleistet war.

Immerhin war der Volksbuchhandel nun unter der Ägide der Hauptverwaltung Bestandteil eines geschlossenen Systems der Entwicklung und Verbreitung von Literatur. Er erreichte allerdings – ungeachtet seiner Ergebnisse, seiner Reichweite und seiner Nähe zum so umworbenen Leser – bei seinem Leitungsorgan nie die gleiche Achtung und Aufmerksamkeit wie die Produktion und der Zwischenbuchhandel. Das war unter Bruno Haid so und änderte sich auch nicht wesentlich unter seinem Nachfolger Klaus Höpcke ab 1973.

Weit stärker im Blickpunkt der Hauptverwaltung standen die Verlage und der LKG. Die Verlage waren das intellektuelle Aushängeschild, über sie liefen die Lizenzgeschäfte, sie erwirtschafteten Devisen, sie vertraten die DDR auf den internationalen Buchmessen.

Die Lage beim Monopolisten des Zwischenbuchhandels, diesem Unternehmen mit der Herkulesaufgabe und der stets schwächlichen Konstitution, erforderte alle Aufmerksamkeit. Brüchige materiell-technische Basis, holprige, verheerende Fehler bei der EDV-Einführung, x-mal verschobener, nie realisierter Neubau rückten das Nadelöhr im Prozess der Literaturverbreitung immer wieder in den Blickpunkt der übergeordneten Leitung.

Bücher, Bilder, Noten ... Spezialbereiche
im Volksbuchhandel

Bei allen Aktivitäten, die der Volksbuchhandel startete, und bei allen Anstrengungen, die er aufbrachte, Leser und Käufer außerhalb der eigenen Mauern zu gewinnen – wobei ihm die gesellschaftlichen Verhältnisse gestatteten, zumindest den Kostenfaktor stark zu vernachlässigen –, bildete doch sein eigenes Handelsnetz den entscheidenden Faktor seines Ansehens und seiner Wirksamkeit. Alles andere blieb wichtige, nicht selten sehr sympathische, oft jedoch überbewertete Ergänzung.

Deshalb stand in den Anfangsjahren, besonders in den fünfziger Jahren, die territoriale Ausdehnung des Volksbuchhandels im Mittelpunkt und hatte 1962, also noch vor dem Übergang des Volksbuchhandels in Volkseigentum und der Gründung der Hauptverwaltung, die Zahl von 750 Objekten überschritten.

Jetzt musste, auch angesichts der Vielzahl von Buchhandlungen anderer Eigentumsformen, der Qualität mehr Aufmerksamkeit gewidmet werden. Viele Volksbuchhandlungen hatten sich durchaus schon einen Namen gemacht. Das Franz-Mehring-Haus in Leipzig, die Buchhandlung am Altmarkt in Dresden, das August-Bebel-Haus in Potsdam oder die Erich-Weinert-Buchhandlung in Magdeburg und etliche andere waren in der DDR als leistungsfähige Buchhandlungen bekannt.

Bereits im Mai 1961 hatte die Zentrale Leitung in Beratung mit den Direktoren »Grundsätze für die Spezialisierung des Handelsnetzes« festgelegt. Jetzt waren die Volksbuchhandlungen nicht mehr schlechthin quantitative Größen, sondern wurden nach ihren fachspezifischen Aufgaben bewertet und eingeordnet. Im Ergebnis dieses Prozesses profilierten sich auch Spezialbuchhandlungen.

Zu diesen Einrichtungen zählten die Buchhandlungen »Das internationale Buch«. Es gab sie in den meisten Bezirksstädten, wobei die »ib« in Berlin, Leipzig, Dresden und Potsdam im Lauf der Zeit einen beachtlichen Bekanntheitsgrad erlangten. Außerdem existierten entsprechende Spezialabteilungen in manchen größeren Buchhandlungen. Im Rahmen des Besorgungsgeschäftes war es darüber hinaus im Prinzip allen Buchhandlungen möglich, fremdsprachige oder importierte Literatur zu bestellen.

»Das Internationale Buch« in Berlin, 1973

Ursprünglich, bis zur Übernahme durch den Volksbuchhandel, bestand die vorrangige Aufgabe der oft sehr bescheiden ausgestatteten Objekte in der Betreuung und Versorgung der zeitweilig in der DDR lebenden sowjetischen Bürger sowie der hier stationierten Militäreinheiten. Die unscheinbaren und anfangs in der Öffentlichkeit kaum beachteten Verkaufseinrichtungen unterhielten meist einen

Außendienst, der mit einer fahrbaren Buchhandlung »Aw-
tolawka« (Autoladen) direkt die sowjetischen Einheiten an
ihren Standorten aufsuchte. Das war notwendig, da in der
Regel nur die Offiziere die Buchhandlung besuchen konnten.

Die Literatur konnte anhand des wöchentlich erscheinenden Kataloges »Novyie Knigi« – NK (Neue Bücher) bestellt werden. Diesen russischsprachigen Katalog lieferte
das Außenhandelsunternehmen Meshdunarodnaja Kniga
direkt in die Buchhandlungen. Die Kataloge wurden an die
Endbezieher weitergeleitet, die ihre Bestellungen abgaben.
Die Lieferzeiten waren sehr lang und erreichten nicht selten Jahresfrist. Das lag vor allem daran, dass in der Sowjetunion wie auch in anderen sozialistischen Ländern – im
Gegensatz zur DDR – in der Regel erst anhand der Zahl
der Vorbestellungen die Auflage festgelegt und gedruckt
wurde.

Weitere Bestellgrundlage für die internationalen Buchhandlungen war das wöchentlich vom LKG herausgegebene Informationsmittel »Das importierte Buch«, das auch
Importe aus anderen sozialistischen Ländern enthielt. Das
Sortiment ergänzten Angebote für Touristen – oft mit
einen fremdsprachigen Textteil (englisch, französisch, russisch) – sowie Belletristik aus dem DDR-Verlag Seven Seas
Books in englischer Sprache und Wörterbücher aller verfügbaren Sprachen.

In den sechziger Jahren erhöhte sich die Bekanntheit vieler internationaler Buchhandlungen, als sie neue, großzügig
ausgestattete Objekte in deutlich besserer Lage bezogen.
Hinzu kam, dass sich die Attraktivität ihres Angebots ver-
besserte. Mit interessanten Importen in deutscher Sprache
konnten Lücken im (ost)deutschen Sortiment überbrückt
werden. Hierzu gehörten geografische und Kunstbildbände,
attraktive Kalender – besonders beliebt waren Jugendstil-
Kalender aus Prag – sowie aus mehreren Ländern Kinderbücher, von denen einige in der DDR Kultstatus erreichten,

so aus der Sowjetunion Bücher von Wolkow und Sutejew, aus Polen die Bildgeschichten um Bolek und Lolek oder die Maulwurfgeschichten von Ždenek Miler aus der ČSSR. Ebenso begehrt waren importierte und zudem noch sehr preisgünstige Autoatlanten und Wanderkarten der für DDR-Bürger erreichbaren Urlaubsländer.

Das importierte deutschsprachige Angebot der internationalen Buchhandlungen rekrutierte sich vor allem aus den Editionen der Verlage oder Außenhandelsunternehmen sozialistischer Länder. Beim Publikum geschätzt waren hier ARTIA Prag, Corvina Budapest, ARS POLONA Warschau und der Verlag für fremdsprachige Literatur, Moskau.

Es gab auch Überraschungen, so als plötzlich als Import in deutscher Sprache Karl Mays »Der Schatz im Silbersee« auftauchte, erschienen 1968 im Jugendverlag Bukarest. Hierfür war buchhändlerischer Einsatz nicht gefragt, denn Karl May war zu dieser Zeit in der DDR noch ein verpönter Schriftsteller, zwar nicht beim Publikum, wohl aber bei den Kulturverantwortlichen.

Ihre ganz besondere Anziehungskraft, ja zuweilen sogar Exklusivität gewannen die internationalen Buchhandlungen jedoch durch einige spektakuläre Möglichkeiten an der Peripherie ihres Aufgabengebietes.

Hierzu trug beim russischsprachigen Sortiment der Umstand bei, dass die Sowjetunion nicht der Berner Übereinkunft beigetreten war, also quasi ohne Copyright Literatur in russischer Sprache lizenzfrei nachdruckte, womit sie auch auf den Schutz russischer Werke verzichtete. Ein Ungleichgewicht, das aber deutschen Kunden aus der DDR mit ihren Russischkenntnissen die Lektüre aktueller westlicher Fachliteratur oft recht zeitnah, nur eben in Russisch ermöglichte.

Einen ähnlichen, wenn auch nicht so zahlreich auftretenden Effekt gab es bei der Belletristik. Hier erschienen in der Sowjetunion zum Zweck des Erlernens oder Vertiefens der deutschen Sprache hin und wieder Romane oder Erzählungen, die in der DDR nicht oder kaum zu haben waren. Hatte man also ein russisches Vorwort überblättert, so konnte man zum Beispiel Remarques »Drei Kameraden« aus einem sowjetischen Verlag in deutscher Sprache lesen. In der DDR ist das Buch nie erschienen.

Manchmal gab es auch Sensationen. So tauchten Mitte der sechziger Jahre in nicht geringer Stückzahl Kunstbände der Verlage Arnoldo Mondadori, Mailand und Thames & Hudson, London in internationalen Buchhandlungen auf, darunter bisher kaum publizierter Künstler wie Joan Miró oder Piet Mondrian. Entsprechend war der Ansturm, da spielten fehlende italienische oder englische Sprachkenntnisse keine Rolle. Und wer wusste, ob sich dergleichen wiederholen würde? Es wiederholte sich nicht. Ähnliches allerdings – ebenfalls zu dieser Zeit – ereignete sich mit original französischen Schallplatten von Klassik über die Lieder der Piaf bis zum Musettewalzer, was gleichfalls die Kundenfrequenz in Rekordhöhen trieb. Aber auch das blieb nur eine Episode.

Wenn westliche Verlage ihre Messebestände, vor allem an Fachliteratur, in der DDR ließen, konnten ausgewählte internationale Buchhandlungen diese beim LKG ordern und an Bibliotheken, Betriebe oder Einzelpersonen verkaufen, die dann für den Erwerb keine Devisen aufwenden mussten.

Eine weitere Besonderheit, die in den internationalen Buchhandlungen eine Rolle spielte, aber auch für größere allgemeine Sortimentsbuchhandlungen galt, war die Tatsache, dass Touristen mit konvertierbarer Währung bezahlen konnten. Damit der Buchhändler erkennen konnte, was ihm da angeboten wurde, rüstete man den Kassenplatz mit einer Lose-Blatt-Sammlung aus, in der – nach Ländern sortiert – die Banknoten von vorn und hinten, allerdings in schwarz-weiß und verkleinert abgebildet waren, dazu noch ein verbaler Hinweis auf Originalgröße und -farbe. Kam ein solcher Verkauf zustande, so war noch ein Beleg mit mehreren Durchschlägen auszufertigen. Insgesamt blieb die wirtschaftliche Bedeutung dieser Möglichkeit eher gering.

Solche gelegentlichen Besonderheiten veranlassten viele Bücherfreunde zu regelmäßigen Besuchen der internationalen Buchhandlungen und trugen zu deren Popularisierung bei. Im Mittelpunkt ihrer Arbeit stand jedoch weiterhin das Angebot von fremdsprachiger Literatur, Wörterbüchern und Sprachführern. Hierzu fanden auch regelmäßig Ausstellungen statt, die vor allem von den sich in den Betrieben entwickelnden Informations- und Dokumentationsstellen genutzt wurden. Kennzeichnend war ein großer Kreis von ausländischen und deutschen Stammkunden.

Eine besondere Form des »Imports«, jedoch keine Aufgabe der internationalen Buchhandlungen, war die Behandlung von Kontingentliteratur. In bestimmtem Umfang stellte die DDR Devisen bereit, um verschiedene Einrichtungen mit westlicher Literatur zu versorgen. Dazu gehörten Bibliotheken, Universitäten und Hochschulen, Institutionen und ausgewählte Betriebe. Den jährlichen Umfang ihres Bezuges begrenzte ein vorgegebener DM-Betrag, eben ein »Kontingent«, das sie über ausgewählte Volksbuchhandlungen realisieren konnten. Die Buchhandlungen bestellten ihrerseits die Literatur im Besorgungsgeschäft beim Barsortiment 2 des LKG, zuständig für die sogenannten NSW-Importe, während die devisenfreien Importe aus dem »Osten« über die Abteilung Importbuch liefen. In beiden Fällen – und in einigen anderen – kaufte und verkaufte der LKG als Grossist, während er für die Produktion der lizenzierten DDR-Verlage als Kommissionär wirkte.

Naturgemäß bestand der größte Teil der derart gehandelten Kontingentliteratur aus Fachbüchern und Nachschlagewerken, auch Zeitschriftenabonnements wurden geführt, die meisten in Deutsch. Waren große Bibliotheken

Bücherkarren in der Petersstraße Leipzig

im einschlägigen Kundenkreis, gerieten auch belletristische Werke in der DDR nichtpublizierter Autoren in die Volksbuchhandlung. Es versteht sich, dass kein Exemplar aus dieser Kontingentliteratur je einen Verkaufsraum sah; der Absatz erfolgte ausschließlich als Rechnungsverkauf.

Insgesamt hatte dieses Geschäftsfeld, so wichtig jedes einzelne Buch für den jeweiligen Bezieher auch war, nur einen geringen, weil devisenabhängigen Gesamtumfang. Vom Umsatz des LKG 1989 machte die Kontingentliteratur gerade mal 1,7 Prozent aus und lag damit sogar noch über dem ursprünglich geplanten Anteil, der 1,2 Prozent betragen hatte. Es war einer der wenigen und dünnen Fäden, die den deutschen Buchhandel der Bundesrepublik und der DDR verbanden.

Zu den Spezialbuchhandlungen gehörten ebenso solche für Kunst, Bilder und Reproduktionen. Kunstbücher waren schon immer Attraktionen im Buchhandel; auch Reproduktionen und Kunstpostkarten sind Verlagserzeugnisse, nicht umsonst trugen die ehemalige Ländergesellschaft Sachsen und Dutzende ihrer Volksbuchhandlungen den Namen »Buch und Kunst«. Ab Mitte der sechziger Jahre wurden nach den Grundsätzen von 1961 spezielle »Kunstkabinette« eingerichtet, von denen sich einige unter diesem, manche auch unter einem anderen Namen vor allem in den Bezirksstädten etablierten. Darüber hinaus gab es allgemeine Sortimentsbuchhandlungen, die sich dieser speziellen Aufgabe widmeten.

Das Sortiment bildeten vor allem Editionen der volkseigenen DDR-Kunstverlage, allen voran der Verlag der Kunst, Dresden und E. A. Seemann, Leipzig, mit international anerkannten Editionen, des weiteren Henschel, Insel und Koehler & Amelang. Später kam noch Edition Leipzig hinzu, der zwar vorwiegend für den Export produzierte, dessen Publikationen aber auch in DDR-Buchhandlungen erhältlich waren.

Der erhebliche Buchanteil der Kunstkabinette umfasste keineswegs nur Kunstbildbände, sondern auch entsprechende Lexika, Künstlermonografien, Briefwechsel, Tagebücher und Erinnerungen sowie Kalender. Das Sortiment wurde noch durch Importe aus den östlichen Ländern ergänzt. Produkte von ARTIA Prag waren besonders begehrt, doch fanden auch Kunstbücher aus anderen Ländern starkes Interesse, und vor allem Jüngere begeisterten sich zum Beispiel für die polnische Plakatkunst. Erzeugnisse aus Vietnam und der Mongolei brachten einen Hauch Exotik; chinesische Malereien erfreuten sich bis hin zum handgemalten Buchzeichen größter Beliebtheit. Leider verschwanden gerade diese aus dem Angebot, als es zu ideologischen Differenzen mit China kam.

Eine immer größere Rolle spielten im Laufe der Jahre

gerahmte Bilder. Die Buchhandlungen konnten sie als gerahmte Reproduktionen bei der Abteilung Bildervertrieb des LKG bestellen, doch erwiesen sich weder die Anzahl noch die Vielfalt der angebotenen Bilder samt ihrer Rahmen als ausreichend. Tatsächlich ließ der seit 1971 in der DDR stark forcierte Wohnungsbau das Bedürfnis ansteigen, die lang ersehnten eigenen vier Wände entsprechend auszugestalten. Also musste man aus eigener Kraft das Angebot erweitern. Drucke verschiedener Größen lieferten ja die Verlage. Nun galt es, stabile Beziehungen zu Rahmereien aufzubauen, dann konnte die Buchhandlung nicht nur mehr »Bilder« anbieten, sondern vielleicht sogar spezielle Kundenwünsche erfüllen.

Weil das entsprechende Material knapp war, kam der Pflege derartiger Geschäftsbeziehungen erhöhte Bedeutung zu, und sie regelten sich am besten über die Erfüllung von Bücherwünschen der fleißigen Bilderrahmer. Die brauchten Bücher vielleicht zum Lesen, vielleicht aber auch nur, um ihrerseits eine Geschäfts- oder andere Beziehung zu forcieren … Einige Kunstkabinette bauten eigene Rahmereiwerkstätten auf.

Mit noch so guten Drucken und deren Rahmung waren die Möglichkeiten allerdings noch nicht ausgeschöpft. Es gab ja noch die Originale. Auch hier hatten Spezialbuchhandlungen und solche mit entsprechendem Sortimentsanteil ihre – meist territorial begrenzten – Kontakte. Nicht immer war das, was da auf Leinwand oder Pappe kam, große Kunst, oft passte sich selbst der Rahmen dem Werk und dem Zeitgeschmack an; zügigem Absatz derartiger Produkte tat das aber keinen Abbruch.

Ungeachtet solch einzelner Zugeständnisse verfügten die Kunstkabinette über eine beachtliche Fachkompetenz, die bei den Kunstverlagen Beachtung fand und ihnen in Themenplanberatungen Gehör verschaffte. Der Umsetzung waren freilich in vielen Fällen Grenzen gesetzt.

Gerade an Fachkompetenz fehlte es dem Volksbuchhandel dagegen lange auf einem anderen Gebiet seiner Bemühungen um Spezialisierung, dem Handel mit Musikalien und Tonträgern. Die wenigen Musikverlage hatten unter den Kriegszerstörungen besonders gelitten, einige waren in den Westen abgewandert. Es gab kaum noch Noten, und neue konnten nicht hergestellt werden; es fehlte an Notenstechern, Notenstechereien, Spezialwerkzeugen, Papier und Druckkapazitäten. Die konnten so schnell nicht wiederhergestellt werden, auch schien es wohl einfacher und war erklärter kulturpolitischer Schwerpunkt, den Menschen die während des Dritten Reiches verbotene, verfemte, verbrannte Literatur so schnell wie möglich wieder nahezubringen.

Für die Herstellung von Notenmaterial konnte lediglich auf vorhandene alte Druckplatten zurückgegriffen werden, das spärliche Vertriebsnetz bildeten ein paar private Musikalienhändler mit langer Tradition und gutem Namen, darunter die hoch angesehene, weithin bekannte Musikalienhandlung Oelsner in Leipzig, die sich bis heute behauptet.

Als Mitte der sechziger Jahre im Volksbuchhandel an die Entwicklung von Musikaliensortimenten gedacht wurde, kam zu diesen alles andere als ermutigenden Bedingungen noch das Fehlen einer weiteren elementaren Voraussetzung hinzu: Es zeigte sich, dass kaum geeignetes Fachpersonal zur Verfügung stand. Auch in Musiktheorie und Musikgeschichte gab es trotz der guten Allgemeinbildung der Buchhändler erhebliche Defizite. Einen kompetenten Handel mit Musikalien ohne Notenkenntnisse durchzuführen entspricht nahezu der Vorstellung, einen Analphabeten mit dem Verkauf von Büchern zu betrauen. Alles wurde einigermaßen überbrückt, indem sich in den Kunstkabinetten oft Musikalien und Tonträger neben Kunst und Reproduktionen fanden, auch wenn sie lange den kleineren Sortimentsteil bildeten. Aber ebenso lange hinkte die Ausbildung von Musikalienhändlern hinterher.

Indessen hatte sich das Umfeld stark verändert. Viele Orchester, Chöre und Solisten der DDR waren inzwischen weltweit anerkannt und öffneten den Musikmarkt auch zum kapitalistischen Ausland hin. Diesem Niveau entsprachen Produktion, Auslieferung und Vertrieb bei weitem noch nicht.

Als der Dresdner Musikalienhändler Manfred Schlechte 1977 im Rahmen der internationalen Beziehungen des

Musikalienhandlung »Georg Friedrich Händel«, Halle, 1959

Volksbuchhandels an einem Erfahrungsaustausch in Budapest teilnahm, fädelte er mit kaufmännischem Geschick ein Geschäft ein. Er hatte Notenmaterial aufgespürt und konnte aufgrund seiner musikalischen Fachkenntnisse den exakten Bedarf in der Musikszene einschätzen. Für diesen Import hätte die DDR sonst Devisen hätte aufwenden müssen, entweder um direkt zu kaufen oder die Lizenz zu erwerben. Diese gelungene Aktion mit ihren erfreulichen wirtschaftlichen Ergebnissen war auch ein deutlicher Hinweis auf die Notwendigkeit, die Ausbildung von Musikalienhändlern zu forcieren.

Diese Aufgabe wurde 1978 in Angriff genommen, und bereits 1979 lag eine Ausbildungsunterlage vor, nach der zwei Jahre später 29 Absolventen ihre Prüfung zum Musikalienhändler ablegten. Auch hier waren Manfred Schlechte, der Jenaer Volksbuchhändler Hans Lehmann und der Inhaber der erwähnten Musikalienhandlung Oelsner, Michael Rosenthal, als Organisatoren, Konsultanten und Dozenten beteiligt. Musikverlage und Vertreter der Leipziger Musikhochschule wirkten ebenfalls mit. Später wurde dieser Lehrplan zu großen Teilen in Ungarn und Polen übernommen.

Zunehmender Aufmerksamkeit erfreute sich auch der Handel mit Tonträgern, der lange Zeit allein im Verkauf von Schallplatten bestand. Auch hier spielten Importe eine bedeutende Rolle, insbesondere die hervorragenden Klassikaufnahmen des sowjetischen Unternehmens »Melodia« waren sehr begehrt. Schließlich brachten hier weltberühmte Interpreten ebenso berühmte Werke zu Gehör, so der Pianist Swjatoslaw Richter, die Geiger Igor und David Oistrach oder der Cellist Mstislaw Rostropowitsch, bevor er in der Sowjetunion aus politischen Gründen zur Unperson wurde.

Das im Angebot des Volksbuchhandels vielfach realisierte Zusammenspiel von Importen, Kunst und Reproduktionen sowie Musikalien und Tonträgern erwies sich als glückliche Mischung, die diese Buchhandlungen zu attraktiven Anziehungspunkten machten. Dazu trug auch bei, dass die Läden mit Bilderwänden, Notenregalen und Wiedergabetechnik ausgestattet wurden. Hier kam man zu Lösungen, die nicht nur funktional und praktisch waren, sondern in den meisten Fällen auch ästhetischen Ansprüchen genügten.

Auf dem Spezialgebiet mit der ältesten buchhändlerischen Tradition trat der Volksbuchhandel dagegen erst recht spät in Erscheinung. Anfangs befasste sich nur das Franz-Mehring-Haus in Leipzig mit antiquarischer Literatur, ansonsten war das Gewerbe fest in privater Hand. Ein volkseigener Sektor hatte sich 1953 in Gestalt des Außenhandelsbetriebes »Deutscher Buch-Export und -Import« gebildet. Indes gehörte dieses Unternehmen nicht zum Volksbuchhandel.

Im selben Jahr begann der Volksbuchhandel, der sich selbst noch in der Formierungsphase befand, mit dem Aufbau eigener Antiquariate. Zunächst entstanden, wie schon im Franz-Mehring-Haus, derartige Abteilungen in bereits etablierten Volksbuchhandlungen der Bezirksstädte, so in der Karl-Marx-Buchhandlung Berlin, in der Universitätsbuchhandlung Rostock und gleich zweimal in Halle, im »Guten Buch« und in der Universitätsbuchhandlung.

Aus ihnen und anderen entwickelten sich selbständige Objekte. Einen guten Ruf erwarben sich später unter anderem das Norddeutsche Antiquariat mit Läden in Rostock, Greifswald und Wismar sowie das Hallesche Antiquariat. Auch das Dresdner Antiquariat des Volksbuchhandels datiert aus dieser Zeit, es befand sich unweit der Stelle, wo Erich Kästner aufgewachsen ist (»Als ich ein kleiner Junge war«) und wo die Bombardements vom Februar 1945 nahe des Zentrums ein paar Häuserblocks des alten Dresden übrig gelassen hatten. Hier hatte Arthur Wilhelm Nestler, linksliberaler Buchhändler, sein privates Antiquariat, das er 1956 dem Volksbuchhandel übergab und bis zu seinem 75. Lebensjahr selbst leitete. 1997 starb er im Alter von 100 Jahren und hatte nach eigenen Worten »im Volksbuchhandel die ihm gemäße Form des Bücherverkaufens gefunden.«

Es folgten bis 1961 die Antiquariate in Magdeburg, Erfurt, Jena und Meiningen, weitere eröffneten später. Das Adressbuch des Volksbuchhandels von 1988 weist schließlich 28 Antiquariate aus, darunter in allen Bezirksstädten mit Ausnahme von Suhl. Weitere fünf Ladengeschäfte unterhielt das Zentralantiquariat in der Stadt Leipzig, dazu gehörten ein Grafikantiquariat in der Ritterstraße und ein Musikantiquariat in unmittelbarer Nachbarschaft der Thomaskirche.

Im Antiquariatsbereich brauchte der Volksbuchhandel in allen Bezirken ausgezeichnete Fachleute und hat sie auch hervorgebracht. Mit den Kollegen Wolff (Halle), Lischke (Rostock), Lange (Dresden) und Wend (Leipzig) seien hier aus dieser Sparte nur einige Vertreter genannt, die im Volksbuchhandel dieses traditionsreiche Gewerbe würdig vertraten.

Das entscheidende Unternehmen aber, an dem die Antiquariatsarbeit des Volksbuchhandels gemessen wurde, war das Zentralantiquariat der DDR. Dessen Anfänge lagen außerhalb des Volksbuchhandels und haben ihren Ursprung im privaten Antiquariatshandel, dem schon bald nach 1945 mit äußerstem Misstrauen und der latenten Drohung des Gewerbeentzugs begegnet wurde. Wo man dieses durchsetzte oder wo der Inhaber selbst das Handtuch warf, um in den westlichen Besatzungszonen sein Glück zu versuchen, wurde zumeist ein Treuhänder bestellt, offensichtlich mit der Aufgabe, die Enteignung und Überführung in Volkseigentum voranzutreiben. Gut vierzig Jahre später geschah dieser Prozess in die umgekehrte Richtung, nur betraf er jetzt eine ganze Volkswirtschaft und vollzog sich mit ungleich größerer Schnelligkeit und Gründlichkeit.

So ist der Antiquariatsbereich, der in den fünfziger Jahren dem Deutschen Buch-Export und -Import angegliedert wurde, aus treuhänderischer Verwaltung hervorgegangen, in der sich die renommierten Antiquariate K. F. Koehler, K. W. Hiersemann, O. Harrasowitz, G. Fock und B. Liebisch seit 1949 befunden hatten. Mit der Zugehörigkeit zum volkseigenen Buchaußenhandel erhielt der neue Bereich seinerseits Rechte und Aufgaben für den Außenhandel mit antiquarischen Büchern.

Als am 1. Januar 1959, gerade ein halbes Jahr nach Bildung der Zentralen Leitung, das Zentralantiquariat der DDR in Leipzig aus der Taufe gehoben und sogleich dem Volksbuchhandel angeschlossen wurde, hatte sich dieser um den Zuwachs keineswegs bemüht und sah ihn eher mit gemischten Gefühlen. Ebensowenig hatte aber auch der Buchexport mit einer solchen Entscheidung gerechnet. Er fühlte nun sein Außenhandelsmonopol, besonders in das westliche Ausland, bedroht, das er in Bezug auf das Antiquariat bisher innegehabt hatte.

Derartiges Kompetenzgerangel war aber nur ein Vorgeschmack auf Auseinandersetzungen unter den Verwaltern von Volkseigentum, die fünfundzwanzig Jahre später folgen sollten.

Grundsätzlich bot der Antiquariatshandel einigen Zündstoff. War Misstrauen in etlichen Fällen gegenüber dem geistigen Gehalt der so gehandelten Bücher durchaus angebracht, resultierten daraus aber vor allem gegen die privaten Antiquare Repressalien, die bereits in den fünfziger Jahren deren Zahl stark schrumpfen ließ.

1960 verfügte der Minister für Kultur in einer »Anordnung über die Regelung des Antiquariatsbuchhandels«: »Außer dem Verkauf sowie der Lagerhaltung antihumanistischer Literatur, deren Verbreitung bereits nach anderen gesetzlichen Bestimmungen untersagt ist, ist auch der Verkauf und die Lagerhaltung solcher Literatur, die bürgerlich-reaktionäre Ideologien verbreitet oder in anderer Weise der sozialistischen Entwicklung widerspricht, nicht gestattet.« Abgesehen davon, dass »in anderer Weise« kein objektives Kriterium darstellt, wird nicht einmal der Minister selbst angenommen haben, dass man nach einer solchen Vorgabe einen ernst zu nehmenden Handel mit alten Büchern betreiben kann. Darum ging es auch nicht, sondern darum, einen möglichst großen Spielraum für Konsequenzen zu haben. Diesen Zweck erfüllte die Regelung voll und ganz, denn so stark sie den Handlungsspielraum einschränkte, so dehnbar blieb sie in ihrer Auslegung.

Mit der Einrichtung des Zentralantiquariats änderten sich die Aufgaben für den Umgang mit antiquarischer Literatur im Volksbuchhandel. Hatten vorher der Binnenhandel und »ideologische Wachsamkeit« – bis hin zur Stimmungsmache gegen den Antiquariatshandel generell in der Fachpresse! – dominiert, so stand nun die Erwirtschaftung von Devisen im Vordergrund, was ebenso für die Antiquariate in den Bezirken galt. Obwohl die planmäßig vorgegebenen Ziele unreal waren und in keinem einzigen Jahr erfüllt werden konnten, wurden doch erhebliche Devisen erwirtschaftet. Dabei blieb das Verhältnis der Antiquariate des Volksbuchhandels zum Zentralantiquariat nicht ohne Spannungen, weil letzterem die Beurteilung der Exportfähigkeit übertragen war. Diese »Schlepperdienste« im Export führten zu viel Unmut in den Bezirken, weil sie Mehrarbeit ohne konkretes Ergebnis darstellten, die materielle Interessiertheit der Mitarbeiter beeinträchtigten und nicht zuletzt ihre fachliche Kompetenz infrage stellten.

Naturgemäß konzentrierte sich die Antiquariatsarbeit auf den deutschen Sprachraum, vor allem auf Handelsbeziehungen mit der Bundesrepublik, wobei nicht ausschließlich die Erwirtschaftung von Devisen im Mittelpunkt stand. So sehr auch im offiziellen und medialen Sprachgebrauch beider Seiten die politisch-ideologischen Gegensätze betont wurden, die geschäftliche Wirklichkeit orientierte sich – nicht nur im Buchhandel – an den Realitäten. Zu normalen Geschäftsbeziehungen gehörte es daher auch, beim Kauf und Verkauf kulturelle und wissenschaftliche Gesichtspunkte zu beachten. Alle Direktoren, die seit 1959 das Zentralantiquariat führten, von P. Bernhardt über G. Singer, Rudolf Vogel, Jürgen Schebera bis zu Helmut Kazimierek, haben trotz mancher Beeinflussung durch die Politik zwischen Ost und West die Geschäftsbeziehungen zu den beteiligten Antiquaren der Bundesrepublik als solide und seriös beurteilt.

Mit den Jahren erschloss sich das Zentralantiquariat neue Quellen für An- und Verkauf. Die Verantwortlichen, meist der Direktor selbst, reisten ins westliche Ausland zu potenziellen Käufern. Natürlich standen diese Reisen unter Beobachtung der Staatssicherheit, vor allem was die Auswahl der Reisenden selbst betraf, und sicher gingen ihr auch die Berichte über den Verlauf der Reise, die kontaktierten Geschäftspartner und die Ergebnisse zu. Das war »normale« Praxis. Später ist kolportiert worden, das Zentralantiquariat sei von »der Staatssicherheit kontrolliert worden«, was schon deswegen eine überspitzte Behauptung ist, da einer solchen Kontrolle jedes DDR-Unternehmen unterlag, besonders dann, wenn es Devisen erwirtschaftete und – durchaus erwünschte – »Westkontakte« unterhielt.

Tatsächlich wehte gegen Ende der DDR dem Unternehmen ein ganz anderer Wind entgegen. Jetzt war die Erwirtschaftung von Devisen für die DDR nicht mehr nur willkommen und hilfreich, sondern überlebensnotwendig. Hierzu war das von Alexander Schalck-Golodkowski geleitete Unternehmen »Kommerzielle Koordinierung« gegründet worden. Dazu gehörten die Betriebe »Kunst und Antiquitäten« in Mühlenbeck bei Berlin sowie »Antik-Handel« in Pirna. Schalck-Golodkowski erhielt für seine Aufgabe alle Vollmachten und alle technischen Voraussetzungen, Letztere waren dem Zentralantiquariat jahrelang vorenthalten worden. So gerät es heute fast zur Anekdote, dass es dem Zentralantiquariat, obwohl erhebliche Devisen erwirtschaftet und auf Heller und Pfennig an den Staatshaushalt abgeführt wurden, über Jahre nicht möglich war, eine Frankiermaschine zum Preis von etwa 400 DM anzuschaffen.

Das neue Imperium löste seine Aufgabe gründlich. Zu den aufgestöberten Antiquitäten gehörten in großer Zahl auch antiquarische Bücher. Hier fehlte es dem Team des Devisenbeschaffers aber an Kompetenz. Man erlangte sie, indem man nicht nur dem Zentralantiquariat den Zugang zu antiquarischen Beständen abschnitt, sondern dazu noch Antiquare mit entsprechender Erfahrung abwarb. Schließlich führte diese Entwicklung zu einer grotesken Konkurrenzsituation, wobei das Zentralantiquariat nicht frei vom Vorwurf blieb, es habe dem Bereich Schalck-Golodkowski bei der Verschleuderung von Kulturgut quasi zugearbeitet.

Die folgende Erinnerung möge beispielhaft die Situation darstellen: Eines Tages im Jahr 1986 stürmte Direktor Helmut Kazimierek ins Büro des Hauptdirektors und forderte angesichts der Umstände eine Korrektur des Exportplanes, selbstredend nach unten, oder eine Unterbindung der »Machenschaften« des neuen Konkurrenten aus Mühlenbeck, »oder ich schmeiße die Sache hin und du kümmerst dich um einen neuen Mann«. Sein Vorgesetzter hörte nicht zum ersten Mal davon, und er wollte Kazimierek nicht verlieren. Vor allem aber wollte er nicht akzeptieren, dass zwei volkseigene Unternehmen zwar an einem Strang, aber in verschiedene Richtungen ziehen. Also wurde er bei der Hauptverwaltung beim zuständigen Leiter Literaturvertrieb vorstellig. Hans-Georg Hartwich, zu Hellmuth Fischers Zeiten selbst Direktor im Volksbuchhandel in Cottbus, verstand Börners Anliegen, wahrscheinlich teilte er sogar dessen Meinung. Allein, er konnte ihm nicht helfen. »Weißt du nicht, wer Schalck-Golodkowski ist?« Eine Antwort, die nicht nur die Kompetenzen der Leitungsebene einschränkte, sondern auch bedeutete, in den Kollektiven, denen im Export Nachteile entstanden, für Ruhe zu sorgen.

Günter Kunert hat es einmal so ausgedrückt: »Eines der grotesken Prinzipien des Sozialismus besteht darin, dass die Leute nicht erfahren dürfen, dass sie nichts erfahren dürfen.«. Aber das, was man nicht erfahren darf, sollte man denn doch wissen …

Solche Schwierigkeiten in der Endphase trüben nicht das Gesamtbild der Arbeit des Zentralantiquariats. Für die kompetente Arbeit des Zentralantiquariats stehen unter anderem die Namen Hans Reihe und Ingbert Günzel.

Ständig wurde nach Möglichkeiten gesucht, das Aufkommen an antiquarischer Literatur zu verbessern, neue Absatzwege und -gebiete zu suchen. Dabei kam es unter vergleichsweise harmlosen Umständen zu einer erneuten Konfrontation.

Man war auf alte Gymnasialbestände aufmerksam geworden, die meist unbeachtet auf Dachböden, in Kellern oder ungepflegten Archiven schlummerten, begann sie aufzukaufen und zu verwerten. Das empfand die Ministerin für Volksbildung offenbar als Eingriff in ihre Hoheitsrechte und wies den Hauptdirektor an, dergleichen habe zu unterbleiben. Der legte Einspruch ein und verwies auf die Wichtigkeit der Devisen. Eine Antwort erhielt er nicht, und so wurde die einmal begonnene Praxis ohne weitere Folgen fortgesetzt.

Sehr früh hatte das Zentralantiquariat außerdem begonnen, sich ein weiteres Arbeitsfeld zu erschließen, die Herstellung von Reprints. Der erste Nachdruck war Adolf von Harnack »Geschichte der altchristlichen Literatur«. Weitere folgten, und 1964 ordnete das Ministerium für Kultur an, dass das Zentralantiquariat vor jeder Lizenzvergabe in das Ausland zu konsultieren sei, ob nicht der Nachdruck selbst besorgt werden könne. Die Praxis war so erfolgreich, dass 1980 aus der Reprintabteilung schließlich ein eigenständiger Verlag wurde.

Ab 1975 führte das Zentralantiquariat auch regelmäßig Buch- und Grafikauktionen durch.

Heute besteht das Zentralantiquariat in Leipzig als GmbH fort, zurückgestuft auf den Status eines unter vielen. Den traditionsreichen Sitz in der Talstraße musste es verlassen, die fünf Ladengeschäfte in Leipzig gibt es nicht mehr, dafür wieder eine Menge private Antiquare. Das Zentralantiquariat unterhält nun eine florierende Filiale in Dresden in unmittelbarer Nähe der Frauenkirche.

Die Spezialbuchhandlungen haben insgesamt einen nicht geringen Anteil am guten Ruf des Volksbuchhandels. Erst recht spät folgte auf diese Entwicklung auch die Einrichtung einer entsprechenden Abteilung Spezialsortimente in der Zentralen Leitung, wo sie der Hauptabteilung Literaturvertrieb und -propaganda angegliedert wurde.

Zwei weitere Arbeitsbereiche verdienen hier Aufmerksamkeit, das Buchhaus Leipzig und der Buchvertrieb in den bewaffneten Kräften der DDR. Wenn beide auch wenig oder nichts mit der Verwirklichung der »Grundsätze für die Spezialisierung des Handelsnetzes« zu tun haben, so stellen sie doch jeweils eine spezielle Entwicklungsrichtung in der Arbeit des Volksbuchhandels dar.

Als 1949 die DDR ihre ersten Schritte machte und man im entstehenden Volksbuchhandel durchaus noch uneins war, welchen Traditionen beim Handel mit Büchern man folgen sollte, wurde ein Unternehmen aus der Taufe gehoben, mit dem tatsächlich völlig neue Wege beschritten wurden.

Am 21. Oktober 1949 wurde nach einer Initiative der Unternehmen LKG und Fachbuchverlag das »Buchhaus Leipzig« gegründet. Es wurde zunächst der Zentrag Berlin unterstellt, die Zuordnung zum Volksbuchhandel erfolgte erst mit der Gründung der Zentralen Leitung am 1. Juli 1958.

Natürlich hatte auch bisher jede Buchhandlung die Möglichkeit gehabt und – aus verschiedenen Gründen unterschiedlich – genutzt, einen Außendienst zu unterhalten, doch waren dieser Arbeit enge räumliche Grenzen gesetzt, und sie konnte auch nicht flächendeckend sein.

Was der stationäre Buchhandel aus Mangel an Kapazität und Mobilität, auch aus Kostengründen, oft nur als sporadische Ergänzung seiner Arbeit betreiben konnte – und manchmal auch gar nicht als sein Anliegen verstand –, wurde für das Buchhaus zur eigentlichen Aufgabe. Der kulturpolitische Aspekt lag auf der Hand. Man wollte angesichts des noch unvollständigen Netzes stationärer Buchhandlungen Menschen für das Buch gewinnen, die bisher nicht damit in Berührung gekommen waren oder durch ihre Lebensumstände daran gehindert wurden. Auch von der rein geschäftlichen Seite lag die neue Einrichtung im Trend, denn gerade nach dem Zweiten Weltkrieg erlebte der Versandhandel in Ost und West einen lebhaften Aufschwung. Dabei dürfte das Buchhaus bei seiner Gründung die einzige Einrichtung dieser Art in Deutschland gewesen sein, die sich ausschließlich dem Handel mit Büchern widmete.

Unter dem Motto »Das Buchhaus bringt das Buch ins Haus« trat das Buchhaus an, auch im entferntesten Winkel Leser aufzuspüren und ihre Wünsche durch Lieferung frei Haus zu erfüllen. Hierzu gehörte ein attraktives, möglichst auch gezieltes Angebot, unterstützt durch einen umfangreichen Katalogversand. Den persönlichen Kontakt begründete und pflegte ein gut funktionierender Außendienst. Dieser war mit einigen gewitzten und gewieften Vertretern seiner Zunft bestückt, die auch einem Eskimo einen Kühlschrank verkauft hätten. Die zahlenmäßigen Erfolge ihrer Tätigkeit waren bemerkenswert. Einer der bekanntesten Vertreter war der fußballbegeisterte Heribert Kaaden, der schließlich ehrenamtlich die DDR auch als Funktionär in der europäischen Fußballunion UEFA vertrat. Damit befand er sich in der illustren Gesellschaft seines Leipziger Buchhändler-Kollegen und Verlagsleiters Heinz Schöbel, der dem Nationalen Olympischen Komitee der DDR als Präsident vorstand und 1966 Mitglied des Internationalen Olympischen Komitees wurde, dem er bis zu seinem Tod 1980 angehörte.

Zur Marktstrategie des Buchhauses gehörte es, sein umfangreiches Angebot für die Kunden übersichtlich zu gestalten. Es gliederte sich zeitweilig in elf verschiedene Sparten. So existierten unter anderem »Der Fachbuchversand«, »Das Bauernbuch« oder »Die Kleine Hausbibliothek«. Letztere erwies sich als besonderes geeignetes Mittel für die Gewinnung neuer Leser und für stabilen Absatz. Die Vertriebsform war ein Abonnement, in der Regel über ein Jahr laufend. Hatte man alle 12 Monatsbände bezogen, so winkte am Jahresende ein Gratisband. Die Titel waren vorgegeben, doch falls einer schon vorhanden war oder dem Kunden gar nicht behagte, so standen auch einige Austauschbände bereit. Alle Bücher wurden zu einem Preis verkauft, der unter dem vom Verlag festgesetzten Ladenpreis lag. In einigen Fällen konnten die Abonnenten auch Titel erwerben, die noch gar nicht im freien Verkauf erhältlich waren. Auch war ihnen die Lieferung garantiert, was vor allem in späteren DDR-Zeiten für Bestellungen in der Buchhandlung durchaus nicht mehr galt. Ein anderer Aspekt war freilich in dieser Vertriebsform auch versteckt: Das Abonnement enthielt stets diesen oder jenen Titel, dessen Chancen beim Publikum ansonsten gering gewesen wären.

Weitere Möglichkeiten des Abonnementsbezugs über das Buchhaus waren später die Reihen »Buch des Monats« und »Buch der Jugend«.

Mit dem »buchclub 65« gab es schließlich die erste Buchgemeinschaft in der DDR. Sie war 1965 im Buchhaus gegründet worden und ein reiner Versandbuchhandel. In diesem Fall war das Buchhaus lediglich Dienstleister, für das Programm, in dessen Rahmen auch »Buch des Monats« und »Buch der Jugend« weiter vertrieben wurden, war der »buchclub 65« verantwortlich, der seinen Sitz in Berlin hatte und praktisch wie ein Verlag agierte. Jährlich erschien ein Bestellkatalog mit 12 Monatsbänden und 12 bis 24 Austauschbänden, überwiegend Belletristik. Lizenzgeber für das Programm waren die Berliner Verlage Aufbau, Rütten & Loening und Neues Leben sowie der Mitteldeutsche Verlag Halle. Die Bestellungen erfolgten schriftlich, die Lieferung per Nachnahme. Zeitweilig hatte die Buchgemeinschaft bis zu 50 000 Mitglieder und verzeichnete bis 1990 ein Angebot von über 1000 Titeln.

Mit der Bequemlichkeit, die bestellten Bücher ins Haus geliefert zu bekommen, waren die Vorteile des Bezuges über das Buchhaus noch keineswegs ausgeschöpft. Hinzu kamen weitere Vorzüge wie großzügiges Zahlungsziel oder Rückgaberecht.

Eigentlich sollte die Existenz des Buchhauses sich förderlich auf die Entwicklung des Handelsnetzes im Volksbuchhandel auswirken, und ganz bestimmt hat sie dazu beigetragen, der Verbreitung des Buches weiteren Boden zu bereiten. Allerdings ergab sich aus der – heute würde man sagen aggressiven – Marktstrategie der Einrichtung schon bald eine Konkurrenzsituation mit den örtlichen Volksbuchhandlungen, die sich nach dem Übergang des Buchhauses in den Volksbuchhandel langsam zu normalisieren begann, aber erst 1961 auf einer Direktorentagung ihren endgültigen Abschluss fand. Von nun an ergänzte das Buchhaus als Betriebsteil wirksam die Arbeit des Volksbuchhandels. Die Fachsparten wurden in den achtziger Jahren durch die Handelsbereiche 1 bis 3 ersetzt, die Bevorratung sicherte ein eigenes Warenlager in Zweenfurth bei Leipzig. Die Versorgung des dort gehaltenen Wachhundes bildete eine im gesamten Volksbuchhandel einmalige Kostenstelle!

Mit seiner komplexen, arbeitsintensiven Aufgabe hatte das Buchhaus einen entsprechenden Bedarf an Technik und Ausstattung, so dass an der einen oder anderen Stelle West-Importe unumgänglich waren. War der einmal – schwierig genug – gelungen, so stellte sich immer noch früher oder später die Ersatzteilfrage. Im Gegensatz zum Zentralantiquariat (und selbst dem war der direkte Zugriff verwehrt) erwirtschaftete das Buchhaus aber keine Devisen. Es blieb also auch hier oft nur der Weg entweder zu improvisieren oder in einer Art Naturalwirtschaft und an den Behörden vorbei etwas zu »organisieren«.

Als verdiente Direktoren des Buchhauses, die anfangs mit starkem Gegenwind zu kämpfen hatten und sich später vor allem mit technisch-organisatorischen Schwierigkeiten auseinandersetzen mussten, sind Namen wie Otto Harrendorf, Kurt Rüddiger, Walter Wiedemann und Jutta Sobolewski im Gedächtnis geblieben.

Zu einem speziellen Kapitel entwickelte sich im Volksbuchhandel die Buchversorgung der bewaffneten Kräfte der DDR. In den fünfziger Jahren entstand diese Vertriebslinie spontan nach den örtlichen Bedingungen. In der Regel versorgten die an den Standorten der Militärobjekte bestehenden Volksbuchhandlungen die Einheiten, nicht anders als Betriebe, Bildungseinrichtungen und Institutionen. Die häufigste Form waren periodische Buchausstellungen, anfangs improvisiert, später in dafür bereitgestellten Räumlichkeiten. Daraus entstanden in einigen Fällen stationäre Buchverkaufsstellen, im zivilen Bereich hätte man sie Betriebsbuchhandlungen genannt.

Gleichzeitig entwickelte sich parallel dazu eine Buchversorgung der polizeilichen und militärischen Dienststellen durch die jeweiligen organisationseigenen Verlage im Auftrag ihrer politischen Hauptverwaltung. Im April 1961 wurde diese Doppelgleisigkeit beendet und die gesamte Buchversorgung der bewaffneten Kräfte dem Volksbuchhandel übertragen.

Doch dann änderten zwei entscheidende Gesetze – möglich überhaupt erst nach dem Mauerbau – die Lage in der DDR und auch für den Volksbuchhandel: das Verteidigungsgesetz vom 20. September 1961 und schließlich das Wehrpflichtgesetz vom 24. Januar 1962. Nun entstanden weitere Standorte, und es bleibt dahingestellt, ob und wie der Volksbuchhandel diesem größeren Bedarf entsprochen haben würde. Vielmehr dürften Sicherheitsfragen dafür maßgebend gewesen sein, den Buchvertrieb nun innerhalb der bewaffneten Organe mit eigenen Kräften zu organisieren. Zuerst begann die NVA in Berlin mit der Vorbereitung neuer Strukturen, indem sie sich ab 1962, zunächst noch im Rahmen der Berliner Buchhandelsgesellschaft, mit einer Buchhandlung präsentierte. Sie trug die schlichte Bezeichnung »M 40«, wobei M für den Stadtbezirk Mitte stand, und wurde von drei NVA-Offizieren geleitet, an der Spitze Oberleutnant Heinz Schlott. Die weiteren Mitarbeiter stellte der Volksbuchhandel. Außerhalb Berlins blieb der Buchvertrieb in der NVA vorläufig noch in den Händen des Volksbuchhandels. Erst Anfang 1966 wurde mit der Gründung des Buch- und Zeitschriftenvertriebs der NVA (BZV) die endgültige Umstellung eingeleitet.

Eine Vereinbarung zwischen den Ministerien für Kultur und für Nationale Verteidigung führte zur Ausgründung der »M 40« aus dem Volksbuchhandel und zur juristischen Selbstständigkeit des Buch- und Zeitschriftenvertriebs. Leiter blieb der später zum Oberst beförderte Heinz Schlott, übergeordnetes Leitungsorgan wurde die Politische Hauptverwaltung der NVA. Deren Chef, Admiral Waldemar Verner, befahl, den noch durch den Volksbuchhandel vollzogenen Literaturvertrieb in den bewaffneten Kräften einzustellen und zu übergeben. Das geschah – territorial unterschiedlich – bis zum 31. Dezember 1966, was jedoch weder aufseiten des Volksbuchhandels noch der NVA vorbehaltlos und einhellig begrüßt wurde.

Die entsprechende Kooperation des Volksbuchhandels mit dem Ministerium des Innern endete schließlich erst 1974.

Zur Zeit der Übergabe hatte der jährliche Umsatz in diesem Bereich etwa 10 Millionen Mark, rund drei Prozent des Gesamtumsatzes im Volksbuchhandel, betragen. Das war zu kompensieren. Als weit schwerwiegender erwies sich später, dass die bewaffneten Organe bei fortschreitenden Mangelerscheinungen zu den sogenannten »ungekürzten Beziehern« gehörten, somit einen Wettbewerbsvorteil genossen und den Ruf des Buchhandels ganz erheblich schädigten. Ungeachtet dessen bestand auf Leitungsebene auf der Grundlage von Vereinbarungen eine Zusammenarbeit in buchhändlerischen Fragen fort, auch dann, als die Leitung des Buch- und Zeitschriftenvertriebes an Generalmajor Ingolf Fuhrmann überging.

In den Jahren seines Bestehens häufte das »Buchhandelsunternehmen der bewaffneten Kräfte« (außer für die NVA noch für weitere militärische und paramilitärische Organisationen zuständig) erhebliches Potenzial an. 1989 bestanden 139 Militärbuchhandlungen, es gab 817 Vertriebsmitarbeiter. Es darf davon ausgegangen werden, dass mancher ansonsten unerfüllbare Bücherwunsch der Zivilbevölkerung über den Umweg des ungekürzten Beziehers »Buch- und Zeitschriftenvertrieb« befriedigt worden ist. Doch kann diese Einrichtung als Beleg dafür gelten, wie sich in einer Mangelwirtschaft relativ geschlossene Systeme herausbilden, die unter Umgehung der für die Allgemeinheit geltenden Bedingungen den eigenen Vorteil organisieren und wahrnehmen.

Ein weiteres Betätigungsfeld des Volksbuchhandels war die Zusammenarbeit mit den Bibliotheken. Ihr umfangreiches Netz von Stadt- und Bezirksbibliotheken, deren Zweigstellen, Gewerkschaftsbibliotheken der Betriebe, Fach- und wissenschaftlichen Bibliotheken sowie unzähligen Informations- und Dokumentationsstellen machte sie zu wichtigen Abnehmern. Doch die Kontakte beschränkten sich nicht auf den normalen Geschäftsverkehr zwischen einem Unternehmen und einem seiner größten Kunden.

Bereits in den fünfziger Jahren kam es zu stabilen Beziehungen zwischen dem Bibliotheksverband der DDR, dem Börsenverein der Deutschen Buchhändler zu Leipzig und dem Volksbuchhandel. Die gemeinsame Unterstellung unter die Hauptverwaltung Verlage und Buchhandel erleichterte später noch die Zusammenarbeit zwischen Bibliothekswesen und Volksbuchhandel. Eine Rahmenvereinbarung zwischen dem Zentralinstitut für Bibliothekswesen und der Zentralen Leitung, der späteren Hauptdirektion des Volksbuchhandels, war die Grundlage für die Beziehungen auf der Ebene der Buchbetriebe in den Bezirken und schließlich der konkreten Zusammenarbeit zwischen Volksbuchhandlung und jeweiliger Bibliothek im Territorium. Diese ging weit über die normale Belieferung hinaus und umfasste auch gemeinsame Öffentlichkeitsarbeit, Begegnungen mit Schriftstellern und Auftritte bei gesellschaftlichen Ereignissen, ganz im Sinn des umfassenden Begriffs vom Leseland.

Aufseiten des Bibliothekswesens haben sich besonders Prof. Dr. Gotthard Rückl und Dr. Helmut Göhler um die Zusammenarbeit verdient gemacht.

Später wurden diese Beziehungen zeitweilig empfindlich gestört. Zwar besaßen die Bibliotheken in der Abteilung Bibliotheken des LKG einen starken Dienstleister, der sie nicht nur mit Ankündigungen und Informationen, sondern auch mit bibliotheksgerecht aufbereiteten Exemplaren versorgte. Für diesen speziellen Bedarf waren sie sogar bei einsetzender Bücherknappheit ungekürzte Bezieher, doch war damit ihr gesamter Bedarf nicht zu decken. Ihr Partner Buchhandel war sich sehr wohl bewusst, dass die vorrangige Belieferung von Bibliotheken die Mehrfachnutzung gewährleistete, doch war er selbst Kürzungen ausgesetzt und musste auch die Interessen seiner individuellen Kunden berücksichtigen. Ein unlösbares und zunehmendes Problem, bei dem schließlich alle Beteiligten den Kürzeren zogen.

Dennoch wurde an der Praxis, die sich viele Jahre durchaus bewährt hatte, bis zuletzt festgehalten. Noch im Jahr 1989 hatten der Volksbuchhandel und das Zentralinstitut für Bibliothekswesen ihre Rahmenvereinbarung erneuert.

Gisela Hinzmann, Schwerin

Bücher bestimmen mein ganzes Leben.
Ich kann Bücher einkaufen und verkaufen, schreiben kann ich sie nicht.

Ich sehe diesen Beitrag als Zeitreise einer Buchhändlerin. In den 39 Jahren meiner Tätigkeit lernte ich viele Facetten des Buchhandels kennen, als Sortimenter- und Lehrausbilderin im Volksbuchhandel, als selbständiger Unternehmer und seit vier Jahren als Angestellte.

Sowohl in der DDR als auch in der BRD war ich für den Einkauf zuständig. Die grundlegenden Arbeitsabläufe sind vergleichbar: Autoren-, Titel- und Verlagskenntnisse, Vertreterbesuche, Messen.

Nur im Gebrauch der Arbeitsmittel erfolgte mit Einsatz der Technik ein Neubeginn. Im Volksbuchhandel war der Vorankündigungsdienst die Einkaufsgrundlage. Dieser VD bestand aus Karteikarten und ergab somit eine umfangreiche und aussagekräftige Bestellkartei. Die Anzahl der Verlage und Titel war überschaubar – leider auch die Anzahl der gelieferten Bücher.

In bestimmten Warengruppen reichten die Titel nicht für die Lesehungrigen. Viele Faktoren spielten eine Rolle, die zu diesen Engpässen führten.

Die Nachfrage nach Fachbüchern war groß, zum Beispiel im medizinischen Bereich. Importtitel wurden über die Abteilung Literaturentwicklung und -vertrieb zugeteilt. Als Einkaufshöhepunkt galt der Messebesuch im März und Oktober eines Jahres. Die Vorbereitungszeit war arbeitsintensiv und anstrengend, denn auf der Messe wurde eingekauft.

Ich freue mich sehr, dass sich die Leipziger Buchmesse zu einem internationalen Medien- und Besuchermagneten entwickelt hat. In den neuen Messehallen ist der Besuch ein Erlebnis. Es dominiert die Information, der Einkauf ist zweitrangig.

Mit der Wende kam der große Umbruch.

Der Volksbuchhandel wurde in seiner Struktur zerschlagen. Was blieb, war die Frage nach einem neuen Job oder der Selbständigkeit. Eine Herausforderung war es auf jeden Fall. Der betriebswirtschaftliche Aspekt rückte in den Vordergrund. Hier gab es Nachholbedarf, es seien einige wenige Begriffe genannt: Betriebsführung, Personalmanagement, Steuerberater, Bilanz, Kreditinstitut usw. Es gab Helfer mit seriösen Angeboten und Helfer, die den eigenen Nutzen sahen. Fehler wurden gemacht, Erfahrungen gesammelt und neue Erkenntnisse besser umgesetzt.

Ein weiteres Betätigungsfeld war die Ausstattung mit erforderlicher Technik. Telefonanlage, Fax, Kopierer, später Computer. Die finanziellen Möglichkeiten waren beschränkt, und so hatte man erstmals Umgang mit Kredit und Schulden.

Welche Aufgaben standen vor dem Sortimenter?

Das Interesse der Zwischenbuchhändler und Verlage zu helfen, war groß. Die Barsortimenter stellten mehrbändige Kataloge zur Bibliografie zur Verfügung. Später hielten Computer Einzug, und das Modem wurde abgelöst.

Der Buchhändler hatte mit vergleichbaren Arbeitsabläufen zu tun, nur in einem größeren Umfang.

Qualifizierung erreichte eine neue Dimension. Die Sortimenter erweiterten ihre Englisch- und Geografiekenntnisse. Kurse der IHK und der Volkshochschule wurden belegt. Auch im Fach- und Sachbuchbereich wurden Veranstaltungen besucht, um sich das fehlende Wissen anzueignen. Neue Warengruppen, wie zum Beispiel Computerliteratur, Esoterik, Astrologie, Steuerrecht, Nonbooks, Hörbuch, Video/DVD waren Neuland im Buchbereich.

Eigentlich war es erstaunlich, wie schnell wir die neuen Informationen aufgenommen und verarbeitet haben. Bereits nach einigen Monaten kristallisierte sich heraus, welche Ware aus welchen Verlagen wir einkaufen und präsentieren.

Es war eine spannende und interessante Zeit, die ständigen Neuerungen unterlag. Wurden anfangs Tonnen von Büchern umgesetzt, so erkannte der Leser auch schnell, dass Qualität und Preis nicht immer passen. Heute entscheidet der Käufer gezielter.

Der Buchmarkt der DDR wurde überschüttet, Zwischenbuchhändler und Verlage der BRD hatten Traumumsätze. Die Verlage der DDR hatten es leider nicht so leicht. Sie wurden nicht gelistet oder nicht von Buchhändlern der BRD eingekauft. Dabei waren bundesdeutsche Leser auf der Suche nach ostdeutscher Literatur. Viele gute Bücher verschwanden aus den Regalen oder kamen zu höheren Preisen unter neuem Verlagslogo auf den Markt. Ausnahmen bildeten die qualitativ guten Fachbücher der DDR, die heute in Nachauflagen bundesweit vertrieben werden.

Der Beruf des Buchhändlers ist in den letzten Jahren immer vielfältiger geworden ist. Mit Entwicklung der Informationstechnologien veränderten sich auch die Anforderungen an den Buchhandel. Den Sortimentsbuchhandel, wie wir ihn seit Volksbuchhandelzeiten kennen, gibt es nicht mehr. Buchhandelsketten und Onlinevertrieb konkurrieren mit dem örtlichen Handel.

Die Verlage vertreiben ihre Produkte zunehmend direkt an den Endkunden. Wir befinden uns in einem erneuten Strukturwandel des Buchhandels.

Der Volksbuchhandel der DDR war in seiner Größe und Struktur überschaubar. Viele Bereiche mit unterschiedlichsten Aufgaben hatten ein Ziel: Versorgung der Bevölkerung mit Literatur.

Die Bildung kam eine große Bedeutung zu.

Der Arbeitsalltag war durchstrukturiert, verlief in angenehmem Arbeitsklima und auf kollegialer Basis. Die einzelne Person wurde wahrgenommen, gefordert und gefördert.

Die Kosten für Ausbildung, Weiterbildung, Studium übernahm die Firma. Das soziale Umfeld war anders.

Das ist meine subjektive Meinung, so erlebte ich meine persönliche Entwicklung im Volksbuchhandel.

Der Start in die Ausbildung zum heutigen Buchhändler erfolgt mit Kosten. Das Berufsbild ist komplexer geworden, das Arbeitsumfeld von verschiedenen Aspekten abhängig, denen man ausgesetzt ist. Jeder ist für sich selbst verantwortlich, und der Weg auf der Karriereleiter ist steil. Dennoch ist es ein interessanter und vielseitiger Beruf mit guten Einsatzmöglichkeiten.

Früher hätte ich für meine langfristige Berufszugehörigkeit eine Urkunde und Prämie erhalten. Heute legt man diese Tatsache eher als unflexibel aus.

Ich blicke positiv auf mein Berufsleben zurück und freue mich, dass ich beide Seiten kennenlernen durfte, beide mit Höhen und Tiefen.

Ich war dabei und bin es heute noch.

September 2011

Entwicklungen im Volksbuchhandel

Die »Ordnung für den Literaturvertrieb«

Ein grundlegendes Papier für alle an der Produktion und
Verbreitung von Büchern Beteiligten war die »Ordnung für
den Literaturvertrieb«, die am 1. Juli 1969 vom Ministerium für Kultur erlassen wurde. Nicht nur auf den ersten
Blick erinnern viele ihrer Inhalte an die »Buchhändlerische
Verkehrsordnung« bürgerlichen Ursprungs. Die war in der
DDR niemals offiziell außer Kraft gesetzt, wohl aber durch
die Reorganisation des LKG 1952 und die damit verbundenen gravierenden Veränderungen der Geschäftsbeziehungen ausgehebelt worden. Trotzdem fanden wohlbekannte
buchhändlerische Termini wie Bestellarten und Bezugsfor-
men, Termin-, Fortsetzungs- und Subskriptionsbestellun-
gen, ac-Lieferungen, Remittenden und Reklamationen bis
hin zur Transporthaftung Aufnahme in die »Ordnung für
den Literaturvertrieb«.

Das Dokument ging über die minutiöse Regelung geschäftlicher Beziehungen hinaus, indem es entsprechend
dem kulturellen Selbstverständnis der DDR den Umgang
mit Büchern zum gesamtgesellschaftlichen Anliegen erhob.
So sollte die Ordnung »dem engen Zusammenwirken aller
am Literaturvertrieb beteiligten Betriebe und Einrichtungen zum Nutzen der Bürger der DDR dienen, die Befriedigung und Weckung von Literaturbedürfnissen und die Gewinnung neuer Leser, besonders unter den Angehörigen
der Arbeiterklasse und der Genossenschaftsbauern, fördern
sowie die Beziehungen zwischen den literaturverbreitenden
Einrichtungen regeln.«

Dieses umfassend formulierte Anliegen wurde dadurch
unterstrichen, dass die Ordnung mit den Ministerien für
Handel und Versorgung sowie Post- und Fernmeldewesen
abgestimmt, zudem in Übereinstimmung mit dem Börsen-

verein und dem Bibliotheksverband erlassen wurde und auch den Privatbuchhandel ausdrücklich einschloss.

Für die Qualität und Gründlichkeit der »Ordnung für den Literaturvertrieb« spricht ihre lange Gültigkeitsdauer. Nachfolgende Neufassungen dienten lediglich der Präzisierung. Ein ursprünglich eher am Rande erwähnter Gesichtspunkt gewann allerdings im Lauf der Jahre an Bedeutung.

In der Neufassung vom 1. Juli 1976 musste, den Realitäten folgend, im Punkt »Bestellverfahren beim LKG« diesem die »Kürzung von Bestellmengen« eingeräumt werden, falls die Realisierung aller vorliegenden Aufträge nicht möglich war. Hierzu wurde die reichlich verschwommene Formulierung erlassen, dass Kürzungen »unter Beachtung kulturpolitischer und ökonomischer Erfordernisse« erfolgen, verbunden mit der eigentlich selbstverständlichen Weisung an den LKG, diese Titel auf den Lieferbelegen besonders zu kennzeichnen.

Waren das anfangs Einzelfälle, so musste sich eine weitere Änderung dieses Grundsatzdokuments vom 4. Mai 1981 nunmehr ausschließlich mit derartigen Engpässen beschäftigen, indem sie eine entscheidende Passage im Abschnitt »Kundendienste der Volksbuchhandlungen« neu formulierte. Nach der Fassung von 1976 bestand »für den Kunden die Möglichkeit, Bücher und andere Gegenstände des Buchhandels … vormerken zu lassen«, wobei er allerdings auf die Unverbindlichkeit der Bestellung hinzuweisen war. Außerdem war die Buchhandlung angehalten, bei nicht ausreichender Liefermenge »die Bestellungen von Bibliotheken und Vertriebsmitarbeitern vorrangig zu berücksichtigen«.

Die Fassung von 1981 schränkt diesen Kundendienst weiter ein. Nunmehr »kann die Volksbuchhandlung in den Fällen, in denen sie erfahrungsgemäß in der vollen Bestellhöhe beliefert wird, unverbindliche Vormerkungen … entgegennehmen.«

So gründlich die »Ordnung für den Literaturvertrieb« angelegt war und so sehr sie sich an guten buchhändlerischen Traditionen orientierte, keine noch so ausgeklügelte Formulierung half dem Buchhändler über die sich häufende Situation, unzufriedenen Kunden Rede und Antwort stehen zu müssen.

Die Zentrale Leitung hatte in den sechziger Jahren eine rege Publikationstätigkeit entfaltet, um Erreichtes zu fixieren und in verbindliche Ordnungen zu fassen, wobei sie sich verlegerischer Unterstützung des Fachbuchverlages oder des Verlages für Buch- und Bibliothekswesen, beide in Leipzig, bediente. Verfasser waren einzelne Mitarbeiter oder Autorenkollektive der Zentralen Leitung.

Nachdem schon 1962 ein Autorenkollektiv die »Ökonomik des Buchhandels« veröffentlicht hatte, umfassten die folgenden Einzelausgaben nahezu alle Bereiche buchhändlerischer Tätigkeiten im Sortiment. Einige dieser Publikationen trugen Weisungscharakter, so die »Kassenordnung für den Volksbuchhandel« und »Die Inventurtätigkeit im Volksbuchhandel« (beide von Hans Hünich, 1965) sowie die »Ordnung für den Buchhandlungsleiter« (Autorenkollektiv, 1965) oder die »Arbeitsanweisung für den Wareneingang und Warenausgang sowie für die Lagerhaltung in den Volksbuchhandlungen« (Siegmund Findewirth, 1968).

Andere Broschüren waren eher Ratgeber auf den entsprechenden Arbeitsgebieten. Hierzu gehörten »Literaturpropaganda im Schaufenster« (Autorenkollektiv, 1962), »Zeitschriften im Sortiment« (Steffi Carnatz, 1964), »Was der Buchhändler vom Rechnungswesen wissen muss« (Hans Hünich, 1967), »Das Bestellwesen im Buchhandel« (Lothar Fröhlich, 1967), »Grundlagen der Verkaufskultur im Buchhandel« (Lothar Fröhlich, 1969) und »Einführung in die sozialistische Buchmarktforschung« (Josef Harz/Renate Brendel/Peter Meier, 1970). Und, da der Arbeit mit ehrenamtlichen Buchverkäufern ein hoher Stellenwert eingeräumt wurde, gehörte zu diesen Veröffentlichungen auch

116

Themen-Schaufenster

ein »Leitfaden für Vertriebsmitarbeiter« (Rudolf Schmalz/ Siegmund Findewirth, 1963).

Diese Serie von Einzelveröffentlichungen wurde trotz ihrer regen Nutzung nach 1972 nicht fortgesetzt und auch später nicht mehr aufgegriffen. Eine der letzten Publikationen war die Broschüre »Volksbuchhandlungen – Grundlagen ihrer Rationalisierung und Einrichtung« (Autorenkollektiv, 1972), die eine neue Qualität buchhändlerischer Arbeit markierte und 1978 in die Rationalisierungskonzeption des Volksbuchhandels mündete. Darin wurden die Rolle der Volksbuchhandlung im Territorium hervorgehoben und Anforderungen an ihre Ausstattung und ihr Erscheinungsbild formuliert, während sie die Bedeutung ehrenamtlicher Helfer einschränkte und die Handelsfunktion gegenüber der literaturpropagandistischen Aufgabe betonte.

1977 legte ein Autorenkollektiv das »Lehrbuch für Buchhändler« vor, und schließlich meldete sich der Bereich Schulung in den achtziger Jahren noch einmal zu Wort. Die Broschüre »Buchbesprechung und Verkaufsargumentation im Buchhandel« (Marie-Luise Bewer/Ursula Hirscht) erschien 1985 sogar in 2. Auflage.

Einen großen Schritt nach vorn machte der Volksbuchhandel, als er die vormals gebräuchlichen Bestellbücher abschaffte und dafür neue Methoden einführte. Ende der fünfziger Jahre wurde in der Volksbuchhandlung »Technische Universität« in Dresden eine Karteiführung entwickelt, die – anfangs »Dresdner Bestellkartei« genannt – schon bald in allen Volksbuchhandlungen Einzug hielt. Grundlage dafür war der seit 1952 vom LKG herausgegebene Vorankündigungsdienst. Ordentlich geführt, war die Kartei ein ebenso einfaches wie komplexes Arbeitsmittel für sichere Bestellarbeit und präzise Auskunftstätigkeit. Zu letzterer gehörte natürlich sachkundiges Bibliographieren – stets ein Schwerpunkt, beginnend schon bei der Ausbildung – in der Deutschen Nationalbibliographie oder im jährlich erscheinenden LKG-Lagerkatalog, alles noch in der damals dominierenden Papierform. »Vater« der Bestellkartei war der Dresdner Buchhändler Walter Schneider, Leiter besagter Buchhandlung, mit Wurzeln im bürgerlichen Buchhandel auch er, der zusammen mit seinem Adlatus Heinrich Müller der Idee zur Serienreife verhalf.

Deshalb wurde seine Mitarbeit sehr geschätzt, als ein Ausschuss für Bibliographie des Börsenvereins und der Deutschen Bücherei eine »Einheitliche Systematik« erarbeitete. Im November 1957 wurde sie als Hilfsmittel für Sortimentsgestaltung und Werbung branchenübergreifend eingeführt. Seinen wesentlichen Anteil hieran unterstrich Schneider 1959 mit der Publikation »Die einheitliche Systematik – Einführung in eine neue Gliederung für Literaturbestände und -karteien«.

Als 1961 im LKG eine alphanumerische Lochkartenanlage eingesetzt wurde, entstand dort eine betriebsinterne, auf dem Dezimalsystem beruhende Systematik. Die »Literaturnomenklatur des LKG« existierte nun mehr als ein Jahrzehnt parallel zur »Einheitlichen Systematik (ES)«.

War dies schon kein befriedigender Zustand, so war er Anfang der siebziger Jahre endgültig nicht mehr haltbar, als im LKG die Einführung der elektronischen Datenverarbeitung vorbereitet wurde. Nun musste auch die Systematik EDV-gerecht sein. 1974 wurde deshalb durch die HV Verlage und Buchhandel die »Literatursystematik für Verlagserzeugnisse (LSV)« eingeführt.

Beruf: Buchhändler

Für ein solides Wissen der Leiter, Mitarbeiter und Lehrlinge wurde im Volksbuchhandel viel getan. Die Berufsausbildung war gründlich, die Weiterbildung voll attraktiver Angebote, die gern genutzt wurden. Erstaunlich viele Mitarbeiter aus der Praxis waren bereit, neben ihrer Arbeit noch auf Lehrgängen zu sprechen und die Erfahrungen ihrer Arbeit weiterzugeben oder mit den Teilnehmern zu diskutieren. Die meisten übernahmen diese Aufgabe aus einer Mischung von Idealismus und Pflichtgefühl, denn eine Honorierung gab es zwar, doch war ihre Höhe derart, dass man sie als Anreiz vernachlässigen konnte.

Schon zur Zeit der Zentralen Verwaltung war im Volksbuchhandel 1955 mit dem Aufbau eines zentralen Schulungszentrums begonnen worden. Das System der Aus- und Weiterbildung, das der Volksbuchhandel schließlich für Buchhändler aller Eigentumsformen und für Einsteiger aus anderen Berufen anbot, konnte bald als vorbildlich eingestuft werden. Nach der Aufbauphase wurden praktisch für jede im Buchhandel übliche Tätigkeit Lehrgänge oder Spezialkurse angeboten.

Rudolf Vogel, Wilfried Prüfer, Fritz Dorn, Werner Kahlenberg, Gerhard Umlauf, Rudolf Schmalz und viele andere waren hochmotivierte und talentierte Lehrer einer großen Zahl von Buchhändlern und Mitarbeitern.

Für Jugendliche gab es eine von Lehrausbildern geleitete Ausbildung, es gab Perspektiven und Aufstiegschancen, später bestand die Möglichkeit einer Fach- oder Hochschulausbildung. Schon als sehr junger Mensch konnte man Verantwortung übernehmen und Buchhandlungs- oder Abteilungsleiter werden.

Die Deutsche Buchhändler-Lehranstalt in Leipzig spielte bei der Berufsausbildung der Buchhändler aller Sparten und Eigentumsformen die zentrale Rolle.

Jahrzehntelang war ihr engagierter Direktor Oberstudienrat Martin Härtling, ein Genosse, der mit seinen Schülern, ob aus volkseigenen oder privaten Einrichtungen, oft messerscharfe ideologische Diskussionen führte und doch keinen Millimeter von ihrer Seite wich.

1971 entschied das Ministerium für Kultur, die Buchhändler-Lehranstalt per 1. Januar 1972 in eine »Betriebsberufsschule des Volksbuchhandels der DDR« umzuwandeln. So kam Hauptdirektor Hellmuth Fischer zu einem 18. Betriebsteil. Der Volksbuchhandel hatte sich um diese Erweiterung seines Verantwortungsbereiches ebenso wenig bemüht wie seinerzeit um die Zuordnung des Zentralantiquariats.

Mit dem neuen Namen wurde die Schule allerdings nicht ihre Probleme los. Beengte, nicht ausreichende Räumlichkeiten mit Kohleheizung, aufgeteilt auf zwei marode Gebäude, standen im Gegensatz zur Qualität der Ausbildung.

Nun lag die Verantwortung beim Volksbuchhandel. In den Jahren bis 1972 waren in der DDR viele Schulen gebaut wurden, auch Berufsschulen; eine Schule für den Buchhändlernachwuchs war nicht darunter. Bis zum Ende gelang es dem Volksbuchhandel nicht, für eine Investition dieses Umfangs die notwendigen Kennziffern zu erlangen. Als 1989 schließlich ein Standort gefunden und als tauglich beurteilt war, verhinderten die geschichtlichen Ereignisse die Realisierung des Neubaus.

In der Aus- und Weiterbildung gab es auch außerhalb des Volksbuchhandels Angebote, die Mitarbeitern aller Eigentumsformen offen standen und die sie im Direkt- und Fernstudium nutzen konnten. Hierzu gehörte die Fachschule für Buchhändler. Sie war 1957 in Leipzig gegründet und der Fachschule für Bibliothekare »Erich Weinert« angegliedert worden. Ihr Lehrauftrag war die Ausbildung »mittlerer Leitungskader« wie Buchhandlungsleiter und Abteilungsleiter in Buchhandelsbetrieben. Mitarbeiter, die in volkseigenen und Parteibetrieben Leitungsverantwortung trugen, waren Kader, die dafür Vorgesehenen die Kaderreserve, der für das Personal Verantwortliche stand demnach als Kaderleiter einer Kaderabteilung vor. In dieser Funktion war er zugleich für Schulung und Weiterbildung verantwortlich.

Als 1968 an der Karl-Marx-Universität Leipzig das »Institut für Verlagswesen und Buchhandel« die Lehrtätigkeit aufnahm, wurde ein buchhandelsspezifisches Hochschulstudium angeboten. Für höhere Leitungsfunktionen war dieses Studium jedoch nicht die einzige Empfehlung, auch Hochschulabschlüsse in Kultur- oder Wirtschaftswissenschaften, Jura – in der DDR Staats- und Rechtswissenschaften genannt – oder an der Handelshochschule Leipzig waren willkommen.

Im Fernstudium milderten Studientage den Zeitdruck, die geringen Studiengebühren trug der delegierende Betrieb, trotzdem war diese Art des Studierens mit erheblichen Belastungen verbunden. Nicht immer zahlten sich die Anstrengungen aus, mancher gelangte nicht auf den angestrebten Platz, aber auch der Betrieb hatte nicht selten das Nachsehen. Einige nutzten die erworbene Qualifikation zum Absprung aus dem Beruf oder gar der Branche, einige wiederum wurden für andere Aufgaben entdeckt, blieben aber so vielleicht wenigstens dem Wirtschaftszweig erhalten.

Insgesamt war der Anteil von Hochschulabsolventen im Volksbuchhandel aber recht niedrig und betrug 1989 2,5 Prozent, also weniger als 150 Mitarbeiter. Das Gros der Beschäftigten bildeten mit fast drei Vierteln die Facharbeiter. Dass zudem der Anteil An- und Ungelernter bei gerade mal zehn Prozent lag, stellt dem Berufsstand insgesamt ein gutes Zeugnis aus.

Als weitere Institutionen für die Weiterbildung profilierten sich seit 1960 außerdem die »Betriebsakademien Verlage und Buchhandel« in Leipzig und Berlin, die von Mitarbeitern aus der gesamten DDR besucht werden konnten.

Organisation und Entwicklung von Aus- und Weiterbildung sicherten dem Volksbuchhandel ein starkes Potenzial, mit dem er seinen beruflichen Nachwuchs auf nahezu allen Ebenen aus den eigenen Reihen decken konnte. Eine Volksbuchhandlung zu leiten war auch für junge Menschen eine ebenso reizvolle wie überschaubare Aufgabe, deren ordentliche Erfüllung ihnen weitere berufliche Wege öffnen konnte. Dass es dennoch oft schwierig war, Mitarbeiter für eine

Leitungsfunktion zu gewinnen, lag an dem allgemeinen Problem der sozialistischen Wirtschaft, dass höhere Verantwortung nicht entsprechend entlohnt wurde. Der Volksbuchhandel wirkte dem seit den sechziger Jahren recht erfolgreich mit einem Prämiensystem entgegen, das die Arbeit der Leiter finanziell würdigte.

Auch bei der Besetzung der Leitungen der Buchbetriebe lagen die Probleme ähnlich, doch da die fachlichen Voraussetzungen gegeben waren, gelang es auch hier zumeist, den Personalbedarf aus den eigenen Reihen zu decken.

Anders bei der Besetzung der Direktoren. Hier wurde, obwohl weder in parteilichen noch in staatlichen oder betrieblichen Dokumenten festgeschrieben, die Zugehörigkeit zur SED ganz selbstverständlich vorausgesetzt. Um das zu sichern, war bei Neubesetzung der »Standpunkt« der SED-Bezirksleitung einzuholen.

Der Richtungsstreit zwischen Literaturpropaganda und Ökonomie

Der Richtungsstreit zwischen »Literaturpropaganda« und »Ökonomie« begleitete den Volksbuchhandel seit seiner Entstehung. Von der mit Tagesaufgaben beschäftigten Basis wurde er wenig bemerkt, vom Kunden überhaupt nicht wahrgenommen. Entschieden wurde er schließlich nicht durch Worte, sondern durch Tatsachen. Die konnten nur darin bestehen, mit Büchern zu handeln, wirksam und in guter Qualität. Doch die sozialistische Kulturpolitik siedelte diese Verantwortung weit höher an. Sie sah im Volksbuchhandel eine kulturpolitische Institution zur Verbreitung von Ideologie und forderte von ihm, einen »geistig-kulturellen Beitrag zur Erziehung der Menschen« zu leisten. Das mochte eine ehrenvolle Aufgabe sein, eine buchhändlerische war es nicht. Er wurde aber lange Zeit daran gemessen, wie er dieser Aufgabe gerecht wurde, auch wenn er dafür »notgedrungen« Handel treiben musste. Dabei waren sich Buchhändler zu allen Zeiten der Besonderheit ihrer Ware bewusst, und ein Großteil ihrer Liebe zum Beruf entsprang dieser Gewissheit. Prominenz von Georg Joachim Göschen bis Thomas Mann hat ihre Erwartungen an den Buchhändler formuliert, ein »Kaufmann mit edelsten Waren« und »mit dem Herzen Buchhändler« zu sein. Bis wird heute der Besonderheit der Ware Buch in der Preisbindung und im niedrigeren Mehrwertsteuersatz Rechnung getragen.

Noch im Jahr 1986 stand die 4. Ökonomische Konferenz des Volksbuchhandels unter dem Thema »Kulturpolitik und Ökonomie – eine Einheit im buchhändlerischen Handeln«. Und auch zwei Jahre später beschäftigte sich eine Konferenz der Zentralen Leitung unter dem Motto »Literatur ist Weitersagen« mit den Inhalten von Literaturpropaganda und Öffentlichkeitsarbeit.

Doch hatte sich seit Mitte der sechziger Jahre längst ein deutlicher Trend zur Ökonomisierung durchgesetzt. Im Rahmen des »Neuen ökonomischen Systems der Planung und Leitung« gelang es, starre Elemente der Planwirtschaft aufzulockern, die Initiative des Einzelnen und des Unternehmens zu fördern und zugleich die Eigenverantwortung zu stärken sowie an der eigenen Leistung materiell zu interessieren. Erfolge blieben nicht aus, doch im wachsenden Einfluss des Marktes und der zunehmenden Gewinnorientierung der Unternehmen drückte sich schließlich eine Richtung aus, die von der Sowjetunion als eigenständiger Weg der DDR ausgemacht und missbilligt wurde. Diese Missbilligung teilten einige führende Genossen in Berlin, schürten sie und nutzten sie schließlich zum Machtwechsel. Walter Ulbricht musste gehen und mit ihm das »Neue ökonomische System der Leitung und Planung«. Mit dem VIII. Parteitag 1971 und Erich Honeckers Postulierung der »Einheit von Wirtschafts- und Sozialpolitik« wurden die Reformen abgebrochen, das »Neue ökonomische System« verschwand

Veranstaltungsplakat des „Internationalen Buches" in Potsdam

aus dem Sprachgebrauch und erst recht aus den Lehrbüchern, doch etliche seiner grundsätzlichen Gedanken wirkten fort oder tauchten in modifizierter Form wieder auf.

Auch im Volksbuchhandel hatte die Orientierung auf ökonomische Parameter ihre Spuren hinterlassen und fiel dort auf fruchtbaren Boden, obwohl nicht jeder Schritt glücklich geriet. Hierzu gehörte die überbordende Entscheidung, die Fachbereiche Planung und Hauptbuchhalter zu einer Hauptabteilung Ökonomie zu vereinigen, was folgerichtig auch Anfang der siebziger Jahre rückgängig gemacht wurde.

Andere Überlegungen hatten mehr Bestand, und insbesondere die Orientierungen auf Eigenerwirtschaftung der Mittel, eine größere Beteiligung der Buchbetriebe und eine höhere Eigenverantwortung der mittleren Leitungsebene ließen den Volksbuchhandel auch dann nicht mehr los, als längst wieder zentralistisch regiert und dirigiert wurde. Verständlich, denn schließlich definierte sich der Volksbuchhandel in erster Linie über die Erfüllung von Kennziffern aus der staatlichen Planung, die sich in ökonomischen Ergebnissen niederschlugen, und die waren beachtlich. Von 1954, als am 1. Januar die Zentrale Verwaltung gebildet wurde, bis Mitte 1990, dem Zeitpunkt des Übergangs aus der sozialistischen Wirtschaftsform in einzelne GmbH, wurde ein Warenumsatz von mehr als 16,75 Mrd. DDR-Mark erzielt, und zwar bei überwiegend moderaten Buchpreisen.

Daraus wurde ein Bruttogewinn von über 2,1 Mrd. Mark erwirtschaftet. Mehr als 95 Prozent davon wurden an den Staatshaushalt der DDR abgeführt, und vom wenigen, das direkt verblieb, konnte wiederum nur ein Teil zur Entwicklung des Handelsnetzes oder der materiell-technischen Basis eingesetzt werden. Eine besondere Benachteiligung des Volksbuchhandels war darin allerdings nicht zu sehen; es entsprach dem allgemeinen sozialistischen Wirtschaftsmodell.

Wirtschaftliche Orientierung war auch im Volksbuchhandel der Plan als Teil der zentralen staatlichen Planung. Seine Hauptkennziffer war der Warenumsatz. Ausgangspunkt war der Plan des Vorjahres, eingeschlossen bestimmte Faktoren seiner Erfüllung oder Nichterfüllung. Nach dem wirtschaftlichen Modell der Bilanzierung der Volkswirtschaft sollten sich prozentuale Steigerungen zum Vorjahr aus dem größeren Aufkommen neuproduzierter und lieferbarer Literatur einerseits und höheren Leistungen in Literaturvertrieb und -propaganda andererseits ergeben. Hierzu wurde die wertmäßig produzierte Literatur einschließlich der lieferbaren Bestände als Voraussetzung für die Planerfüllung angesehen. Offenbar sollte es für ihre Verkaufbarkeit genügen, dass sie einst in bester Absicht produziert worden war. Vergleichbares Fehlverhalten wurde in der Industrie offensichtlicher und dort – durchaus selbstkritisch, aber nicht immer wirksam – als »Tonnenideologie« bezeichnet, wenn der nach Wert erfüllte Plan nicht den notwendigen Gebrauchswert repräsentierte. Auch wenn der Begriff Gebrauchswert im Zusammenhang mit Literatur sehr dehnbar ist, war es doch Tatsache, dass ein Anteil von Literatur existierte, der in die Absatzplanung einfloss, obwohl er praktisch nicht mehr verkäuflich war. Hinzu kam, dass – in strikter und gewollter Abgrenzung zur Marktwirtschaft – das Instrument der Teilwertabschreibung nicht zur Verfügung stand.

Kriegsrecht War der Plan schließlich doch nicht zu erfüllen und überwogen hierbei die objektiven Umstände deutlich, stand noch eine Hintertür offen: Der Plan wurde »berichtigt«.

Trotzdem war es Ziel eines jeden engagierten Buchhandlungsleiters und auch der Mitarbeiter, am Monats- und Jahresende Vollzug zu melden und einen erfüllten oder übererfüllten Plan abzurechnen. Nicht nur beruflicher Ehrgeiz und Stolz auf die eigene Leistung waren hierfür der Antrieb, es gab materielle Anreize. Die nicht eben üppigen Bezüge der Mitarbeiter im Volksbuchhandel wurden durch ein recht attraktives Prämiensystem aufgebessert. Der höheren Verantwortung des Buchhandlungsleiters trug es vor allem in späteren Jahren durch einen überproportionalen Anteil Rechnung. So wurde in den Jahren um 1970 zusätzlich noch eine Quartalsprämie ausgeschüttet; ein Buchhandlungsleiter kam in dieser Zeit nicht selten auf vier Monatsgehälter pro Quartal. Neben der Hauptkennziffer Warenumsatz hing die Prämierung von der Erfüllung weiterer Faktoren wie etwa der Einhaltung des Warenbestandes oder der Vermeidung von Inventurdifferenzen ab.

Die Leistungsprämie war nicht der einzige Ansporn zur Planerfüllung im Volksbuchhandel. Hinzu kamen der aus der Gewinnverwendung gebildete Prämienfonds sowie der kostenwirksame Kultur- und Sozialfonds. Ersterer finanzierte seit den siebziger Jahren die Jahresendprämie, eine attraktive, zumeist bar ausgezahlte Summe etwa in Höhe eines Bruttomonatslohnes, was nach heutigem Terminus ein 13. Gehalt darstellte. Außerdem wurden aus dem Prämienfonds Leistungen von Einzelpersonen und Kollektiven belohnt, auch wenn sie nicht in unmittelbarem Zusammenhang mit der aktuellen Planerfüllung standen.

Der Kultur- und Sozialfonds, eine Pro-Kopf-Pauschale, stand für kulturelle und soziale Zwecke im weitesten Sinne zur Verfügung und wurde u.a. für den Besuch kultureller Einrichtungen wie Theater, Museen, Galerien verwendet. Die Volksbuchhändler im Bezirk Dresden erhielten so jahrelang kostenlos die Jahreskarte für alle Dresdner Museen, darunter die Sempergalerie (in den sechziger Jahren betrug der Preis für eine derartige Jahreskarte 5 DDR-Mark). Neben anderen, durchaus weit gefächerten sozialen Anliegen, die von Kinderbetreuung bis Weiterbildung reichten, wurde ein geringer Teil Fonds auch für die gastronomische Betreuung bei Zusammenkünften und festlichen Anlässen verwendet.

Ein Reizthema waren lange Zeit die Handelsverluste. Inventurdifferenzen tauchten als Plangröße im Volksbuchhandel nicht auf. Selbstverständlich musste alle Aufmerksamkeit der Vermeidung solcher Verluste gelten, dafür konnte eine Menge getan werden und wurde es auch. Ebenso klar war aber, dass sich Handelsverluste nie völlig ver-

1979, in einer Leipziger Volksbuchhandlung

meiden lassen. Auch im Sozialismus und leider auch im Leseland gab es Kunden, die das Bezahlen vergaßen, und geklaut wurde eben nicht nur an den Messeständen westlicher Verlage. Weitere kaufmännische Risiken sind bekannt und galten auch für den Volksbuchhandel, der nach heutigen Maßstäben mit seinen Inventurergebnissen durchaus vorzeigbare Werte erreichte. Dennoch ist es ein Unterschied, ob man mit aller Leitungskraft auf die Vermeidung von Verlusten orientiert oder ob man real existierende Inventurdifferenzen a priori für unvereinbar mit sozialistischem Wirtschaften erklärt. Erst 1978, über eine lange, eher widerwillig akzeptierte Testphase als »Verlustnormative«, wurden die Inventurdifferenzen als Plangröße anerkannt, wobei sogleich angemerkt werden muss, dass sie sich zum ständig steigenden Warenumsatz degressiv entwickelten. Im Jahr 1989 betrugen sie 0,19 Prozent, nach Ladenpreisen gerechnet rund 1,6 Millionen Mark.

Es ist in diesem Zusammenhang interessant, welch negative Aufmerksamkeit die Verluste aus der Handelstätigkeit erfuhren, während ein hoher Prozentsatz unverkäuflicher, weil am Bedarf vorbeiproduzierter Literatur, die im Volksbuchhandel und beim LKG lagerte, erst viel später und unter gänzlich anderen Umständen eine vergleichbare Aufregung hervorrief.

Neue Volksbuchhandlungen entstehen

In der vielleicht stabilsten Etappe ihrer vierzigjährigen Existenz feierte die DDR im Herbst 1969 den 20. Jahrestag ihrer Gründung. Charakteristisch für diese Zeit ist ein regelrechter Bauboom, mit dem vor allem die Zentren der Städte attraktiver gestaltet werden sollten, eine Entwicklung, die unter Erich Honecker zugunsten des Wohnungsbaus in den Randlagen nahezu komplett vernachlässigt und erst gegen Ende der DDR wiederbelebt wurde. Vorerst aber veränderten sich die Innenstädte. Der Berliner Alexanderplatz erfuhr zum zweiten Mal nach 1930 eine völlige Umgestaltung; der ersten hatte Alfred Döblin mit »Berlin – Alexanderplatz« ein literarisches Denkmal gesetzt.

Von der regen Bautätigkeit dieser Jahre profitierte auch der Volksbuchhandel. Das hohe Ansehen des Buches führte dazu, dass er bei der Aufteilung der entstehenden Handelsfläche stets bedacht wurde. Die Effekte waren vielfältig, er baute sein Handelsnetz aus, gewann attraktive Einrichtungen in sehr guter Lage hinzu, konnte dieses oder jenes unzureichende Objekt aufgeben und insgesamt sein Ansehen in der Öffentlichkeit erhöhen. Überdies verbesserten sich die Arbeits- und Lebensbedingungen der Mitarbeiter in den neuen Buchhandlungen ganz erheblich.

Zahlreiche große, dann auch weithin bekannte Volksbuchhandlungen entstanden zu dieser Zeit. Als einige Beispiele seien genannt:

»Haus des Buches«, Dresden 1968
»Otto von Guericke«, Magdeburg 1968
»Buch und Kunst«, Bautzen 1968
»Jenny Marx«, Cottbus 1969
»Heinrich Mann«, Dresden (Lehrbuchhandlung) 1969
»Ulrich von Hutten«, Frankfurt/Oder 1972
»Das Internationale Buch«, Berlin 1972
»Alexander von Humboldt«, Potsdam 1974
Volksbuchhandlung Oberhof 1974
»Thomas Mann«, Jena 1977

Viele der bis dahin führenden ehemaligen Bezirksbuchhandlungen in Berlin, Potsdam, Dresden, Erfurt oder Cottbus hatten schon seit längerem mit ihrer Kapazität, den technologischen Bedingungen, der oft verschlissenen Ausstattung und nicht zuletzt mit ihrem äußeren Erscheinungsbild, das für sich genommen keine wirksame Literaturpropaganda mehr darstellte, den gestiegenen Ansprüchen nicht mehr genügt.

Doch ist der geringste Teil des Zuwachses in die materiellen Grundfonds des Volksbuchhandels eingegangen. Ende des Jahres 1989 betrugen sie lediglich rund 83 Millionen Mark, bei der Größe des Unternehmens und der Anzahl seiner Objekte ein sehr geringer Anteil. Nur bei wenigen Immobilien war er Eigentümer, zu ihnen gehörten das Haus des Buches »Jenny Marx« in Cottbus und einige kleinere Volksbuchhandlungen. Hinzu kamen einige Immobilienbeteiligungen bei Wohn- und Gesellschaftsbauten, doch die weitaus größte Zahl waren Miet- und Pachtverhältnisse. Sie verursachten einen verhältnismäßig hohen Anteil von Mietkosten, die sich aber beim insgesamt niedrigen Mietniveau mit ca. 5,50 Prozent der Gesamtkosten auch nach heutiger Betrachtungsweise in vertretbarem Rahmen bewegten.

Ein Filialsystem wird erprobt

Die Ausdehnung des Handelsnetzes forderte auch neue Überlegungen für dessen Leitung und Planung. Die Voraussetzungen dafür waren günstig. In der Zentralen Leitung waren um 1970 auf verschiedene Funktionen Mitarbeiter, die meisten von ihnen Buchhändler, gelangt, die damals zwischen 30 und 40 Jahre alt waren und ein Hochschulstudium abgeschlossen oder zumindest ein Fernstudium begonnen hatten. Eine wissenschaftliche Führungsgruppe der Zentralen Leitung befasste sich in Anlehnung an den Konsumgüterbinnenhandel damit, die Einführung eines Filialsystems zu prüfen.

Obwohl diese Initiative durchaus mit zentralen parteilichen Festlegungen zum »Neuen Ökonomischen System« übereinstimmte, wurde ihr durch die HV und die Abteilung Kultur des ZK starker Widerstand entgegengesetzt, der sich offenbar in der Befürchtung begründete, der Volksbuchhandel werde durch zunehmende Ökonomisierung seine literaturpropagandistische, also die ideologische Aufgabe vernachlässigen. Nachdem der VIII. Parteitag der SED die Reformen rückgängig gemacht und einen neuen wirtschaftspolitischen Kurs eingeschlagen hatte, wurde der Begriff »Filialsystem« durch »Filialgruppenprinzip« ersetzt. Eingriffe inhaltlicher Art gab es aber trotz der starken Ressentiments nicht. Schließlich wurde einem Test in der Zweigstelle Dresden zugestimmt.

Kerngedanke der Filialisierung war die höhere Eigenverantwortung von Leitern entsprechend den Bedingungen in

132

ihren Territorien bei gleichzeitigem Abbau detaillierter zentraler Regelungen. Vorgesehen waren:

1. Aufhebung der Einzelunterstellung der Buchhandlungen in den Bezirken, Reduzierung der Zahl der direkt unterstellten Leiter, dafür stärkere Verantwortung der Filialgruppenleiter bis hin zu entsprechenden Fondsausstattungen.

2. Verbesserung der Arbeitsbeziehungen in den Kollektiven durch größere Mitsprache bei der Vorbereitung und Durchführung von buchhändlerischen Aufgaben an Ort und Stelle und bei den konkreten Arbeitsinhalten.

3. Enge Zusammenarbeit mit den örtlichen und parteilichen Organen, um den Anforderungen an Literaturvertrieb und -propaganda zu entsprechen.

4. Schnelle und umfassende Information des eigenen Kollektivs über alle Aufgaben und deren Erfüllung durch Rechenschaftslegung des Leiters sowie Mitwirkung bei der Vorbereitung und Durchführung des sozialistischen Wettbewerbs.

Nichts davon war völlig neu, vieles für die gesamte Volkswirtschaft immer wieder gefordert worden.

Der Test verlief positiv. Die Probanden machten sogar auf weitere mögliche Verbesserungen aufmerksam. Schließlich schlug die wissenschaftliche Führungsgruppe der Zentralen Leitung vor, die Erkenntnisse aus der Erprobung zu verallgemeinern und schrittweise in den anderen Betriebsteilen anzuwenden.

Dazu ist es nicht gekommen, das »Neue Ökonomische System« wurde von der SED selbst zu Grabe getragen und mit ihm viele Ansätze einer Weiterentwicklung sozialistischer Demokratie.

Die wissenschaftliche Führungsgruppe der Zentralen Leitung wurde aufgelöst. Das war bedauerlich, denn dieses Modell sah für die einzelne Volksbuchhandlung mehr Eigenständigkeit und Verantwortung vor, als heute manche Buchhandelskette ihren Filialen zugesteht.

Braucht man einen Buchautomaten?

Hatten sich nach der Gründung der Zentralen Leitung im Juli 1958 die Bemühungen zur Entwicklung des Handelsnetzes ohnehin verstärkt, formulierte die Pößnecker Konferenz (1960) die Aufgabe, in Orten ab 3000 Einwohnern eine stationäre Volksbuchhandlung zu eröffnen. Ein ehrgeiziges Ziel, das sich auch unter sozialistischen Bedingungen an ökonomischen Voraussetzungen und Ergebnissen messen lassen musste. Es würde seine Zeit brauchen, weshalb in unterschiedlichste Richtungen überlegt wurde, wie Bücher anzubieten und abzusetzen wären.

Diese Bemühungen brachten schließlich eine Entwicklung hervor, die heute nur noch eine fast vergessene Episode ist: den Buchautomaten. Dabei war die Idee nicht neu. Bereits in den zwanziger Jahren hatte der Reclam Verlag solch einen stummen Verkäufer für seine Universalbibliothek entwickelt und erfolgreich eingesetzt.

Nun schickte sich der Volksbuchhandel nach gründlicher Beratung an, diese Idee wiederzubeleben, wobei ihm bei der praktischen Umsetzung geradezu kuriose Umstände zu Hilfe kamen. Der mit der Entwicklung beauftragte VEB »Lumet« Metallverarbeitung Luckenwalde war dazu nur deshalb in der Lage, weil er durch die Einstellung der Flugzeugproduktion in der DDR Anfang der sechziger Jahre über freie Kapazitäten in der Forschung und Fertigung verfügte. Was für ein Sturzflug! Er machte es aber möglich, auf der Leipziger Frühjahrsmesse 1963 im ehrwürdigen Hansahaus, dem damaligen Domizil der Verlage, ein funktionierendes Fertigungsmuster zu präsentieren, über dessen Preis und Serienreife zu diesem Zeitpunkt allerdings noch keine Aussagen gemacht werden konnten. Im Augenblick interessierte die allgemeine Resonanz, und die war beachtlich, wobei sich das Gerät unter den Messebesuchern und Ausstellern aus der BRD einer besonderen Aufmerksamkeit erfreute. Galt das auch noch für die Besu-

Auf der Frühjahrsmesse 1963 vorgestellt, aber nicht in Serie
gegangen: Der Buchautomat

cher aus der DDR, war bei den Verlegern das Echo unterschiedlich, doch überwog die Meinung: »Ja, sehr interessant, aber …« Obwohl gerade zu dieser Zeit die Taschen-
buchproduktion in der DDR stark zugenommen hatte, sah
man plötzlich Hindernisse in standardisierten Buchforma-
ten oder -preisen, auch mochte manchem ein Buchverkauf
durch Automaten abwegig erscheinen. Schließlich misch-
ten sich noch Argumente in die Diskussion, die mit dem
Buchautomaten gar nichts zu tun hatten, wie die zu dieser
Zeit anstehende Überführung des Volksbuchhandels in
Volkseigentum. Kurz, das Projekt wurde zerredet, die Entwicklung eingestellt, zur Produktion kam es nicht mehr
und der Prototyp landete auf der Halde.

In der Bilanz per 31. Dezember 1962 verblieb die Summe

von ca. 200 000 Mark, die später ausgebucht wurde. Hauptdirektor Hellmuth Fischer wurde für seinen Vorstoß hart kritisiert und erhielt eine Rüge. So endete diese Episode schon nach kurzer Zeit.

Moderne Verkaufskultur

Hatte der Buchautomat auch kurzzeitig Aufsehen erregt – und nicht geringe Kosten verursacht –, lagen die Schwerpunkte in der Arbeit des Volksbuchhandels selbstverständlich weiterhin auf der Verbesserung seiner Leistungsfähigkeit, der Qualifizierung seiner Mitarbeiter und dem Ausbau seines Handelsnetzes.

Außenarbeit, Einbeziehung gesellschaftlicher Partner und eine Fülle literarischer Veranstaltungen ergänzten die Bemühungen, dem Volksbuchhandel in der Öffentlichkeit Gewicht und Ansehen zu verschaffen.

Bisher war es so gewesen, dass neue Objekte in Arbeitsteilung zwischen den Fachbereichen der Bezirke von der Planung bis zur Eröffnung zusätzlich zur eigenen Arbeit betreut wurden, also quasi ein Leiter oder ein Mitarbeiter die Verantwortung übernahm. Doch so konnte Arbeitsteilung nicht mehr länger aussehen und Qualität nicht gesichert werden, womit auch die Gefahr drohte, dass Entscheidungen mangels eigener Kompetenz zunehmend außerhalb des Volksbuchhandels getroffen würden.

Bereits im Jahr 1965 hatte bei der Zentralen Leitung ein Innenarchitekt seine Arbeit aufgenommen. Schon bald zeigte sich, dass die fachlichen Fähigkeiten des damals 28-jährigen Karl-Heinz Barth (†) über jeden Zweifel erhaben waren. Später wurde er Landesvorsitzender des Bundes der Architekten in Sachsen (1993–2003) und Mitglied der Sächsischen Akademie der Künste.

Karl-Heinz Barth nahm umgehend auf den Bau und die Rekonstruktion von Volksbuchhandlungen Einfluss, der sich zunächst vor allem auf die ästhetische Gestaltung richtete.

Während seine anfänglichen Aufgaben vor allem darin bestanden, Projekte zu beurteilen und Buchhandlungsleiter bei der Einrichtung ihrer Objekte zu beraten, kamen schon nach kurzer Zeit eigene Projektierungsleistungen hinzu. Eine derart hochwertige, effektive Dienstleistung hatte es bisher in der Zentralen Leitung nicht gegeben.

Als dann im Juni 1966 eine Konferenz des ZK der SED und des Ministerrats der DDR die »komplexe sozialistische Rationalisierung« zur Hauptrichtung der Wirtschaftspolitik erklärte und kampagneartig der Start erfolgte, machte sich auch die Zentrale Leitung des Volksbuchhandels auf die Suche nach einem »Rationalisator«, auch wenn dessen Aufgaben noch nicht genau umrissen waren. Man fand ihn in Jürgen Petry, zu diesem Zeitpunkt Leiter der Kreisbuchhandlung Borna.

Petry, bei seinem Amtsantritt 28, hatte seine Buchhandelslehre ursprünglich in der privaten Buchhandlung Gustav Krause in Delitzsch begonnen. Als sein Chef und Inhaber 1957 aus politischen Gründen mit der Justiz Bekanntschaft machte (man warf ihm DDR-Hetze vor), hatte er seine Ausbildungsstätte noch einige Wochen auf eigene Faust weitergeführt, bis die Behörden den Laden schlossen. Schließlich beendete er seine Ausbildung im Volksbuchhandel, Bezirk Leipzig, wo sein oberster Chef Direktor Erich Heß wurde. Den ersten Schritten als Leiter einer Buchverkaufsstelle folgte ein zweijähriges Direktstudium an der inzwischen etablierten »Fachschule für Buchhändler«. Jürgen Petry übernahm dann die Leitung der Kreisbuchhandlung Borna im Leipziger Südraum, mit der er nicht nur sehr gute ökonomische Ergebnisse erzielte, sondern durch besondere Erfolge im Außendienst, speziell an Schulen, sowie originelle Schaufenster aufgefallen war.

Nun folgte er dem Ruf ins nicht so ferne Leipzig als Verantwortlicher für Rationalisierung, fand sich aber plötzlich

als eine Art »Minister ohne Geschäftsbereich« wieder –
und gestaltete seine Aufgabe selbst, nicht zum Schaden des
Volksbuchhandels.

Ab 1969 entstand in der Zentralen Leitung eine eigenständige Abteilung Rationalisierung, der der Architekt
Karl-Heinz Barth sowie zwei weitere Mitarbeiter angehör-
ten, beide, wie Petry selbst, Buchhändler mit Leitungserfah-
rung.

Am Beginn der Arbeit standen Untersuchungen zu Arbeitsabläufen, zur Funktionalität und Gestaltung von Buchhandlungen und deren Einrichtungen sowie Kapazitäts-
und Aufwandsberechnungen. An den Erhebungen waren
Mitarbeiter in Bezirken und Buchhandlungen beteiligt, was
dazu beitrug, das Anliegen zu propagieren.

Erste Ergebnisse wurden 1972 in der Broschüre »Volksbuchhandlungen – Grundlagen ihrer Rationalisierung und
Einrichtung« vorgestellt. Mit Nachdruck wurde darauf orientiert, dass vor allem die Entwicklung des eigenen Handelsnetzes und der eigenen Fachkräfte entscheidend dazu
beiträgt, die Wirksamkeit und das Ansehen des Volksbuchhandels zu erhöhen. Der »Gesellschaftliche Literaturvertrieb« trat demgegenüber in eine ergänzende Rolle zurück,
auch wenn man es zunächst noch vermied, das in dieser
Deutlichkeit zu formulieren.

Kerngedanken der Rationalisierung waren die Typisie-
rung von Buchhandlungen, die Durchsetzung der offenen
Verkaufssystems und Vorgaben zur räumlichen Anordnung, zu Flächenverhältnissen, zur Einrichtung und Ausstattung sowie zur Warenpräsentation. Außerdem gab es
Hinweise zur Erarbeitung einer buchhändlerischen Konzeption für Neubauten und Rekonstruktionen, von deren
Einordnung ins Handelsnetz bis zur Berechnung des ökonomischen Nutzens.

Für die Kunden wurden die neuen Grundsätze am spür-
barsten durch die veränderte Gestaltung der Läden. Offene
Verkaufsformen wie freier Zutritt zur angebotenen Ware,

Anbieten der Bücher durch Frontalstellung mit der Titelseite zum Kunden sowie eine Kundenführung durch den Einsatz von Mittelraumwarenträgern mit Ausgangskassierung boten ihnen neue Möglichkeiten der Begegnung mit dem Buch. Zugleich stellten die offene Verkaufsform grundsätzlich andere Anforderungen an den Ladenbau. Die Regale mussten viel Ware aufnehmen können, die oberen Fächer jedoch noch bequem ohne Hilfsmittel zu erreichen sein. Zugleich sollten sie ästhetischen Ansprüchen genügen. Eingangstüren mit eingebauten Windfängen erhielten eine Klarsichtverglasung, Schaufensterrückwände wurden entfernt und ermöglichten so die Transparenz von der Straße in die Buchhandlung.

Die Grundsätze zur rationellen Gestaltung waren im Volksbuchhandel nicht völlig neu, schon 1963 hatte am Dresdner Hauptbahnhof eine Buchhandlung mit Selbstbedienung eröffnet, doch blieb das durchaus erfolgreiche Experiment fast ein Jahrzehnt ohne weitere Ausstrahlung.

Die Präsentation von Büchern und anderen Waren des Buchhandels wurde vielerorts durch Gestaltungselemente unterbrochen, die dem Charakter des Sortiments oder territorialen Besonderheiten entsprachen. So erhielten Volksbuchhandlungen in Annaberg-Buchholz (1971) und Oberhof (1974) im Kassenbereich aufwendig gestaltete Holzwände. Im Dresdner Kunstsalon am Altmarkt bildete eine in Beton eingelassene Rieselwand aus Elbkiesel einen attraktiven Blickfang und sorgte zugleich für die notwendige Luftfeuchtigkeit.

Auch an die Buchhändler stellte die offene Verkaufsform neue Anforderungen. Da es nun freien Zugang zur Ware gab, war es nicht mehr zwingend notwendig, jeden Kunden sofort beim Betreten des Ladens anzusprechen. Das war aber nicht mit reiner Selbstbedienung zu verwechseln und enthob den Buchhändler nicht seiner Pflicht zur Beratung, trug jedoch auch der Tatsache Rechnung, dass sich mancher Leser durchaus erst einmal ungestört über das Ange-

Buchauslagen im Franz-Mehring-Haus Leipzig (o.)
»Haus des Buches« in Suhl (u.)

140

bot informieren wollte. Den richtigen Zeitpunkt für die Kundenansprache zu erkennen war eine durchaus anspruchsvolle Aufgabe, zu der es einige Erfahrung brauchte.

Mit der Einführung der offenen Verkaufsform und Kundenführung wurden analog zur Selbstbedienung in anderen Branchen auch in Volksbuchhandlungen Körbchen und andere Hilfsmittel eingeführt, die jedoch bei Kunden wie Buchhändlern umstritten blieben. In den achtziger Jahren wurde deshalb von dieser Praxis wieder abgegangen.

Die in der Broschüre von 1972 dargelegten Gedanken zur Einrichtung von Volksbuchhandlungen erlangten große Aufmerksamkeit. Selbst das Frankfurter Börsenblatt rezensierte die Publikation ausführlich und sachlich. Verwundert wurde lediglich angemerkt, dass der prozentuale Anteil der Lagerfläche relativ hoch war, was sich aber aus der stets notwendigen Bevorratung und dem Fehlen eines Barsortiments im Zwischenbuchhandel der DDR erklärte.

Der Gegenwind kam aus dem eigenen Land. Einige wollten einen Paradigmenwechsel erkannt haben, sahen Technokraten am Werk, die die kulturpolitischen Ziele des Volksbuchhandels aus dem Auge verloren hätten. Die satirische Zeitschrift »Eulenspiegel« malte in Wort und Bild das Gespenst einer Volksbuchhandlung als Kaufhalle an die Wand, in der die Kunden ohne jede Beratung herumirren, um schließlich, so sie denn etwas gefunden hatten, am Ausgang abkassiert zu werden.

Die stärksten Irritationen gab es jedoch im eigenen Haus. Die bisher dominierende Hauptabteilung Literaturvertrieb und -propaganda sah ihren vordem unangetasteten Alleinvertretungsanspruch in Gefahr, die Richtlinien buchhändlerischer Arbeit für den Volksbuchhandel zu bestimmen.

Die Rationalisierung im Volksbuchhandel wurde von einer starken Öffentlichkeitsarbeit begleitet. Über die zwischen 1971 und 1984 stattfindenden sieben Rationalisierungskonferenzen wurden Artikel in Fach- und Tagespresse veröffentlicht. Vielerorts erschienen Berichte über die neuen Objekte, die nach den entwickelten Grundsätzen von Technologie und Gestaltung entstanden waren und für sich sprachen.

Schwieriger gestaltete es sich allerdings, ausreichende Mittel zu bekommen, und noch schwieriger war es, diese dann auch einzusetzen. So standen dem Volksbuchhandel 1989 vom Staat zugeteilte Mittel für Investitionen in Höhe von ca. 3,2 Millionen Mark zur Verfügung, zu etwa gleichen Teilen als materielle und finanzielle Fonds. Außerdem kam noch ein Instandhaltungsfonds von ca. 4,3 Millionen hinzu, insgesamt immerhin gut 7,5 Millionen. Doch Bauleistungen, Materialien aller Art, technische Hilfsmittel, Kapazitäten überhaupt waren knapp, viele kontingentiert, manche – und noch dazu wechselnd – mit einer Sperre belegt. Hinzu kam eine gewisse Willkür – im Sozialismus bestimmte manchmal auch der Auftragnehmer, wann, wo und wie er die Leistung erbrachte. Petry und seiner Abteilung gelang es, ein funktionierendes Netzwerk aufzubauen, dessen Kern einige verlässliche, solid arbeitende Betriebe verschiedener Gewerke bildeten. Trotzdem musste zur Verwirklichung der Vorhaben oft bis an die Grenze der Legalität gegangen werden, manchmal auch darüber hinaus.

In den achtziger Jahren trug eine zentrale Serienherstellung von normierten Einrichtungsgegenständen dazu bei, die knappen Mittel rationeller einzusetzen, was manchmal auf Kosten der individuellen Gestaltung passierte. Trotzdem sahen die Volksbuchhandlungen nicht gleichförmig aus. Viele Objekte zeugten vom Können der Architekten. Das gilt sowohl für Karl-Heinz Barth als auch für dessen Nachfolger Bernd Fischer, der mit einer anderen Handschrift, aber ebenso gediegenen Leistungen gegen die ständig schlechter werdende Bedingungen ankämpfte. Volksbuchhandlungen in Chemnitz, in Annaberg-Buchholz, Ilsenburg, Sebnitz, die Keyser'sche Buchhandlung in Erfurt, die Hinrich'sche in Leipzig, dort auch das Franz-Mehring-Haus mit seiner Kuppelhalle oder die »Glück auf«- Buchhandlung in Freiberg stehen für solch gelungene Arbeiten. Leider haben einige der Objekte den Übergang in die Marktwirtschaft nicht überstanden.

Aus den ersten Thesen zur Rationalisierung und den praktischen Erfahrungen entwickelte sich ab Mitte der siebziger Jahre eine verbindliche Rationalisierungskonzeption des Volksbuchhandels. Die Betriebsteile erarbeiteten Handelsnetzkonzeptionen für ihren Bezirk. Ein Ausstattungskatalog – wiederholt überarbeitet – enthielt die wichtigsten, zentral hergestellten Einrichtungsgegenstände.

Auch die anfangs festgelegten Buchhandlungstypen – Kernstück der Rationalisierung – änderten sich noch einmal und hießen nun:

Haus des Buches
Kreisbuchhandlung
    (in einzelnen Bezirken Saisonbuchhandlungen
    angeschlossen)
Stadtbuchhandlung
Spezialbuchhandlung
Betriebsbuchhandlung

Die ab 1969 eingeleitete Rationalisierung blieb bis zum Ende des Volksbuchhandels bestimmend für die Entwicklung des Handelsnetzes und die Gestaltung der buchhändlerischen Prozesse.

Werbung für die »edle Ware«

Zentrale Veranstaltungen wie die »Woche des Buches« oder die »Tage des sowjetischen Buches« wurden trotz politisch bedingter Einseitigkeit (hätte es etwa »Tage des französischen Buches« gegeben?) vom Volksbuchhandel unterstützt. Territoriale Auftritte wurden gemeinsam mit Verlagen und Autoren organisiert und erlangten mitunter großen Publikumszuspruch, so etwa der Rostocker Buchbasar in der Kröpeliner Straße oder der Leipziger Buchmarkt vor dem Alten Rathaus, nachdem in Berlin bereits 1954 der Anfang gemacht worden war.

Auf dem ersten Rostocker Buchbasar 1964 in der Kröpeliner Straße signierten zehn Autoren 21 Titel und verkauften etwa 300 Bücher. Schon 1968 nahmen Schriftsteller aus den Ostseeanliegerstaaten daran teil, ein Jahr später erweiterte sich der Kreis um Schriftsteller aus Nord- und Südamerika sowie Afrika. 1987 signierten 27 Autoren annähernd 200 Buchtitel, über 20 000 Bücher fanden in gut drei Stunden ihre Käufer.

Zudem wurde der jeweils im Juli stattfindende Buchbasar von einer ganzen Reihe literarischer Veranstaltungen begleitet. Ab Mitte der siebziger Jahre dehnte sich der »Rostocker Buchbasar« auf die Hansestädte Stralsund und Wismar aus. Er erreichte schließlich Dimensionen, die vom Volksbuchhandel unter seinem Direktor Heinz Gerlach allein gar nicht mehr zu bewältigen waren. Betriebe, Einrichtungen, kommunale Leitungen und Organisationen unterstützten die buchhändlerische Arbeit. Nicht nur die Leser, auch die Schriftsteller waren begeistert. Viele von ihnen brachten das auch zum Ausdruck. Erik Neutsch sagte: »Von der kulturpolitischen Bedeutung des Rostocker Buchbasars zu reden, hieße Eulen nach Athen tragen, Wasser in die Ostsee. Ich kenne keinen anderen hierzulande, der sich mit ihm vergleichen ließe. Ich möchte mich bei den Rostocker Buchhändlern und allen ihren Helfern herzlich bedanken.« Armin Müller: »Bei aller Scheu vor großen Worten – wer auch in diesem Jahr erlebt hat, was an zwei Julitagen sich in der Kröpeliner Straße und rundherum abspielt, der wird es weitersagen: Ohne den Rostocker Buchbasar würde uns allen etwas fehlen, den Schriftstellern, den Lesern, der Literatur: ein Stück Dialog, der Ermutigung bedeutet. Dafür den Rostocker

15. Buchbasar in Rostock, 1978

Buchhändlern und allen Helfern Dank.« Renate Holland-Moritz und Lothar Kusche meinten: »In Rostock gibt es also – erstaunlich, erstaunlich! – nicht nur ein literaturbegeistertes Publikum, sondern sogar literaturbegeisterte Buchhändler, und das ist ja nun geradezu märchenhaft!« und Heinz Knobloch nannte das Ereignis kurz und prägnant die »freundlichste Straßensperre der Welt«.

Seit 1978 erlangte der jeweils Mitte September auf dem Markt vor der Kulisse des Alten Rathauses stattfindende »Leipziger Buchmarkt« ähnlichen Zuspruch. 1989 fanden sowohl der Rostocker Buchbasar als auch der Leipziger Buchmarkt letztmalig statt.

In den achtziger Jahren war es Praxis geworden, diese Veranstaltungen auch mit Büchern zu bestücken, die im normalen Verkauf nur schwer erhältlich waren. Das sprach sich herum, und so wurde aus dem Besuch des Buchbasars oft nur eine Schnäppchenjagd, allerdings eine, bei der der Preis keine Rolle spielte. Die ursprüngliche Bedeutung und damit der Sinn derartiger Ereignisse ging darüber zunehmend verloren.

Über solche Großereignisse hinaus blieb es jeder Volksbuchhandlung wie auch jeder privaten vorbehalten, Veranstaltungen zu organisieren. Hierzu gehörten in großem Umfang Lesungen, die auf eigene Faust oder gemeinsam mit Verlagen, dem Schriftstellerverband, dem Kulturbund und anderen Institutionen vorbereitet und durchgeführt wurden. Sie fanden je nach Thematik und zu erwartendem Besuch in der Buchhandlung selbst oder an anderen, größeren Orten statt, wobei die Besucherzahl von einer Handvoll bis zu mehreren hundert reichen konnte und fast immer die Möglichkeit zum Buchkauf bestand. Vor allem dort, wo Autoren oder Herausgeber im Ort oder in der näheren Umgebung lebten, entwickelten sich über die Jahre oft enge Beziehungen zur Buchhandlung.

Die Lesungen erreichten jeweils zur Leipziger Buchmesse – damals noch Bestandteil der Gesamtmesse – im März

Dolf Künzel im »Haus des Buches« Suhl: rund 1000 Besucher
hatte die Signierstunde

Signierstunde mit Erik Neutsch auf dem Buchbasar Halle

und September ihren Höhepunkt an Zahl und Attraktivität. Die heutige Veranstaltungsreihe »Leipzig liest« reicht mit den Wurzeln ihres Erfolgs bis in diese Zeit zurück

In vielen Fällen war Literaturpropaganda auch eng mit dem Verkauf verbunden, die ihr kulturpolitisch zugedachte Vorrangstellung trat dann hinter praktische Fragen zurück. Dabei spielte das Schaufenster eine zentrale Rolle, eine andere optische Verbindung zur Straße, etwa durch Warenträger vor der Buchhandlung, war damals im Volksbuchhandel nicht üblich.

Schaufenstergestaltung, obwohl Gegenstand der Ausbildung, war zu allen Zeiten des Volksbuchhandels ein Thema und von sehr unterschiedlicher Qualität. Es gab sehr gute, originelle Schaufenster, vor denen sich die Leute sammelten, und es gab ungepflegte, in denen Staub und tote Fliegen nicht zu übersehen waren. Die Gründe waren unterschiedlich, manchmal fehlte es an Zeit, manchmal an Begeisterung oder an Talent oder an beidem und manchmal am einfachsten Material. Wie im gesamten Handel der DDR war die Gestaltung der Schaufenster auch im Volksbuchhandel politischen Anliegen verpflichtet, und so dominierten zu bestimmten Anlässen Fahnen, Losungen und Fotos von Politikern zwischen einschlägigen Büchern, wo sie immerhin noch besser aufgehoben waren als andernorts zwischen Fischbüchsen oder Gemüsekonserven.

Zunehmend ergab sich bei den Bemühungen, ein Schaufenster attraktiv zu gestalten ein Problem, das sich mit keinem gestalterischen Mittel lösen ließ. Weil immer mehr Titel drastisch gekürzt wurden und viele kaum noch den Verkaufsraum erreichten, war natürlich in der Auslage erst recht kein Platz mehr dafür.

Mit zahlreichen Werbemitteln arbeitete der Volksbuchhandel an seinem Erscheinungsbild in der Öffentlichkeit.

Werbliche Innenraumgestaltung unterstützte den Übergang zur offenen Verkaufsform. Farben, Schriftzeichen und Symbole halfen den Kunden bei der Orientierung im

Raum, im Sortimentsbereich sowie bei der Möglichkeit der Information und der Inanspruchnahme von Kundendiensten. Außerdem unterstützte die Werbung mit zentralen Maßnahmen den Gesamtauftritt des Unternehmens ebenso wie die Arbeit der einzelnen Volksbuchhandlung. Sie wurden mit grafisch anspruchsvoll gestaltetem Einschlagpapier ausgestattet. Bekannt wurde jenes, das auf elegantem Weiß die Signets der DDR-Verlage enthielt. Zum Transport standen dem Kunden Papiertüten, später auch der Plastebeutel zur Verfügung. Neben dem Schriftzug »Volksbuchhandel« wurde auch mit dem Logo gearbeitet, das in verschiedenen Varianten existierte.

Über die schriftliche Werbung wurden in den Bezirken bis zu 20 000 Kunden nach Interessengruppen eingepflegt und bearbeitet, zu jener Zeit ohne Computerunterstützung.

Als praktische Form von Literaturpropaganda kann auch die Tatsache gelten, dass sämtliche Kundendienste, und zwar im Buchhandel aller Eigentumsformen, kostenlos angeboten wurden. Das entsprach den Traditionen des Buchhandels ebenso wie dem Selbstverständnis für den Handel mit Literatur unter sozialistischen Bedingungen. So blieben Dienstleistungen wie bibliographische Recherchen und Auskünfte, Besorgungsgeschäft, Vormerkungen, Benachrichtigungen, Ansichtssendungen u.a. gebührenfrei und ohne Einfluss auf den Preis des gekauften Buches.

Erica Hochgemuth, Dresden

Uns Volksbuchhändlern wurde nicht nur Anfang der 1990er Jahre verstärkt empfohlen, mit Büchern aus der Buchhandlung herauszugehen und zu besonderen Anlässen Buchausstellungen und Straßenverkäufe durchzuführen. Unter der Aufgabe »Öffentlichkeitsarbeit« einige Beispiele der für uns selbstverständlichen Arbeit mit dem Buch.

- Monatliche Buchausstellungen in Betrieben, Institutionen, Schulen und anderen gesellschaftlichen Einrichtungen.

- Zusammenarbeit mit den Vertriebsmitarbeitern, die in unserem Auftrag an ihren Arbeitsplätzen Bücher verkauften.

- Größere Buchbasare vor unserer Buchhandlung »Haus des Buches Dresden« zu gesellschaftlichen Anlässen (z.B. der Arbeiterfestspiele). Es gab dabei viele intensive Gespräche, herzliche Worte und natürlich viel Arbeit in der Vorbereitung und Durchführung. Eine Programmliste gewährt den Einblick in die Vielzahl anwesender Autoren. Solche Arbeiten waren für uns Volksbuchhändler immer eine solide Bilanz für die Anstrengungen.

- Regelmäßige Autorenlesungen im »Haus des Buches« ergänzten die vielen Möglichkeiten unserer Öffentlichkeitsarbeit.

- Jährlich führten wir einen ganztägigen »Antiquariatsmarkt« im »Stallhof« des Dresdner Schlosses durch. Bis 14 Uhr erfolgte der Ankauf der Bücher von den Bürgern und anschließend begann der Verkauf. Manche der Anbieter brachten ihre Bücher mit dem Wagen. Es herrschte Hochbetrieb. Dieser Ankauf wurde ebenfalls in den Tagen des »Dixieland-Festivals« veranstaltet. Dazu spielten viele Bands. Es war eine wunderbare Atmosphäre.

Soweit ein kleiner Auszug aus der vielseitigen buchhändlerischen Arbeit außerhalb der Volksbuchhandlung. Unsere Arbeit wurde stets durch die Verlagsvertreter und das LKG unterstützt, vorausgesetzt der materiellen Möglichkeiten (Bücherbereitstellung). Im Spätsommer jeden Jahres erhielten wir eine Wunschliste der Kruzianer (Kreuzchor) mit der Bitte, sie zu erfüllen. Vielfach enthalten: der Ruf nach Globen. Oft kaum erfüllbar. Der Räth-Verlag hat dennoch Unmögliches möglich gemacht. Trotz häufig stark gekürzter Titel (kein gutes Zeichen für das Leseland) war es stets unser Anliegen, den Kunden und Käufern mit unseren Diensten zu helfen.

September 2011

Buchhandel und Verlage

Die Arbeit des Bucheinzelhandels bringt eine Fülle von Kooperationsbeziehungen hervor. Schon seit Jahrhunderten waren Herstellung und Verkauf von Büchern durch Arbeitsteilung und Kooperation von Verlagen, Zwischenbuchhandel und Sortimentsbuchhandel gekennzeichnet. Dieses Zusammenwirken hatte sich nach einigem Hin und Her schließlich, nunmehr unter staatlicher Aufsicht, in der DDR durchgesetzt, wo es sich bei 78 Verlagen (Stand 1989) und praktisch nur einem Zwischenbuchhändler recht einfach strukturiert, wenn auch nicht immer übersichtlich gestaltete.

Die Zusammenarbeit des Volksbuchhandels mit den Verlagen war eng. Die Leiter und Mitarbeiter der Zentralen Leitung und der Bezirksbetriebe waren in der Lage, fundierte Hinweise zu Bedarf und Nachfrage zu geben, wurden auch zu Absatzleitertagungen der Hauptverwaltung hinzugezogen und dort gehört. Die einzelne Buchhandlung hatte die Möglichkeit, auf Themenplanberatungen und bei den regelmäßigen Vertreterbesuchen entsprechende Hinweise zu geben. Ein weiteres Instrument für die Verlagsproduktion bildeten Testbuchhandlungen, wie sie vorwiegend von Fachbuchverlagen genutzt wurden.

Kontakte bestanden in der Regel vom Hauptdirektor und den Direktoren zu den Verlagsleitern, Partner der nachgeordneten Leitungsebenen waren dann die Absatzleiter und deren Abteilungen, während es mit den Lektoraten und den Herstellungsbereichen kaum Berührungspunkte zum Buchhandel gab.

So eng jedoch die Kooperation und so persönlich oft die Beziehungen zwischen den Vertretern des Buchhandels und denen der Verlage waren, sie konnten ganz entscheidende Störfaktoren nicht aus der Welt schaffen, und deren gab es nicht wenige.

Es begann schon damit, dass kein Buch ohne die Druckgenehmigung der HV Verlage und Buchhandel erscheinen

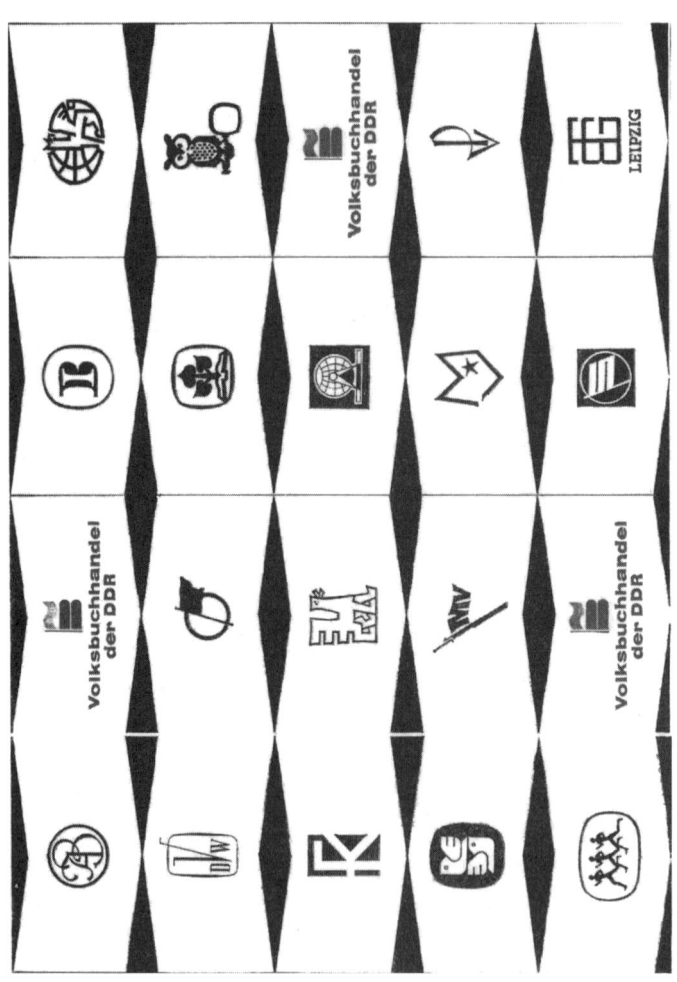

Packpapier, bedruckt mit dem Signet des Volksbuchhandels und die Signets von 53 Verlagen

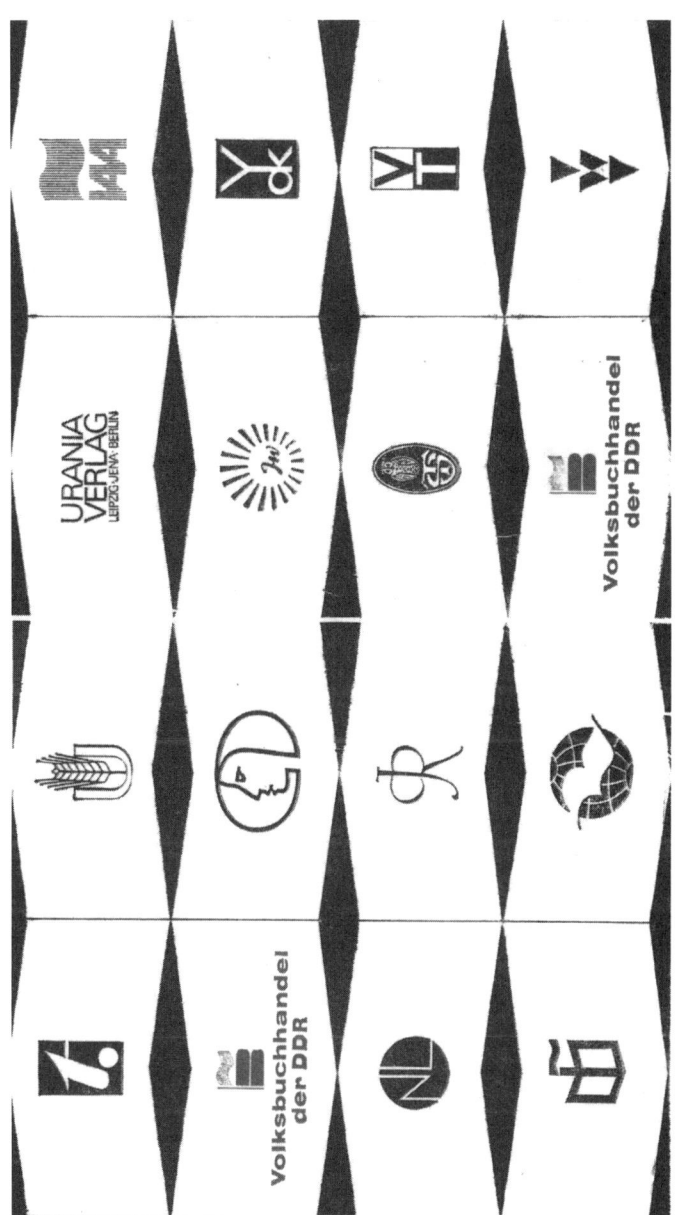

URANIA
VERLAG
LEIPZIG·JENA·BERLIN

Volksbuchhandel
der DDR

Volksbuchhandel
der DDR

153

konnte. Das half, das stets knappe Papier halbwegs gerecht zu verteilen, schützte die DDR-Bevölkerung auch vor »Schund und Schmutz«, sollte aber vor allem dafür sorgen, dass die ideologische Kontrolle erfolgte. Der Buchhandel griff also bei der Gestaltung des Sortiments schon auf eine entsprechend ausgewählte Verlagsproduktion zu, was nicht verhinderte, dass es bei einzelnen Editionen Für und Wider gab, dessen Ursachen fast immer im ideologischen Bereich zu finden waren.

Die Auseinandersetzungen um bestimmte Titel wie etwa Christoph Hein (»Horns Ende«), Erich Loest (»Es geht seinen Gang«), Werner Heiduczek (»Tod am Meer«), Volker Braun (»Hinze-Kunze-Roman«) oder um Stefan Heyms Bücher blieben der Öffentlichkeit nicht verborgen. Keine Literaturpropaganda konnte das Interesse, die Erwartungen mehr anheizen als eine solche Diskussion. Kamen diesen Bücher dann in den Handel, waren sie im Handumdrehen vergriffen und der Buchhandel sah sich mit der Meinung der Kunden konfrontiert, dass ihnen hier wohl mit gutem Grund etwas vorenthalten werden solle. Bei diesem Tauziehen verloren alle Beteiligten, der Autor ausgenommen, ein Stück Glaubwürdigkeit.Ein weiteres Problem, das die Verantwortung der Verleger relativierte, war die Zuteilung von Papier, auf das es zu keiner Zeit freien Zugriff gab. Hier zeigte sich, wie in anderen Wirtschaftszweigen, dass die Bilanzierung einer ganzen Volkswirtschaft nahezu bis ins kleinste Detail eben nicht zu einer bedarfsgerechten Produktion führte. Stets lag ein Teil des kostbaren Papiers in unverkäuflichen Büchern auf Halde, oft genug mit dem Vorwurf an den Volksbuchhandel verbunden, sich nicht genügend eingesetzt zu haben, während an anderen Büchern Mangel herrschte.

Auch die Polygrafie kämpfte mit Schwierigkeiten. Die Qualität der Buchgestaltung und -ausstattung in der DDR, die in der Welt hohe Anerkennung genoss und als Exportartikel begehrt war, verschlechterte sich in den achtziger

Jahren zumindest auf dem Binnenmarkt deutlich. Es kam zu unüberschaubaren Produktionszeiten und mehrfach verschobenen Erscheinungsterminen. So kamen etwa die repräsentativen Bände über Olympische Spiele – attraktiv gestaltet und inhaltlich korrekt – frühestens ein halbes oder dreiviertel Jahr nach dem Ereignis auf den Markt, wo sie dennoch im Handumdrehen vergriffen waren.

Mit allen erdenklichen Anstrengungen wurde daran gearbeitet, dass derartige Engpässe nicht noch auf die Versorgung mit Schulbüchern übergreifen konnten, was mit einigen Ausnahmen auch gelang.

All diese Probleme stellten die Formen der Zusammenarbeit zwischen Verlagen und Volksbuchhandel infrage. Da konnte Letzterer noch so viel Erfahrungen aus seinem Umgang mit den Kunden auf Themenplanberatungen, auf Messen und gegenüber den Vertretern an die Verlage herantragen, die Möglichkeiten zur Umsetzung blieben begrenzt.

Doch selbst der Ärger über verzögerte Erscheinungstermine oder schlechtere Papierqualität trat hinter ein anderes Problem zurück: die ständig zunehmende Kürzung von Bestellungen.

Bücher werden knapp

Dass Titel durch Vorbestellungen bei Erscheinen überzeichnet waren, hat es im Buchhandel zu allen Zeiten gegeben. So etwas wurde und wird zu Recht als zwar nicht immer literarischer, zumindest aber geschäftlicher Erfolg angesehen.

Als sich daher um 1960 im Volksbuchhandel die ersten Kürzungen notwendig machten, wurden sie als absolute, vor allem vorübergehende Einzelerscheinungen hingenommen. Es wurde sogar ein wenig damit kokettiert, man deutete sie – auch wenn noch nicht die Rede vom »Leseland

DDR« war – als Zeichen steigender Lese- und Bildungsbedürfnisse der Bevölkerung, und nichts anderes hatte man angestrebt.

Die Fälle häuften sich. Bereits im November 1961 sah sich die Zentrale Leitung in ihrem Informationsdienst »Der Volksbuchhändler« veranlasst, auf die Problematik einzugehen. Eingangs heißt es dort: »In letzter Zeit mehren sich die Fälle, dass sich Mitarbeiter der Buchhandlungen nach Auslieferung eines Titels … über die starken Kürzungen beschweren, weil sie glauben, dass sie benachteiligt worden sind.« Der Anteil des Volksbuchhandels an den ausgelieferten Titeln entspreche seinem »Anteil am Gesamtumsatz auf dem Büchermarkt, den alle literaturvertreibenden Bereiche erzielen«. Demnach erfolgte die Kürzung bei Belletristik unabhängig von der Bestellzahl nach dem Umsatzanteil, während beim Fachbuch nach der Bestellzahl gekürzt wurde. Stand schon vor Bestellabgabe fest, dass die Auflage nicht ausreichte, wurden alle Bestellungen annulliert und den Betrieben eine Anzahl mitgeteilt, die sie auf ihren Bezirk aufschlüsseln konnten. Schließlich sollten bei bestimmten Titeln (z.B. Bildbänden) territoriale Belange besonders berücksichtigt werden. Noch glaubte man, ein bisschen mehr Bestelldisziplin durch die Volksbuchhandlungen, etwas mehr Beachtung des Bedarfs der Bevölkerung durch die Verlage könnten das Problem lösen.

Aber immer mehr Titel aller Art waren von Kürzungen betroffen. Die Grenzen zwischen Bedarf und Nachfrage verschwammen, jetzt litt tatsächlich die Bestelldisziplin, die Verleger waren verunsichert, und die Buchhändler bekamen den ganzen Druck der unzufriedenen Kunden zu spüren.

Doch die Lage spitzte sich zu. In den achtziger Jahren erfolgte administrativ die Einteilung des Buchmarktes in »gekürzte« und »ungekürzte Bezieher«, wobei die besondere Logik darin bestand, dass der Fachhandel (Volksbuchhandel und Private) gekürzt wurde, nichtbuchhändlerische

Einrichtungen (Buch- und Zeitschriftenvertrieb der NVA) und einzelne andere aber nicht. Zu letzteren gehörte die Brecht-Buchhandlung in Berlin, die dadurch einen Bekanntheitsgrad erlangte, der auch zu Lasten des Volksbuchhandels ging.

Die Verlage bekamen noch eine Möglichkeit, gegen unliebsame Überraschungen Vorkehrungen zu treffen. Sie konnten Teile der Auflage »blockieren«, die dann nicht in die Auslieferung kamen, etwa für den Export, aber auch, damit sonst schwer erhältliche Bücher auf Buchbasaren und ähnlichen Veranstaltungen angeboten werden konnten, wofür oft ein beträchtlicher zeitlicher Vorlauf gesichert wurde. Das heißt, dass weitere große Teile der ohnehin knappen Auflagen dem normalen Bestell- und Verkaufsprozess entzogen wurden. So kam es vor allem zwischen 1987 und 1989 vor, dass der Volksbuchhandel als gekürzter Bezieher (mit immerhin rund 67 Prozent Umsatzanteil bei LKG) selbst bei höheren Auflagen leer ausging. Wurden aber solche Blockierungen – nachdem sie beim LKG auch noch entsprechende Lagerprobleme verursacht hatten – dann doch nicht benötigt und plötzlich aufgelöst, konnte es wiederum geschehen, dass Bücher in der Buchhandlung auftauchten, nachdem die Mitarbeiter wochenlang den Kunden erzählt hatten, sie seien vergriffen.

Diese Zustände herrschten nicht nur auf dem Buchmarkt. Im allgemeinen Mangel trat neben die Ware-Geld-Beziehungen ein Geflecht von Leistung und Gegenleistung. Der Wert einer Ware stieg umso mehr, je schwerer sie zu erhalten war. Das Buch stellte auf diesem Schattenmarkt eine starke Währung dar. Nicht sein literarischer Wert war dann maßgebend, auch nicht eine besonders schöne Gestaltung, vielfach nicht einmal das eigene Interesse daran, sondern die Tatsache, dass sich mit einem Buch, das nur schwer zu bekommen war, Türen öffnen ließen. Der Preis, den man für das begehrte Objekt zu zahlen hatte, spielte bei derartigen Spielregeln nahezu keine Rolle mehr. Es ist klar, dass

Plakate zu Feiertagen, gesellschaftlichen Anlässen oder Ereignissen wie hier dem Schulbeginn gehörten zu den Werbemitteln des Volksbuchhandels

unter solchen Bedingungen niemand mehr einen realen Bedarf erkennen und dessen Befriedigung planen oder gar realisieren konnte.

Die Verbindungen zum Zwischenbuchhandel als unmittelbarem Partner waren noch enger als die zu den Verlagen, und sie waren insgesamt intensiv und gut. Das war auch zwingend notwendig, denn eine Alternative war nicht gegeben und ein Wechsel nicht möglich. Während sich der Volksbuchhandel erst langsam formierte und sich seine Beziehungen zu den Kooperationspartnern herausbildeten, hatte der 1946 gegründete LKG seine Monopolstellung als Zwischenbuchhändler nahezu erreicht.

Die Probleme und Schwierigkeiten die sich aus der Monopolstellung des LKG ergaben und ihn selbst ebenso wie die Zusammenarbeit mit den Partnern immer wieder belasteten, hat Jürgen Petry, LKG-Direktor seit 1986, in seinem Buch »Das Monopol« dargestellt.

Die Zusammenarbeit der Buchbranche vollzog sich auf der Grundlage der »Ordnung für den Literaturvertrieb.« Der LKG hat mit vielen Hilfsmitteln, die auf seine Initiative zurückgingen, die Arbeit des Sortimentsbuchhandels erleichtert und sogar rationalisierend eingegriffen.

In erster Linie ist hier der Vorankündigungsdienst (VD) zu nennen, begleitet von ähnlichen, spezielleren Arbeitsmitteln wie dem jährlichen LKG-Lagerkatalog. Einheitlicher Rabatt von 27,5 Prozent und monatliche Sammelrechnungen erleichterten die Buchhaltung. Die Abteilung Kundendienst – personell stark besetzt – kümmerte sich um Fragen und Probleme der Buchhandlungen.

Ein erfolgreiches Detail am Rande stellte über mehrere Jahre die organisierte Wiederverwendung von Kartonagen dar, wodurch diese zu einer Mehrwegverpackung wurden und bis zu dreimal umliefen. Obwohl die Rückholung organisiert werden musste und den Buchhandlungen für die Vorbereitung des Rücktransports pro Karton ein Obolus gezahlt wurde, war die Einsparung enorm. Mit dem Hinweis auf allgemeinen Mangel kann man diese Wiederverwendung nicht abtun, sie war einfach vernünftig und für die Buchhandlungen auch noch lukrativ, denn die eingenommene Vergütung konnte nach Belieben verwendet werden.

Für ein anderes Problem, volkswirtschaftlich von weit größerer Bedeutung, konnte dagegen keine befriedigende Lösung gefunden werden: die Verlegung großer Transportanteile von der Straße auf die Schiene. Hier waren die Ansätze nicht nur von besserer Einsicht, sondern vor allem vom Mangel an kontingentiertem Treibstoff, Fahrzeugen und Ersatzteilen diktiert. Dem standen bei der Bahn fehlende Transportkapazitäten, geringere Reichweite und Beweglichkeit gegenüber. Die Folgen waren höherer Organisationsaufwand, größere Liefereinheiten, mehrfaches Umladen für den endgültigen Transport bis zur Buchhandlung und verlängerte Lieferzeiten, alles negative Begleitumstände, die die wenigen Einsparungen mindestens wieder aufhoben.

Ab 1987 unternahm der Zwischenbuchhandel Anstrengungen, den verkrusteten Verlagsvertrag aufzubrechen, bei dem nahezu jedes Risiko für Lagerung, Absatz und Auslieferung auf nur einen Vertragspartner, den LKG, übergegangen war. Auch darin drückte sich deutlich ein Vorrang literatur-propagandistischer Interessen aus, während ökonomische Erfordernisse vernachlässigt wurden, denn viele Bestände lagerten ewig zu stets gleichen, für die Verlage günstigen Bedingungen, eine Wertberichtigung war ohnehin nicht gegeben.

Im festen Glauben an die bis ins Unendliche dehnbare Belastbarkeit des LKG wurde immer mehr Ware zu dem einzigen Zwischenbuchhändler gepumpt, so dass es schließlich dazu kam, dass verlagsneue Bücher im Freien lagerten. Und das im Leseland – Kopfschütteln bei den Unbeteiligten, Verwunderung bei den eigentlich Verantwortlichen. Dabei war es zu dieser Zeit schon ein Kunststück gewesen, wenigstens ein paar Planen zu organisieren, mit denen sich die traurigen Zeugnisse einer gescheiterten Planwirtschaft notdürftig abdecken ließen. Die Lösung hatte Symbolcharakter.

Bevor man Petry die alleinige Verantwortung auch noch dafür auflud, ging er in die Offensive und legte einen neuen Vertrag vor. Im September 1988 bestand er darauf, eine Vorstandssitzung des Börsenvereins in Pötzschau durchzuführen, um in den dortigen Lagerhallen des LKG den Verantwortlichen die Zustände direkt vor Augen zu führen. Auf dieser Beratung, die zuweilen tumultartige Züge annahm, unterschrieb Elmar Faber, damals Chef des Aufbau Verlages, den neuen Vertrag als Erster. Ihm folgten Reginald Pustkowski (Tourist Verlag Berlin) und bis zum Herbst 1989 fast alle anderen Verlage. Doch es war zu spät.

Zu spät war es auch für den Volksbuchhandel. Fast 25 Jahre lang, seit im August 1963 die »Anordnung über das Statut des Volksbuchhandels« erlassen worden war, hatte er mit immer neuen sachlichen Argumenten, die zeitweilig sogar von der Staatsbank der DDR unterstützt wurden, für eine Stärkung der eigenen Rechtsstellung und die seiner Betriebe gekämpft. Als dann am 1. Januar 1989 endlich ein neues Statut in Kraft trat, war es sicher nur eine Äußerlichkeit, dass aus der seit 1958 bestehenden »Zentralen Leitung« eine »Hauptdirektion des Volksbuchhandels« wurde. Entscheidend war, dass sie nun den Status eines wirtschaftsleitenden Organs erhielt und ihr wieder ökonomisch und juristisch selbständige Betriebe unterstellt waren. Viel genützt hat es nicht mehr.

1983 kam es zum dritten und letzten Leiterwechsel an der Spitze des Volksbuchhandels. Hellmuth Fischer, seit 1958 im Amt, war im Mai 1981 65 Jahre alt geworden. Nachfolger wurde Heinz Börner, womit sich ein Schritt weiterer ökonomischer Ausrichtung des Volksbuchhandels abzeichnete, denn der neue Hauptdirektor vertrat die Auffassung, dass der Volksbuchhandel sich vor allem über sein Handelsnetz und über seine wirtschaftlichen Ergebnisse definiere.

Die Struktur in der Zentralen Leitung blieb lange Zeit stabil. Es existierten die Hauptabteilungen, ab 1989 als Direktorate: Literaturvertrieb und -propaganda, Ökonomie (mit Planung und Betriebswirtschaft), Kader/Bildung, Organisation/Technologie und der Hauptbuchhalterbereich. Parallel zu den schlechter werdenden gesellschaftlichen Bedingungen wuchsen die Bürokratie und das Bedürfnis, sich abzusichern. Es gab sogar einen hauptamtlichen Sicherheitsinspektor für den Gesundheits-, Arbeits- und Brandschutz, wohingegen ein Verantwortlicher für EDV-Technik (1988) und ein Justiziar (erst möglich mit dem neuen Statut 1989) viel zu spät zum Einsatz kamen.

Von der Beschäftigung hauptamtlicher Partei- und Gewerkschaftsfunktionäre wie im LKG blieb der Volksbuchhandel wegen seiner Dezentralisierung verschont. Derartige Ämter wurden als Wahlfunktionen ehrenamtlich ausgeübt, Anleitung erfolgte im Territorium. Unabhängig davon fühlte sich die Abteilung Kultur des ZK für die »ideologische Gesamtsituation« im Volksbuchhandel verantwortlich.

Die Leitungsstruktur im Volksbuchhandel hatte sich über die Jahre im traditionellen Zusammenspiel Verlage – Zwischenbuchhandel – Sortimentsbuchhandel bewährt und der einzelnen Buchhandlung ein hohes Maß an eigenverantwortlichem Handeln ermöglicht. Dass zum Ende der DDR hin Unregelmäßigkeiten und Störungen auftraten, widerspiegelte den Zustand der Gesellschaft.

15 Computer für 6000 Mitarbeiter

Die Einführung elektronischer Datenverarbeitungstechnik kam im Volksbuchhandel sehr spät an und ist ein Kapitel für sich, wenn auch ein sehr kurzes und ruhmloses. Wo es schon schwierig war, eine Hubbühne oder Registrierkasse zu beschaffen, musste der Weg zur modernsten Technik noch mehr Hürden bereithalten. Die Erfordernisse wurden lange Zeit ignoriert. Hinzu kam die Erinnerung vieler Volksbuchhändler an den total missglückten EDV-Start im Zwischenbuchhandel, durch den dem LKG ein schwerer Imageschaden zugefügt worden war. Als die Aufgabe endlich in Angriff genommen wurde, war im Vergleich zum Buchhandel in der BRD auf diesem Gebiet ein Rückstand von mindestens 15 Jahren zu verzeichnen.

Erst 1988 nahm schließlich in der Zentralen Leitung ein EDV-Verantwortlicher die Arbeit auf, damit endlich Aufgaben fixiert und Anforderungen formuliert werden konnten. Viel war damit freilich nicht erreicht, denn nun mussten Technik und Zubehör beschafft werden. Da half keine noch so hohe Planerfüllung, der Weg führte nur über die zugeteilten Bilanzen, und die garantierten noch lange nicht, dass auch die reale Beschaffung gesichert war.

Am 31. Dezember 1989 waren die Dinge so weit gediehen, dass im gesamten Volksbuchhandel 15 Computer im Einsatz waren. Es handelte sich um acht Geräte der 16-Bit-Klasse und sieben der 8-Bit-Klasse, wovon eines nicht einsatzfähig war, weil kein Drucker beschafft werden konnte. Zum gleichen Zeitpunkt hatten im Unternehmen mit nahezu 6000 Beschäftigten 43 Mitarbeiter eine Qualifizierung für die Arbeit an Computerarbeitsplätzen abgeschlossen.

Die vorhandene Technik wurde bis dahin ausschließlich in Leitungen der Buchbetriebe stationiert, in denen Arbeitsgruppen den weiteren Einsatz vorbereiten sollten. Schließlich waren 21 Programme im stabilen Dauerbetrieb nutzbar, die jedoch Insellösungen darstellten, wie zum Beispiel die »Führung der Finanzrechnung« in Gera oder die »Bearbeitung von Umlagerungen« in Dresden.

Dem wichtigsten Thema, dem Komplex »Bestellwesen«, wendete sich mit einem weiteren 16-Bit-Rechner eine Arbeitsgruppe in Karl-Marx-Stadt zu, die in enger Zusammenarbeit mit dem LKG die prinzipielle Möglichkeit der Datenübernahme prüfte und auch bestätigte. Doch waren zu diesem Zeitpunkt die technischen Voraussetzungen für einen Dauerbetrieb noch nicht gegeben.

Die mangelhafte, schleppende Ausstattung mit der erforderlichen Technik war nicht das einzige Problem bei der EDV-Einführung. Banalitäten und Kuriositäten begleiteten den Weg. Selbst für das Papier in Form von Endlos-Vordrucken wurden Bilanzanteile benötigt, die aber nicht zur Verfügung gestellt wurden. So musste wieder das sattsam bekannte Beziehungsgeflecht aktiviert werden. Verantwortliche Leiter, die eigentlich an Problemlösungen arbeiteten, liefen wie frühere Markthelfer herum, um etwas zu beschaffen, höchste Leitungsebenen mussten sich mit Lappalien befassen, damit es überhaupt weiterging.

So bekam der EDV-Verantwortliche der Zentralen Leitung, Lothar Oehme, einen Hinweis zugespielt, der VEB Verkehrs- und Tiefbaukombinat Leipzig habe 5-fach-Rechnungsvordrucke am Lager, wie sie der Volksbuchhandel dringend benötigte. Hatte er auch und konnte sie nicht einmal verwenden! Und gab sie trotzdem nicht heraus, denn er betrachtete sie als Faustpfand, um an die eigentlich von ihm benötigten A 3 Endlosvordrucke zu gelangen. Oehme ließ also seinen Schreibtisch weiter allein, setzte die Fahndung fort und fand in seinem ehemaligen Unternehmen Chemieanlagenbau, was das Tiefbaukombinat so dringend suchte. Nun konnte der Ringtausch stattfinden: 5-fach-Vordrucke an den Volksbuchhandel, A 3 Endlosvordrucke ans Tiefbaukombinat – und an den Chemieanlagenbau nach bewährtem Muster eine gehörige Lieferung schwer erhältlicher Bücher. Bei anderem Zubehör lief der Coup ähnlich ab, nur die Partner änderten sich. Im Kampf mit derartigen Schwierigkeiten kamen selbst die besten Ideen nur langsam voran.

Als die Zeit des Volksbuchhandels zu Ende ging, gab es keine einzige Volksbuchhandlung, die über einen Computer verfügte. Es hätte ihr auch wenig genützt, denn eine Vernetzung mit Kooperationspartnern war ebenso nicht gegeben. Der Volksbuchhandel hatte den Anschluss verpasst, aber es hatte auch nicht in seiner Macht gelegen, das zu verhindern.

Eine Buchhandlung für Ulan Bator

Mit Ausnahme der auf Devisen orientierten Arbeit des Zentralantiquariats gab es internationale Beziehungen des Volksbuchhandels wie auch des Zwischenbuchhandels nur zum »sozialistischen Wirtschaftsgebiet«. Bei diesen Kontakten mit Buchhändlern aus den östlichen Ländern führten berufliche Achtung und aufrichtiges Interesse im Lauf der Jahre zu freundschaftlichen Beziehungen.

1973 wurde mit »Konferenzen der Buchhandelsorganisationen der sozialistischen Länder« eine internationale Veranstaltung auf dieser Ebene aus der Taufe gehoben. Die dem Rat für Gegenseitige Wirtschaftshilfe (RGW) angehörenden Länder strebten eine verstärkte Zusammenarbeit, eine »sozialistische ökonomische Integration« an. Da auch die ökonomischen Aspekte buchhändlerischer Arbeit Anfang der siebziger Jahre schon unbestritten waren, kam es auf Initiative des Ministeriums für Kultur der UdSSR 1973 zur ersten derartigen Konferenz in Moskau. Von da an fanden weitere acht Zusammenkünfte statt.

Vertreten war die jeweils obere Leitungsebene des Bucheinzelhandels, für die DDR nahmen an einigen Konferenzen der LKG sowie Vertreter des Zentralkomitees und der Hauptverwaltung teil. Nicht an allen Veranstaltungen waren alle Länder beteiligt, die Zahl der teilnehmenden Nationen schwankt zwischen sieben und zwölf, Rumänien war zumeist nur als Beobachter vertreten, ebenso Jugoslawien bei seinen wenigen Besuchen. Die Teilnahme von Verlagen war nicht vorgesehen. Folgende neun Konferenzen fanden statt:

Mai 1973 in Moskau
Juni 1975 in Leipzig
Juni 1977 in Warschau
Oktober 1979 in Sofia
September 1981 in Budapest
Oktober 1983 in Bratislava
März 1986 in Havanna
September 1987 in Ulan-Bator
September 1989 in Dubna (bei Moskau)

Zur zehnten Tagung, mit deren Durchführung für 1991 ursprünglich wieder die DDR beauftragt worden war, kam es nicht mehr.

Bei den Konferenzen verhandelte man zwar auf der Grundlage nahezu deckungsgleicher Leitungsstrukturen, doch in den inhaltlichen Fragen gingen die Ausgangspunk-

Konferenz der Buchorganisationen sozialistischer Länder, Bratislava, 1983

te und Meinungen oft weit auseinander. Ein im Gegensatz zur DDR oft völlig anderes Bestellsystem, die untergeordnete, meist unselbständige Stellung des Buchgroßhandels, das Fehlen eines privaten Buchhandels in den anderen Ländern (wie auch – mit Ausnahme von Polen – einer dem Börsenverein adäquaten Einrichtung) und andere Unterschiede ließen sich im jeweiligen Schlussdokument und erst recht in der Praxis nur schwer auf einen Nenner bringen.

Auch bei einem so wichtigen technologischen Problem wie dem freien Zugang des Kunden zur Ware legten viele Vertreter, namentlich der Sowjetunion, lange Zeit große Zurückhaltung an den Tag. Und schließlich blieb der stets angestrebte regere Literaturaustausch nicht zuletzt wegen der Sprachbarrieren auf die bereits erwähnten Internationalen Buchhandlungen beschränkt, wo er allerdings in guten Händen war.

Der Volksbuchhandel genoss in diesem Kreis ein besonderes Ansehen, was wohl in erster Linie damit zusammenhing, dass man im Bucheinzelhandel der DDR eine Bewahrung und Fortführung einer langen buchhändlerischen Tradition sah und anerkannte. Es entwickelten sich enge, auch sehr persönliche Beziehungen zwischen den Verantwortlichen, wobei sich die Kontakte nach Budapest, Bratislava und vor allem Warschau besonders herzlich gestalteten.

Die enge deutsch-polnische Zusammenarbeit brachte schließlich noch eine Besonderheit hervor, die erste gemeinsame Direktorentagung von Volksbuchhandel und »Dom Ksiaski«.

Die zweitägige Beratung fand im November 1975 in Frankfurt/Oder statt, Teilnehmer waren leitende Mitarbeiter aus den Zentralen in Warschau und Leipzig sowie alle Direktoren Polens und der DDR. Die Leitung hatten Hellmuth Fischer und Kazimierz Majerowicz. Auf dieser ersten von zwei gemeinsamen Tagungen ging es um Erfahrungen in der Leitung von Buchhandlungen, die Organisierung des

Buchvertriebs auf dem Land und – vor allem – um den Erfahrungsaustausch durch die Delegierung von Mitarbeitern. Es war der Programmpunkt, der später am konsequentesten verwirklicht wird, und das nicht nur in den deutsch-polnischen Beziehungen.

Als sich nach einer Pause von fast zwölf Jahren beide Buchhandelsorganisationen im September 1987 in Krakow erneut, nun unter der Leitung von Heinz Börner und Jan Migdalski, Vorsitzendem des Rates der polnischen Buchhandelsvereinigung, trafen, hatte sich der Austausch von Delegationen unter den Buchhandelsorganisationen inzwischen zu einer ebenso beliebten wie bewährten Praxis entwickelt.

In der Regel reisten zwei bis drei Vertreter des eingeladenen Buchhandels für vier bis sechs Tage in das Land des Gastgebers. Für die organisatorische Vorbereitung der Reise und das Programm war das Gastland verantwortlich, es trug auch die Kosten für An- und Abreise sowie den Aufenthalt.

Wenn an diesem Austausch etwas zu bemängeln ist, dann die Tatsache, dass er sich weitgehend auf die Mitarbeiter der Zentralen Leitung und die Direktoren beschränkt und die Ebene der Buchhandlungsleiter und Mitarbeiter kaum erreichte. Diese blieben dennoch nicht gänzlich ausgeschlossen: regelmäßig fanden sogenannte Auszeichnungsreisen verdienter Mitarbeiter auch zu weiter entfernten Zielen statt, so auf die Halbinsel Krim oder nach Bulgarien. Sie trugen, den Charakter von Bildungs- und Erholungsreisen, waren als Auszeichnung gedacht und wurden – bei Lohnfortzahlung – nicht auf den Urlaub angerechnet.

Schließlich besserten die internationalen Beziehungen noch das Angebot an Urlaubsplätzen auf. Die eigenen Kapazitäten des Volksbuchhandels waren mit vier Ferienheimen recht knapp bemessen, auch wenn sie sich durch Aufnahme in den Ferienverbund der HV Verlage und Buchhandel erweitert hatten. Durch den internationalen Austausch kamen nun Angebote am Balaton oder in der Hohen Tatra zustande.

Intensive und sehr konkrete Formen nahm die Zusammenarbeit mit dem mongolischen Buchhandel an. Dessen Chef Dagosorengin Gongor hatte an der Leipziger Karl-Marx-Universität studiert und sich in dieser Zeit auch in deutschen Buchhandlungen umgesehen. Er sprach sehr gut deutsch, alles beste Voraussetzungen für eine aufgeschlossene Zusammenarbeit.

Diese begann damit, dass Hauptdirektor Hellmuth Fischer 1978 für längere Zeit zwei buchhändlerische Experten nach Ulan-Bator delegierte. Es waren Jürgen Petry, Hauptabteilungsleiter der Zentralen Leitung, und Just Weiss, Abteilungsleiter für Literaturvertrieb und -propaganda im Bezirk Rostock, beide damals um die vierzig und ebenso erfahren wie aufgeschlossen für Neues.

Petry und Weiss analysierten die Leitungsorganisation, die Vertriebsgestaltung, die Struktur des buchhändlerischen Netzes, die Anwendung von geeigneter Technik und Technologie, machten den mongolischen Kollegen Vorschläge für die Verbesserung ihrer Arbeit, nicht ohne an Ort und Stelle die praktischen Bedingungen zu prüfen.

1981 übergab der Volksbuchhandel der DDR als Solidaritätsleistung eine komplette Buchhandlungseinrichtung samt Montage an Ulan-Bator.

Das blieb kein Einzelfall, 1983 errichtete der Volksbuchhandel für Kuba eine Buchhandlung in Havanna (La poesia moderna), der schon 1984 zwei in Vietnam (Ho-Chi-Minh-Stadt und Vinh) sowie eine weitere in der Mongolei folgten. Eine konkrete Hilfe dieser Art für Nicaragua scheiterte an fehlenden Devisen.

Die Produktion und Montage der Solidaritätsgeschenke lag in den Händen des VEB Raumkunst Mosel, dessen Chef Lothar Rauscher diese Aufträge zu seinem persönlichen Anliegen machte, wie er überhaupt an der Funktionalität und ästhetischen Gestaltung von Volksbuchhandlungen einen großen Anteil hatte.

Jürgen Petry hat später, nach der politischen Wende, als Geschäftsführer des LKG seinem Freund Gongor tatkräftige Unterstützung zukommen lassen. Auch haben etliche Buchhandelskollegen aus Ost und West in diesem fremden, fernen Land den Urlaub verbracht.

Wie tief diese Freundschaft geworden ist und wo sie ihre Wurzeln hatte, kann man in dem 1999 erschienenen Buch von Horst Peterson und Steffen Lehmann, »Die Jurte. Eine Reise ans Ende der Welt«, in anrührender Weise nachlesen.

Bei aller Herzlichkeit und Freundschaft, damit waren die internationalen Beziehungen des Volksbuchhandels erschöpft. Verbindungen zum übrigen deutschsprachigen Buchhandel, zu dem der westlichen Länder überhaupt, gab es nicht. Kein Sortimentsbuchhändler der DDR hat je in dienstlicher Mission eine Buchhandlung der BRD oder gar die Frankfurter Buchmesse besucht. Bis in die Leitungsspitze reichte dieses Embargo, lediglich Hauptdirektor Hellmuth Fischer war Anfang der siebziger Jahre ein einziges Mal Gast des DKP-Verlages gewesen.

Noch im Frühjahr 1989 geriet Hauptdirektor Heinz Börner in eine peinliche Situation, als er auf der Internationalen Buchausstellung (IBA) in Leipzig vom Frankfurter Buchmessechef Peter Weidhaas auf seinen Messebesuch angesprochen wurde. Nein, er sei als erster Mann des Volksbuchhandels noch nie auf der weltgrößten Buchmesse gewesen, nein, sein Vorgänger auch nicht, nein, es sei auch nicht damit zu rechnen.

Es blieb bis zuletzt bei der politisch verordneten Einseitigkeit der internationalen Beziehungen.

Jutta Rühl, Magdeburg

Von 1954 bis 1998 war ich im Buchhandel tätig und habe die politischen, ökonomischen und kulturellen Entwicklungen dieser Zeit miterlebt und aufmerksam verfolgt.

Während meines Studiums an der Fachschule für Buchhändler habe ich 1958 als Praktikant in der Keyserschen Buchhandlung in Erfurt gearbeitet, einer Buchhandlung, die gerade vom Volksbuchhandel übernommen worden war. 1991 wurde die Erich-Weinert-Buchhandlung Magdeburg, meine Arbeitsstätte, in Privatbesitz überführt. Ich habe also den Beginn und das Ende des Volksbuchhandels »hautnah« erlebt.

Auch wenn wir in der DDR einen sozialistischen Buchhandel aufbauen wollten und auch aufgebaut haben, waren die Wurzeln unseres Handelns im bürgerlichen Buchhandel zu suchen. Dabei waren wir angetreten, neue Leserschichten zu gewinnen. Wir wollten den politischen Anspruch unterstützen, heute sogenannte bildungsferne Schichten (Arbeiter und Bauern) an Fachliteratur und Belletristik heranzuführen. In diesem Sinne haben wir Literaturpropaganda betrieben, wollten auch das Leseverhalten beeinflussen, waren mit Verkaufsausstellungen und Lesungen in Betrieben und Institutionen tätig.

Wir haben geglaubt, den Leser beeinflussen zu können, und unseren Einfluss sicher überschätzt.

Der Buchhändler heute will nicht »ideologisch« wirken, ist aber trotzdem durch Sortimentsbildung und -präsentation nicht »ideolgiefrei«.

In den frühen Jahren nach der Wende konnten wir in einer vom Inhaber geführten Buchhandlung (in unserem Fall »Weinert« Magdeburg mit dem Österreicher Ernst Angerer) sowohl Erfahrungen einbringen als auch die neuen Bedingungen und Arbeitsweisen schnell kennenlernen und verinnerlichen. Im Rahmen der Firmenphilosophie (kein Extremismus/keine Pornographie) und unter Beachtung der Höhe der Warenbestände konnten die Buchhändler aus der Fülle des lieferbaren Angebotes ihre Sortimente bilden.

Spezialisierung und Nutzung der neuen technischen Möglichkeiten waren die Voraussetzung dafür, denn das für uns zunächst undurchschaubare Angebot erschloss sich uns durch computererfasste Bibliographien.

Angebote der Verlage und unsere Werbung wurden genauso über die EDV abgewickelt wie Kundenbestellungen und später die gesamte Warenwirtschaft.

All das war in Ansätzen und mit einfacheren Mitteln auch im DDR-Buchhandel möglich, und wir haben schnell gemerkt, dass die westdeutschen Kollegen unter ihren Bedingungen auch »nur mit Wasser gekocht« haben.

Heute wie damals müssen die ökonomischen Parameter stimmen, nur ist von dieser Frage heute die Existenz einer Buchhandlung abhängig, mehr als zu DDR-Zeiten.

Die schnelle Beschaffung von lieferbarer Literatur für Kunden hat uns natürlich fasziniert, wobei am Anfang meiner Buchhandelstätigkeit (Lieferzeit 14 Tage) ältere Kollegen berichteten, dass vor dem 2. Weltkrieg die Beschaffung innerhalb von zwei Tagen möglich war, während in den 80er Jahren der Kunde vier bis sechs Wochen warten musste.

Die Verlage haben versucht – auch mit Hilfe der Sortimente (Themenplanberatungen) – trotz aller Schwierigkeiten (Papiermangel, fehlende Druckkapazität u.ä.) ein niveauvolles Literaturangebot (Weltliteratur, Gegenwartsbelletristik, anspruchsvolle Kinderbücher, international anerkannte Fachliteratur) vorzulegen. Trotzdem gab es neben dem Mangel Überangebote und es wurde auch manches gedruckt, was nie gelesen worden ist, so dass abgeschrieben werden musste.

Trotzdem haben verantwortungsvolle Sortimenter das Vernichten neuer DDR-Verlagsproduktion 1990 als schmachvoll empfunden, wenn auch selten verhindert.

Als Sortimenter haben wir sowohl zu DDR-Zeiten als auch nach 1990 versucht, dem Ideal des bürgerlichen Buchhandels (sich um den Kunden bemühen, die »edle Ware lieben« und dabei möglichst gute ökonomische Ergebnisse erzielen) nahezukommen.

Bei allen Problemen vor und nach der Wende: Ich habe es nie bereut, dass ich den Beruf des Buchhändlers ergriffen habe.

August 2011

Autorenlesung mit Christoph Hein in der Erich-Weinert-Buchhandlung, 1985

Autorenstunde mit Erwin Strittmatter in Leipzig, 1982

Der private Buchhandel

Die Existenz von Volksbuchhandlungen und Privatbuch-
handlungen war für mehr als vierzig Jahre gesellschaftliche
Realität, obwohl es auch starke Bestrebungen gegeben hatte,
Letztere zurückzudrängen. Dietrich Löffler geht in seiner
Publikation »Buch und Lesen in der DDR« auf Ursachen
und Instrumentarien ein.

Der Privatbuchhandel hatte dennoch in der DDR nicht
nur schlechthin überlebt, er war eine feste Größe beim Literaturvertrieb im »Leseland«, neben dem Volksbuchhandel und anderen, die am Buchverkauf beteiligt waren. Dieses Nebeneinander vollzog sich weder in völliger Harmonie
(die abnahm, als der Mangel zunahm), noch als eine aufrei-
bende Dauerfehde.

Das ambivalente Verhältnis der Führung zum Privat-
buchhandel wie überhaupt zu privaten Bereichen der
Volkswirtschaft drückte sich darin aus, dass man ihn einerseits als »historisch überholt« ansah, andererseits aber seine
Fachkenntnisse und seine Versorgungsleistung schätzte.
Man begegnete dieser Problematik zu unterschiedlichen
Zeiten auf ganz unterschiedliche Weise, von rigorosen Be-
hinderungen bis zu sehr subtiler Förderung. Stets gleich
blieb – und das nicht nur im Buchhandel – die Praxis, eine
Weitergabe privater Unternehmen an die nächste Generati-
on oder in andere private Hände zu unterbinden oder zumindest erheblich zu erschweren.

Der Volksbuchhandel trat nach 1945 unter veränderten
gesellschaftlichen Bedingungen auf den Plan (so wie er
1990 unter entsprechend veränderten Bedingungen wieder
verschwand). Als Mitbewerber, wie man heute gern sagt,
sollte er eine bedeutende Rolle spielen. Das tat er, mit staatlicher Unterstützung. Zu seinem Programm gehörte aber
nicht, der Totengräber des privaten Buchhandels zu sein,
wie es auch nicht seine erklärte Aufgabe war, Privatbuch-

handlungen in Volksbuchhandlungen zu verwandeln. Wo solches, weit weniger als angenommen, geschah, muss man die Umstände genau prüfen und wird dabei wohl nur sehr selten eine aggressive Haltung des Volksbuchhandels feststellen können. Im Jahr 1953, das in der Historie der DDR eher nicht für ein besonders tolerantes Verhältnis zum Privateigentum steht, gründete der Volksbuchhandel 174 Buchhandlungen, davon allein 30 im Bezirk Leipzig. Fünf dieser 30 Volksbuchhandlungen waren ehemalige private Sortimente, deren Eigentümerstatus aus folgenden Gründen wechselte: Die Besitzer der Hinrich'schen und der Köß-ling'schen Buchhandlung hatten die DDR verlassen, die Buchhandlungen Graupner (Leisnig) und Biedermann (Eilenburg) wurden von ihren ehemaligen Inhabern selbst als Volksbuchhandlungen weitergeführt und die Buchhandlung Lorenz (Mügeln) schloss aus Altersgründen. In diesem Fall leitete die Tochter der Inhaber fortan die Volksbuchhandlung bis 1983.

Im Bezirk Halle verzichtete der Volksbuchhandel zu Gunsten privater Sortimenter in Ammendorf (Buchhandlung Kopp) und Piesteritz (Buchhandlung Schulz) auf Volksbuchhandlungen.

Man darf trotzdem nicht vergessen, dass den Privaten oft genug ein scharfer Wind ins Gesicht blies, und mancher, der über Nacht sein Hab und Gut scheinbar verantwortungslos im Stich ließ, tat das in höchster Bedrängnis. Besonders anfangs übten die parteilichen und staatlichen Machtorgane starken Druck aus, indem sie finanzielle Zwänge schufen oder ideologische Vorurteile schürten. Auf die Problematik antiquarischer Bücher wurde schon hingewiesen. Viele private Buchhändler boten durch die Kombination ihres Sortiments mit dem Antiquariat eine offene Flanke für derartige Angriffe. Nach den Währungsreformen von 1948 waren »Devisenvergehen« das Pulver auf der Pfanne. Wo es solche Vergehen gab, waren sie zu bestrafen, doch als latente Drohgebärde den privaten Buchhändlern gegenüber zielten sie durchaus auf den Verlust der Existenz.

Im erwähnten programmatischen Artikel im Börsenblatt vom 24. September 1949 wurde dagegen ausdrücklich die Zusammenarbeit zwischen Volks- und Privatbuchhandel als erstrebenswert bezeichnet. Auch Erich Heß hat diesen Gedanken mehrfach geäußert, ob aus Überzeugung oder aus taktischen Gründen sei dahingestellt. Die Beratungen der Ländergesellschaften sind Beleg für den Willen zur Zusammenarbeit, allerdings repräsentieren sie zu dieser Zeit eben nicht die von Partei- und Staatsführung vorgegebene Linie. Die verschärfte sich noch nach der II. Parteikonferenz der SED 1952 mit dem Beschluss über den Aufbau der Grundlagen des Sozialismus und milderte sich kurzzeitig nach dem Schock des 17. Juni 1953. Danach bestimmten jedoch wieder Drangsalierungen der Privaten das politische Fahrwasser, in das jetzt auch leitende Mitarbeiter des Volksbuchhandels gerieten. Der Leiter der Zentralen Verwaltung, Fritz Brilla, hatte solches Verhalten kritisiert und korrigiert, indem er unmissverständlich dazu aufforderte, unter allen am Buchvertrieb Beteiligten ein vernünftiges und kollegiales Verhältnis zu schaffen. Als seine bald erfolgte Ablösung vorbereitet wurde, lag diese Haltung ganz sicher nicht zu seinen Gunsten auf der Waagschale, gleichwohl trug sie zur Entspannung bei.

Die Jahre seit der Gründung des Zentralen Leitung sind dann tatsächlich von einem normalen Verhältnis des Volksbuchhandels zu den Privaten gekennzeichnet, in dem sich auch viele Beispiele eines kollegialen, von gegenseitiger Achtung geprägtem Nebeneinander, manchmal sogar Miteinander finden lassen. Hierzu hat auch die Rolle des Börsenvereins Leipzig als Dachverband der Verleger und Buchhändler aller Eigentumsformen ganz wesentlich beigetragen. Ein Beispiel dafür ist etwa die schulische Berufsausbildung, an der private wie Volksbuchhändler in gemeinsamen Klassen teilnahmen.

Auch in Prüfungskommissionen waren Privatbuchhändler über Jahre regelmäßig vertreten, wo sie keineswegs nur als Quotenbringer dienten. So wirkte in Dresden die Kollegin Brusdailins von der bekannten Buchhandlung Bertl Hofmann zusammen mit Volksbuchhändlern, und vor den Prüfungsfragen des Prokuristen Bock der Leipziger Buchhandlung Franz Otto Genth zitterten private Lehrlinge ebenso wie die des Volksbuchhandels.

In anderer Form wirkte der Inhaber einer privaten Musikalienhandlung in Halle, Herr Rammelt, der mit seinem Wissen und seiner langjährigen Erfahrung so manchem Mitarbeiter im Musikalienbereich des Volksbuchhandels zu mehr Kenntnissen verhalf und dafür hoch geachtet wurde.

Aus Halle ist ein Fall verbürgt, in dem eine Privatbuchhandlung bei Aufkäufen verlagsneuer teurer Kunstbände Verdacht schöpfte und sich mit der unweit befindlichen Volksbuchhandlung in Verbindung setzte. Tatsächlich konnte nachgewiesen werden, dass die Bücher dort gestohlen worden waren, die Diebin konnte dingfest gemacht und ihr weitere Straftaten nachgewiesen werden. Hier stand das Berufsethos über dem Eigentümerstatus.

Allein schon die langjährige Tradition mancher Privatbuchhandlungen verschaffte ihnen bei vielen Volksbuchhändlern Achtung, und sie empfahlen etwa bei bekannter Spezialisierung dem Kunden diese Privatbuchhandlung auch. Es darf angenommen werden, dass es auch die entsprechende Information in die umgekehrte Richtung gegeben hat.

Derartig angesehene Vertreter ihrer Zunft waren unter vielen anderen die Evangelische Dom-Buchhandlung Martin Holtermann in Magdeburg, Jüttners Buchhandlung Rainer Schulze in Wernigerode und die Peterknecht GmbH & Co KG Kurt Peterknecht am Erfurter Anger.

Auf der anderen Seite darf auch nicht übersehen werden, dass bei weitem nicht alle der als privat ausgewiesenen Sortimente Vollbuchhandlungen gewesen sind, und selbst diese waren oft sehr klein. Im Jahr 1962 zum Beispiel weist der LKG über 1000 Privatbuchhandlungen als Bezieher aus. Nur 447 davon waren Vollbuchhandlungen, von denen 338 weniger als einhunderttausend Mark Umsatz erzielten, was selbst bei den damaligen DDR-Buchpreisen eher gering war.

Hier lag auch der Ansatz für eine neue Politik, die auf den gesamten Handel, nicht nur den Buchhandel gerichtet war, den Abschluss von Kommissionshandelsverträgen, wie sie seit den sechziger Jahren mehr und mehr Verbreitung fanden. Ganz zweifellos war es das strategische Ziel dieser Politik, die Objekte allmählich in Volkseigentum überzuleiten.

Vorläufig aber war es für die wirtschaftlich schwachen Privatbuchhändler eine Möglichkeit, ihr Risiko zu mindern, Herr im eigenen Haus zu bleiben und nur einen sehr geringen Teil ihrer Selbständigkeit zu verlieren. Für die wirtschaftlich Stärkeren aber wäre der Status der Kommissionsbuchhandlung ein Kainsmal gewesen, das sie nicht tragen wollten. Leider hat es für viele Kommissionsbuchhändler auch einen Achtungsverlust in den Augen ihrer »ehemaligen« Kollegen gegeben.

Das Bemühen des Volksbuchhandels um den Abschluss derartiger Verträge mag unterschiedlich gewesen sein, die Entscheidung der so umworbenen Buchhandlungen blieb immer eigenständig. Irgendeine Vorgabe oder Plangröße zum Abschluss von Verträgen hat es nicht gegeben, es sind auch keine Fälle bekannt, in denen Druck oder gar Zwang ausgeübt worden wäre. Oft blitzten auch die »Anwerber« einfach ab.

Rainer Schulze von der Jüttners Buchhandlung in Wernigerode berichtete darüber 2002 auf einer Konferenz im Haus des Buches Leipzig in aller Gelassenheit: »Immer wieder einmal versuchte man in den sechziger Jahren, meinen Vater zum Abschluss eines Kommissionsvertrages zu bewegen, doch blieben die – zugegeben – freundlichen

Angebote des Magdeburger Volksbuchhandels stets unbeantwortet.«

Das Adressbuch des Volksbuchhandels, Jahrgang 1988, weist insgesamt 63 Kommissionsbuchhandlungen aus, mit elf die meisten im Bezirk Halle, während Schwerin und Frankfurt/Oder zu diesem Zeitpunkt überhaupt keine derartigen Objekte verzeichnen.

Schließlich liefern sogar Dokumente des Volksbuchhandels, so aus den Jahren 1961, 1965, 1972 und noch 1987, Hinweise zur konstruktiven Zusammenarbeit mit dem privaten Sortiment.

Beginnend in den siebziger Jahren trübte sich das Bild leider wieder, und das mit zunehmender Tendenz. Grund war diesmal nicht eine neue politische Linie, sondern die immer prekärere Lage bei der Bereitstellung von Büchern im »Leseland«. Volksbuchhandel wie Private litten darunter. Auf die Problematik der Kürzungen ist an anderer Stelle eingegangen worden, und sowohl der Volksbuchhandel als auch der private gehörten zu den gekürzten Beziehern, obwohl der Privatbuchhandel hier immer eine ganz besondere Benachteiligung reklamierte, was so nicht den Tatsachen entspricht, die freilich insgesamt für ein selbsternanntes Leseland nicht eben schmeichelhaft waren.

Die letzten 500 Tage des Volksbuchhandels

Zunächst schien alles zu beginnen wie immer. Für den Volksbuchhandel sah der Plan des Jahres 1989 vor, dass es mit einem Umsatz von nahezu 870 Millionen Mark sein bisher erfolgreichstes sein würde. Wirtschaftlich wurde dieses Ziel dann auch erreicht.

Aber kein Volksbuchhändler ahnte wohl zu Jahresbeginn, dass soeben das letzte Geschäftsjahr für das sozialistische Buchhandelsunternehmen begonnen hatte und das Jahr darauf für viele von ihnen den letzten Tag als Buchhändler, wenn nicht gar ihres gesamten Arbeitslebens bereithalten würde.

In seinem Buch »Umgestaltung und neues Denken für unser Land und für die ganze Welt«, 1988 im SED-eigenen Dietz Verlag erschienen, schätzte Michail Gorbatschow ein: »Unsere Gesellschaft war reif für Veränderungen … Wäre die Umgestaltung hinausgezögert worden, so hätte dies schon in allernächster Zeit eine Zuspitzung der Situation im Inneren bewirken können, die … die Gefahr einer ernsten wirtschaftlichen, sozialen und politischen Krise in sich barg.«

Die DDR-Führung betrachtete die Reformbestrebungen in der Sowjetunion mit besorgter Aufmerksamkeit und versuchte sie in der Öffentlichkeit herunterzuspielen. In der Bevölkerung dagegen stießen die neuen Überlegungen auf starke Sympathien und weckten Hoffnung und Zuversicht. Noch glaubten viele an mögliche Verbesserungen des sozialistischen Systems und versuchten zu handeln.

Die Hauptverwaltung Verlage und Buchhandel hatte bereits ab Ende 1988 darauf verzichtet, dass Manuskripte zur Erteilung der Druckgenehmigung bei ihr eingereicht werden mussten; bei der langen Vorgeschichte lückenloser Kontrolle von Druckerzeugnissen ein unerhörter Vorgang.

1989 eskalierten die Ereignisse, die DDR-Führung kriminalisierte jeden Versuch, die Verhältnisse zu ändern. Die Fälschung der Kommunalwahl vom Mai 1989, bei der die SED-Führung eine Mehrheit von 90 Prozent für unerträglich hielt, war eine Ohrfeige für das Volk. Die Fluchtwelle stieg an.

Was für ein Scheitern der »Einheit von Wirtschafts- und Sozialpolitik«, in der nicht einmal mehr billige Grundnahrungsmittel, niedrige Mieten und sichere Arbeitsplätze die Defizite im gesellschaftlichen Leben ausgleichen konnten und den Menschen Vertrauen in die Politik der SED zu geben vermochten.

Im Volksbuchhandel blieb die Lage trotz der schon länger anhaltenden Schwierigkeiten zunächst noch relativ stabil. Zwar war die Kritik an der Bereitstellung von Literatur, an den gekürzten Belieferungen, an den Arbeitsbedingungen und der technischen Ausstattung schon seit geraumer Zeit immer lauter geworden, aber noch glaubte man an Möglichkeiten der Veränderung, an den Erfolg gemeinsamer Anstrengungen und vertraute den Strukturen.

Im dritten Quartal 1989 destabilisierte sich die innenpolitische Lage der DDR immer mehr. Im Volksbuchhandel erhöhte sich die Zahl die Anträge an die staatlichen Organe auf »ständige Ausreise aus der DDR« drastisch, parallel dazu kam es zu Parteiaustritten. In den betrieblichen und gewerkschaftlichen Zusammenkünften wurden die Auseinandersetzungen heftiger, Schärfe und Härte nahmen zu. Zu viele ungelöste Probleme hatten sich aufgestaut. Noch waren die staatlichen Leiter die Adressaten, doch die Forderungen, die Leitung möge sich für die berechtigten Anliegen der Belegschaft so einsetzen, dass den Versprechungen auch Taten folgten, wurden drängender. Die Mitarbeiter verlangten schließlich weder Gehaltserhöhungen noch Arbeitszeitverkürzungen, sie wollten lediglich Bedingungen, die es ihnen ermöglichten, ihre Arbeit ordentlich zu machen.

Vieles, was bisher nur hinter vorgehaltener Hand diskutiert worden war, kam jetzt auf den Tisch. Brauchen wir noch diesen dirigistischen Zentralismus, brauchen wir noch eine Hauptdirektion und darüber eine Hauptverwaltung und über beiden noch die Partei?

Im Oktober/November 1989 entstanden Papiere und Konzeptionen über nötige Veränderungen.

Auf der Direktorentagung in Leipzig vom 7. und 8. November 1989, also noch nicht beeinflusst vom unvorhergesehenen Mauerfall am folgenden Abend, lauteten die hauptsächlichen Forderungen:

– Maßnahmen für eine bedarfsgerechte Buchproduktion

nach Titel und Auflagenhöhe bei erweiterter und stärker an den Kundenwünschen orientierter Thematik

– sogenannte Blockierungen nur noch bei berechtigten Anlässen sowie deren rechtzeitige Auflösung und Auslieferung an Buchhandlungen aller Eigentumsformen

– Prüfung der Bestandstitel aller Verlage auf Aktualität und Verkaufbarkeit (Schwerpunkt in der Diskussion sind der Dietz Verlag, der Staatsverlag, der Verlag Volk & Wissen sowie der Akademie Verlag. Es sind die Verlage, von denen Bestände wie Blei liegen; der LKG kündigt ihnen Anfang 1990 die Auslieferungsverträge)

– drastische Reduzierung der Auflagenhöhen an Parteiliteratur der SED (der Volksbuchhandel litt nicht nur unter entsprechenden Überbeständen, sondern auch unter der mangelhaften Zahlungsmoral der Grundorganisationen, die nicht gemahnt werden durften!)

– Prüfung und Abschaffung der administrativen Einteilung in »gekürzte« und »ungekürzte« Bezieher

– Veränderung und Neubestimmung der Transportwege vom LKG zum Volksbuchhandel

– Verbesserung der Kooperation mit LKG, insbesondere zeitgleiche Auslieferung der Titel, Verkürzung der Lieferzeiten, termingerechte Bearbeitung von Reklamationen (die Volksbuchhändler formulierten ihre berechtigten Forderungen, wohl wissend, welch katastrophale Zustände den LKG an einer besseren Arbeit hinderten)

– drastische Senkung der »unterwegs befindlichen Ware« (Ware, die in den monatlichen Sammelrechnungen berechnet auftauchte, aber die Buchhandlung noch nicht erreicht hatte und somit nicht umsatzwirksam war)

– Abschluss eines neuen Rahmenauslieferungsvertrages zwischen LKG und Volksbuchhandel

– Genaue Aufarbeitung und kritische Prüfung der Kompetenzen, Zuständigkeiten und Verantwortlichkeiten der verschiedenen Leitungsstufen: Hauptverwaltung, Hauptdirektion, Leitungen der Buchbetriebe, Buchhandlungsleiter

(wohinter sich – noch nicht deutlich ausgesprochen – die Frage nach Existenzberechtigung und Effizienz derart vieler Leitungsstufen verbarg)

– Schaffung von gleichwertigen Bedingungen für den devisenbringenden Export in die Länder des nichtsozialistischen Wirtschaftsgebietes; Aufhebung der bisherigen, sich ständig verschärfenden Benachteiligungen

– Analyse und Bereinigung der Nebenvertriebsstellen des Volksbuchhandels wie Agenturen und Vertriebsmitarbeiter (Mit seinem komplexen Handelsnetz hatte der Volksbuchhandel bereits seit längerem die Rolle des Gesellschaftlichen Literaturvertriebs zurückgedrängt. Nun wurde erstmals offiziell darüber diskutiert, dass man angesichts des Mangels auf dem Buchmarkt nicht Nebenstellen auf Kosten der Buchhandlungen fördern und das auch noch zur wirksamen Literaturpropaganda erklären konnte.)

– realistische literaturpropagandistische Arbeit der Medien (für die Literatur hieße das etwa, Werke nicht mehr nach ihrer Thematik, sondern ihrem literarischen Wert zu beurteilen, oder nicht das Leseland pauschal zu feiern, Mängel aber zu verschweigen)

– Bereitstellung von materiellen, technischen und finanziellen Fonds zur Verbesserung von Arbeitsbedingungen und Arbeitsproduktivität (zu den aufgezählten, auf allen Gebieten eingetretenen Rückstände, gehörten Bauanteile, Kassen- und Hebetechnik, die ungenügende Infrastruktur zur Kommunikation, Werbetechnik, Abrechnungstechnik. Spezieller Schwerpunkt war der immense Rückstand bei EDV-Soft- und Hardware.)

– wirksame Entwicklung des Netzes von Buchhandlungen aller Eigentumsformen

Die Diskussion belegte, dass man von einer Verbesserung der Bedingungen, von mehr Demokratie und Transparenz, nicht aber von einer völligen Zerschlagung aller bisherigen Strukturen ausging.

Diese Denkweise hatte auch die Großdemonstration vom 4. November 1989 auf dem Berliner Alexanderplatz bestimmt, ähnlich äußerte sich die Schriftstellerin Christa Wolf am 8. November in der »Aktuellen Kamera«. Am 26. November 1989 – nun bei schon offener Grenze – erging schließlich der Aufruf DDR-Prominenter »Für unser Land«, sich für die Stabilisierung und Eigenständigkeit der DDR einzusetzen. Es mehrten sich Stimmen, die keine bessere, sondern überhaupt keine DDR mehr wollten.

Zur selben Zeit, Ende November 1989, suchten erste westliche Unternehmen Kontakt zum DDR-Buchhandel. Zunächst hielten sich Gondrom und Montanus sogar noch korrekt an den Dienstweg, indem sie sich schriftlich an die HV Verlage und Buchhandel wandten, die ihre Schreiben ebenso korrekt an die Hauptdirektion des Volksbuchhandels weiterleitete. Zu Gesprächen kam es aber erst Ende März 1990 in Bindlach und Hagen, als sich die Situation schon wieder erheblich verändert hatte.

Andere gingen gleich den direkten Weg, wie der Rowohlt Verlag Reinbek bei Hamburg, der Verbindungen mit Buchhandlungen in den nördlichen Bezirken herstellte und sie zu Besuchen einlud.

In den ersten Tagen des Jahres 1990 beschleunigte sich das Tempo der Veränderungen noch einmal drastisch. Die ganze Widersprüchlichkeit der Entwicklung zeigte sich an zwei Äußerungen. Während am 14. Januar 1990 der CDU-Vorsitzende (Ost) Lothar de Maizière eine Auflockerung der Planwirtschaft mit Marktanteilen strikt ablehnte, teilte drei Tage später Regierungssprecher Hans Klein auf der Bundespressekonferenz mit, dass der Prozess zum Abschluss einer Vertragsgemeinschaft DDR/BRD gut vorankomme.

Während noch kontrovers darüber diskutiert wurde, ob die SED mit ihrem Beschluss vom 21. Januar, sich nicht aufzulösen, sondern zu reformieren ihrer historischen Verantwortung gerecht würde, lenkte Ministerpräsident Hans Modrow am 1. Februar sämtliche Aufmerksamkeit auf ein neues Thema, indem er sich für ein »Deutschland einig Vaterland« aussprach.

Einige Tage darauf äußerte in Moskau Michail Gorbatschow, es sei »die Sache der Deutschen, Zeitpunkt und Weg der Einigung selbst zu bestimmen«.

Die gesellschaftlichen Ereignisse widerspiegelten sich auch in der weiteren Entwicklung des Volksbuchhandels, die nun mehr und mehr zu einer Abwicklung wurde. Zweifel und steigende Ängste um die weitere Beschäftigung, von Spekulationen und oft falschen Hoffnungen begleitete Ungewissheiten über die Entwicklung in Verbindung mit widersprüchlichen Darstellungen der Medien beeinflussten die Arbeit. Nun begannen sich die bisher gültigen Strukturen und Hierarchien aufzulösen. Viele kündigten der jeweils höheren Leitungsebene jetzt das Vertrauen, hatten aber kaum gelernt, selbständig zu handeln. Sie waren für die Erfüllung von Kennziffern verantwortlich gewesen und hatten diese Verantwortung ernst genommen, wussten aber nicht, was das Risiko wirtschaftlichen Erfolges oder Misserfolges in einer Marktwirtschaft für sie persönlich und für die anvertrauten Mitarbeiter bedeuten würde.

Am 10. Januar 1990 musste Hauptdirektor Heinz Börner auf einer Krisensitzung in der Hauptdirektion des Volksbuchhandels einräumen, dass ihm die Kontrolle über einen Teil der Volksbuchhandlungen verloren gegangen sei.

Zu diesem Zeitpunkt hatten Mitarbeiter ihrerseits bereits die Arbeit einzelner Direktoren infrage gestellt. Der Direktor von Cottbus, Günter Holitzschke, bot daraufhin seinen Rücktritt an und machte den Weg frei für seinen Nachfolger Roland Quos. Damit gelangte einer der fähigsten Mitarbeiter, die der Volksbuchhandel hervor gebracht hat, endlich auf den Platz, der seinen Fähigkeiten entsprach. Quos war ein umfassend ausgebildeter Buchhändler, der vor allem das kaufmännische Instrumentarium glänzend beherrschte. Zu seinen Prinzipien gehörte es, sich weit über

seinen Arbeitsbereich hinaus einzubringen. So hinterließ er
seine Spuren von der Verkaufskultur über die Investitions-
tätigkeit bis hin zur Lehrausbildung. Dass er nicht früher
Direktor geworden war, lag einzig und allein daran, dass er
nicht Mitglied der SED war und es auch nicht werden wollte. Damit befand er sich außerhalb des geschlossenen Lei-
tungssystems der Partei und kam als Direktor eines sozialistischen Buchhandelsbetriebs nicht infrage. Es gehörte zur
gesellschaftlichen Krise der DDR, mit derartigen Praktiken
bis zuletzt ihre eigenen Möglichkeiten verkannt und geschwächt zu haben. Als Quos dann, mit dem vollen Vertrauen seiner Mitarbeiter ausgestattet, schließlich doch ins
Amt gelangte, kam er gerade noch rechtzeitig, um in seinem Bezirk Cottbus einen einigermaßen geordneten Übergang von Objekten und Mitarbeitern in die Marktwirtschaft sichern zu helfen.

Auf den inzwischen häufiger stattfindenden Direktorentagungen, auf Beratungen, ja selbst in bilateralen Gesprächen traten an die Stelle von Argumenten nun zunehmend
Vorwürfe und Anschuldigungen. Misstrauen löste Jahre,
Jahrzehnte während Zusammenarbeit ab.

Parallel dazu machte sich der wachsende Einfluss des
Westens bemerkbar. Auch im Volksbuchhandel tauchten
immer öfter Gesprächspartner auf, Zwischenbuchhändler
sahen neue Märkte, Verlage Absatzmöglichkeiten für ihre
aktuellen, vor allem aber auch für ihre älteren Bestände,
Sortimenter sondierten die Bedingungen für Zusammenarbeit und die Übernahme oder Neugründung von Buchhandlungen, manche prüften auch die Chancen für Restitutionsansprüche. Der Begriff Joint-Venture machte die
Runde.

Die wichtigsten Ereignisse von 1990 im zerfallenden Volksbuchhandel lassen sich mit den folgenden Daten markie-
ren:

Noch am 25. Januar gibt die Hauptdirektion eine Orientierung über die weitere Entwicklung der Betriebe des Volksbuchhandels und beruft sich dabei auf die Ergebnisse der Direktorentagungen vom 7./8. November 1989 und vom 15. Januar 1990.

Am 8. und 9. Februar fällt eine erste Entscheidung. Die HV, inzwischen in Gestalt der Hauptabteilung Verlage und Buchhandelsökonomie, Abteilung Handel und Marketing (von Literaturpropaganda ist keine Rede mehr) konsultiert sich in Leipzig mit dem LKG (Jürgen Petry), Volksbuchhandel (Heinz Börner) und Buchexport (Norbert Mahn). Die Leitung hat Dieter Lange vom Ministerium für Kultur, Thema: »Wie soll es weitergehen?« Die besten Karten hat der LKG. Für ihn gibt es bereits seit November schriftliche und seit Januar persönliche Verbindungen zum Zwischenbuchhändler Koch, Neff & Oetinger in Stuttgart. Dessen Chef Jürgen Voerster, Sohn des 1950 in Leipzig enteigneten Koehler & Volckmar-Chefs Karl Voerster, sieht Möglichkeiten, unter Verzicht auf eigene Restitutionsansprüche dem LKG Hilfe zur Selbsthilfe zu geben und hält Wort.

Weit weniger hoffnungsvoll sieht es für den Volksbuchhandel aus. Die Noch-Hauptverwaltung orientiert darauf, die Bezirksbetriebe in Buchhandels-GmbH umzuwandeln, die Hauptdirektion jedoch aufzulösen. Der Buchexport soll ebenfalls seine Arbeit als GmbH fortsetzen. (Die Entscheidung zur Einführung der D-Mark, die seine Rolle praktisch aufhebt, ist zu dieser Zeit noch nicht gefallen).

Am 1. März ergeht die Verordnung des Ministerrates der DDR zur Umwandlung von volkseigenen Betrieben, Kombinaten und Einrichtungen in Kapitalgesellschaften.

Ebenfalls vom 1. März datiert ein »Beschluss des Ministerrates zur Gründung der Anstalt zur treuhänderischen Verwaltung des Volkseigentums«. Entsprechend erteilt der Hauptdirektor am 13. März die Zustimmung an alle Direktoren, bei der Vorbereitung und Gründung von GmbH eigenverantwortlich zu handeln. Da haben allerdings einige schon im rechtsfreien Raum begonnen, ihr eigenes Süppchen zu kochen, wenn auch oft nur als Beiköche westlicher Partner.

Mit Wirkung vom 1. Juli 1990 sind aus allen Buchbetrieben des Volksbuchhandels Kapitalgesellschaften entstanden, aus der ehemaligen Berliner Buchhandelsgesellschaft sogar zwei. Gut drei Viertel dieser GmbH werden von Chefs geleitet, die zu Beginn des Jahres 1990 als Direktoren im Amt waren. Hauptprobleme der Gesellschaften mit ihren teils klangvollen Namen (Kurmärkische Buchhandelsgesellschaft mbH Potsdam) sind chronischer Kapitalmangel sowie die Privatisierungsbemühungen einzelner Buchhändler und Kaufinteressenten, mitunter auch Restitutionsansprüche Dritter. Die wenigsten dieser direkten Nachfolger des Volksbuchhandels überleben das Jahr 1991, heute sind ihre Namen vergessen. Die länger existierten, schafften das mit westlichen Käufern oder Beteiligungen wie die »Zentralantiquariat Leipzig GmbH«, in der lange Jahre der ehemalige Volksbuchhändler Hans-Rainer Arnold als Geschäftsführer arbeitet, oder die »Buchhandelsgesellschaft Buch und Kunst mbH Dresden«. Hier führte der vormalige Direktor Siegfried Förster zunächst mit Georg Thaler, Gesellschafter des Käufers Thurn und Taxis Beteiligungsgesellschaft (TTB), die Geschäfte, wird jedoch schon bald von einem Geschäftsführer des neuen Eigentümers abgelöst.

Diese GmbH erregte viel Aufsehen, weil hier sehr zeitig und zum ersten, allerdings einzigen Mal ein kompletter Bezirksbetrieb des Volksbuchhandels an einen Käufer veräußert wurde. Das sicherte zunächst Arbeitsplätze, nahm aber auch den ehemaligen Leitern und ihren Mitarbeitern jede Möglichkeit, sich selbst an der Privatisierung des Volkseigentums, das schließlich ihre Arbeitsleistung enthielt, zu beteiligen. Nicht das war jedoch der Grund, der den Börsenverein Frankfurt veranlasste, nach Bekanntwerden dieses Verkauf sehr scharf zu reagieren. Er vermutete vielmehr, dass hier monopolistische Gliederungen entstehen sollten und sah mittelständische Strukturen in Gefahr. Heute, angesichts der marktbeherrschenden Stellung großer Buchhandelsketten, wirken diese Bedenken geradezu absurd! Offenbar war der Protest nur politisches Tagesgeschäft, denn später interessierte sich kaum jemand dafür, dass Buch und Kunst, nachdem man selbst fleißig expandiert hatte, schließlich vom noch größeren Filialisten Thalia geschluckt wurde.

Am 18. März siegt bei den Volkskammerwahlen in der DDR die »Allianz für Deutschland«, womit die eingeschlagene Richtung auf staatliche Einheit und baldige Einführung der D-Mark bestätigt und untermauert wird. Die neugewählte Volkskammer konstituiert sich am 12. April, bis dahin bleibt die SED-PDS-Regierung unter Hans Modrow im Amt.

Zu dieser Zeit – und von da an wiederholt – wendet sich Hauptdirektor Heinz Börner an die Nachfolger der HV im Ministerium für Kultur und weist auf die Dringlichkeit der Bereinigung der im Volksbuchhandel nicht mehr verkaufbaren Bestände hin. Das war bei allen Umwälzungen keineswegs ein Randproblem, denn diese Bestände stellten beim Verkauf von Volksbuchhandlungen ein schweres Hindernis und für den Weiterbetrieb eine ruinöse Hypothek dar. Seit Öffnung der Grenze fließen in die DDR-Buchhandlungen (auch ohne D-Mark) Unmassen von Druckerzeugnissen, werden dort begierig aufgenommen und drängen die DDR-Verlagsproduktion aus den Regalen in die Keller. Inhalt, Qualität, Verlag, Erscheinungsjahr, selbst der Preis, egal, »Hauptsache aus dem Westen«, lautet bei Kunden, aber auch Buchhändlern offensichtlich die Devise. Für die DDR-Literatur spielen die gleichen Kriterien nun keine Rolle mehr, allein ihre Ost-Herkunft macht sie in Bausch und Bogen unverkäuflich. Die Buchhändler bestellen ab und remittieren große Mengen, auch Bücher, deren Mangel sie noch vor kurzem beklagt hatten. Damit gefährden sie ernsthaft den mühsamen Neustart des LKG, in dem sie

Hauptschuldigen für ihre Misere sehen. Trotzdem verbleiben in den Volksbuchhandlungen noch zahlreiche stark risikobehaftete Bestände und verlangen nach einer Lösung. Schließlich kommt es im ersten Halbjahr 1990 zu Ausbuchungen in einer Gesamthöhe rund 70 Millionen DDR-Mark. Das entspricht etwa 40 Prozent aller seit Gründung der Zentralen Verwaltung im Jahr 1954 ausgebuchten Bestände.

Ab April scheint immer mehr eine Mentalität des »Rette sich, wer kann« um sich zu greifen. Die Direktoren gehen mit ihrer neuen Verantwortung sehr unterschiedlich um. Manche erhalten gar keine Gelegenheit mehr dazu, andere sind allzu schnell bereit, sich westlichen Partnern unterzuordnen oder sie gehen – halb freiwillig, halb gedrängt – in den Vorruhestand, eine Möglichkeit, welche die meisten ihrer Mitarbeiter nicht haben. Einige, wie der Suhler Direktor Fritz Waniek, kämpfen mit der Treuhand um die Privatisierung und den Erhalt ihrer Buchhandlungen, um Arbeitsplätze für möglichst viele der bisherigen Mitarbeiter zu sichern. Fritz Waniek, zur Wende gerade 50 geworden, ist schließlich der einzige der ehemaligen Direktoren, der sich wirtschaftlich selbständig machen kann. Er verschuldete sich, kaufte das »Haus des Buches« in Suhl, führte es als Inhaber und Geschäftsführer bis zu seinem Eintritt ins Rentenalter und übergab es dann an seine Söhne, die es bis heute bewirtschaften.

In der Hauptdirektion stand im Grunde bereits im Februar fest, dass es für die oberste Leitungsebene des Volksbuchhandels keine Perspektive gab, die Zeit einer staatlichen zentralen Leitung von Betrieben war vorbei. Ohne Richtlinienkompetenz, ohne materielle und finanzielle Fonds, ohne die bisherige Aufgabe, Dinge zu besorgen, zu verwalten und zu verteilen, an denen in Zukunft kein Mangel mehr herrschen würde, war für sie kein Betätigungsfeld mehr zu erkennen. Deshalb war es jedem Mitarbeiter des

Hauses seit März möglich, seinen Arbeitsvertrag umgehend aufzulösen, wenn ihm ein Angebot vorlag.

Einigen gelang das. Drei Mitarbeiter fanden als Vertreter bei westdeutschen Verlagen eine neue Tätigkeit und standen bereits auf der Frühjahrsmesse 1990 in deren Diensten.

Der Fachdirektor Organisation und Technologie, Bernd Härtner, konnte zum LKG wechseln, Architekt Bernd Fischer fand beim führenden Ladenbauer für Buchhandlungen, Wilhelm Kreft in Wiedemar, eine Beschäftigung, die seiner Qualifikation und seinem Können entsprach. Hier hat er in der Phase der Privatisierung viele ehemalige Volksbuchhändler unterstützt.

Bei denen, die vorerst ohne Perspektive bleiben, wachsen Unruhe und Unmut. Man will das Ende nicht wahrhaben. Noch einmal tauchen Überlegungen auf, die bisherige oberste Leitung als eine Art Holding für die aus den ehemaligen Volksbuchhandelsbetrieben entstandenen Gesellschaften fortzuführen. Auch der Hauptdirektor trägt diesen letzten, fast schon verzweifelten Versuch mit und legt ihn den Direktoren vor. Doch die lehnen am 19. April mehrheitlich ab. Unabhängig von der Realität und den Erfolgsaussichten einer solchen Idee wollen sie nichts mehr, was an die alten Strukturen erinnert.

Das Tischtuch zwischen den Betrieben und ihrer ehemaligen Hauptdirektion ist endgültig zerschnitten. Einige Mitarbeiter des Hauses organisieren am 17. Mai einen Misstrauensantrag gegen den Hauptdirektor. Der Antrag scheitert, wenn auch knapp.

Die Mitarbeiter der Buchhandlungen befinden sich während dieser Zeit im Widerstreit der Gefühle. Sorgen um den Fortbestand auf der einen Seite, heftiges Werben aller möglichen Partner auf der anderen.

Besondere Aktivitäten entwickeln die Verlagsauslieferungen und Barsortimente, die sich um die Akquisition künftiger Sortimenterkomittenten bemühen und Zeit und

Geld investieren, um auf Schulungen Buchhändler für die Marktwirtschaft fit zu machen. Das müssen sie auch, wenn sie mit ihnen Geschäfte machen wollen.

Auf diesem Gebiet erwirbt sich Koch, Neff & Oetinger bleibende Verdienste. Woche für Woche sind vollbesetzte Busse mit Buchhändlern am Firmensitz in Stuttgart-Vaihingen zu Gast und erhalten teils mehrtägige Schulungen. Jetzt erweist es sich als vorteilhaft, dass die Grundstrukturen des Buchhandels in Ost und West gleich geblieben sind, so dass man, was die handwerkliche Seite des Berufs betraf, schnell zusammenfindet. Hinsichtlich ihrer Allgemeinbildung und Literaturkenntnisse brauchen sich die Buchhändler aus dem Osten dank der Ausbildung in Schule und Beruf ohnehin nicht zu verstecken. Was es dennoch an fachlichen Unterschieden gibt, muss aufgefrischt oder neu erlernt werden, so die Arbeit mit dem Barsortiment, in der DDR seit den frühen fünfziger Jahren nicht mehr gepflegt, das System der Bücherwagendienste oder die Tatsache, dass es plötzlich wieder sehr viele Verlagsauslieferungen gab. Man muss auch lernen, mit verschiedenen Rabatten zu kalkulieren und sich mit Warenwirtschaftssystemen und elektronischer Datenübermittlung vertraut zu machen, die im Westen gerade aufgekommen sind. Hinzu kommt, und hier können Schulungen nur begrenzt helfen, der eigenverantwortliche Umgang mit betriebswirtschaftlichen Anforderungen.

Die Überlegungen des Unternehmers Jürgen Voerster gingen weit über seine geschäftlichen Interessen hinaus. Er stand der Restitutionspolitik der Bundesregierung kritisch gegenüber, sah vielmehr in der Stärkung des Mittelstandes den für die Zukunft besseren und vor allem gerechteren Weg. »Nach fast einem halben Jahrhundert kann man nicht alles zurückdrehen«, so seine Meinung und: »Neue Nutzungsrechte waren entstanden.« Er war gesonnen, sie zu respektieren und handelte danach. Anlässlich seines Todes im Januar 2010 werden sich auch viele ehemalige Volksbuchhändler dankbar an seine Hilfe und die seiner Mitarbeiter erinnert haben.

Natürlich kommen auch andere. Im Frühjahr 1991 setzt sich ein Herr Jürgen Pröhmer, im Westen wirtschaftlich gescheitert, mit seinem Geschäftskonzept gegenüber interessierten Volksbuchhändlern bei der Treuhand durch und erwirbt neben dem Greifenverlag Rudolstadt mehrere ehemalige Volksbuchhandlungen im Raum Gera/Chemnitz. Verlag wie Buchhandlungen manövrierte er ins Aus.

Auch für die Geschäftsführungen der nunmehrigen Buchhandelsgesellschaften gibt es noch Anleitungen, Konsultationen und Seminare, die ihnen helfen sollen, Einstieg in die Marktwirtschaft zu finden. Solche Beratungen finden Mitte 1990 unter anderem mit dem Unternehmensberater Baumann aus Hamburg und Schleif, Leiter von »Montanus aktuell« im Douglas-Konzern, statt.

Die Arbeit der Hauptdirektion neigt sich jetzt rasch dem Ende zu. Im Juni war eine Konzeption bestätigt worden, nach der ihre Zuständigkeit für den Volksbuchhandel zum 30. Juni 1990 endet. Zum gleichen Termin wird Hauptdirektor Heinz Börner vom Kulturminister im Kabinett Lothar de Maizière, Herbert Schirmer, abberufen, verbunden mit dem Auftrag, das oberste Leitungsorgan des Volksbuchhandels abzuwickeln.

Gedanken um seine Zukunft, wenn auch mit anderen Aussichten, macht sich in dieser Zeit ebenso der Börsenverein in Leipzig. Die Mitgliederversammlung vom 19. April 1990 ist bereits ganz darauf ausgerichtet, die Vereinigung mit dem Börsenverein in Frankfurt vorzubereiten. Vorsteher wird Hans-Otto Lecht (Verlag der Nation), zum Vorstand gehören mit Roland Quos (Cottbus) und Manfred Schlechte (Dresden) auch zwei Noch-Volksbuchhändler.

Ein neues Statut entspricht im Wesentlichen der Frankfurter Satzung. Am 2. Oktober tritt für beide Vereine zusätzlich eine »Fusionssatzung« in Kraft. Es folgen die Zustimmungen der Mitgliederversammlungen am 14. November (Leipzig) und am 28. November (Frankfurt). Zum 1. Januar 1991 nimmt der wiedervereinigte »Börsenverein des Deutschen Buchhandels e.V.« seine Arbeit auf. Als Sitz wird Frankfurt bestimmt. Leipzig erhält eine Niederlassung sowie an der Stelle des zerstörten Buchhändlerhauses ein »Haus des Buches«.

Mit der Nummer 52/1990 erscheint das seit 1946 in Leipzig herausgegebene »Börsenblatt für den Deutschen Buchhandel« zum letzten Mal. Chefredakteur Peter Meier versucht, unter anderem Titel, aber in ähnlicher Aufmachung ein Buchhandelsmagazin zu etablieren. Es erscheint nur noch die Nummer 1/1991, dann ist auch dieses Kapitel beendet.

In der Politik fallen nun die Entscheidungen schneller. Am 17. Juni wird das Treuhandgesetz erlassen, einen Monat später die Satzung für die Treuhandanstalt.

Am 22. Juli wird das Ländereinführungsgesetz beschlossen, wonach es wieder fünf Länder wie bis 1952 geben wird. In den Ländern der DDR hatte einst auch die Entwicklung des Volksbuchhandels begonnen, in Ländergesellschaften waren die Grundlagen für eine erfolgreiche Entwicklung geschaffen worden. Als die Länder im Herbst 1990 wiedererstehen, gibt es den Volksbuchhandel schon nicht mehr.

Am 23. August beschließt die Volkskammer den Beitritt nach dem Grundgesetz, bereits eine Woche später unterschreiben die Unterhändler Krause und Schäuble den Staatsvertrag.

Am 13. August, bevor die Volkskammer den Beitritt nach dem Grundgesetz beschließt, erklärt das Ministerium für Kultur – von der Wirklichkeit längst überholt – eine Vielzahl von Anweisungen, Verfügungen und Mitteilungen für gegenstandslos. Dazu gehören die »Ordnung für den Literaturvertrieb«, das »Statut des VEB Leipziger Kommissions- und Großbuchhandel« und das »Statut des Volksbuchhandels der DDR (VEB)«.

Noch einmal tauchen Überlegungen auf, wie mit dem ehemaligen Volksbuchhandel am besten zu verfahren sei. Diesmal kommen sie vom BRD-Filialisten »Roter Punkt«, dessen Aufsichtsratsvorsitzender sie am 25. August 1990 im Betriebsferienheim Finsterbergen in Thüringen vorstellt. Dieses Datum ist die letzte Begegnung des scheidenden Hauptdirektors und seiner ehemaligen Direktoren und nunmehrigen Geschäftsführer der Buchhandels-GmbH.

Von nun an geht jeder von ihnen endgültig seiner eigenen Wege. Neuer Partner ist jetzt in den einzelnen Bezirken, die bald wieder zu Ländern gehören werden, die Treuhand.

Nachdem die Volkskammer am 17. Juni 1990 das entsprechende Gesetz verabschiedet hat, nimmt die Treuhand zügig ihren politischen Auftrag in Angriff, jegliche zentralen Strukturen der DDR-Volkswirtschaft zu zerschlagen, dabei den Grundsatz Rückgabe vor Entschädigung durchzusetzen und zügig zu privatisieren. Den politischen Teil dieser Aufgabe hat sie konsequent erfüllt, aber die wirtschaftlichen Ergebnisse wirken bis heute negativ nach. Für manchen Käufer war der Zuschlag nur die willkommene Gelegenheit, einen möglichen Konkurrenten für die Zukunft auszuschalten und vom Markt verschwinden zu lassen.

Für den Volksbuchhandel gelten spezielle Vorgaben, die allerdings den allgemeinen Richtlinien entsprechen.

Am 23. November 1990 verabschiedet der Vorstand der Treuhandanstalt in Berlin eine »Leitlinie zur Bewertung von Buchhandlungen«. Nach eigenen Worten soll sie »Orientierungshilfe« für »die Bewertung der Buchhandlungen des Volksbuchhandels zum Verkauf durch die Treuhandanstalt« sein. Die Regelung ist auf die vollständige Liquidierung der wirtschaftlichen Struktur des Volksbuchhandels gerichtet, ihr folgen weitere Organisationsanweisungen, so am 28. November 1990 und am 7. Januar 1991.

Es lässt sich eine Reihe von Gründen anführen, warum verhältnismäßig viele Objekte in die Hände ehemaliger Volksbuchhändler gelangt sind, andererseits gibt es ebenso viele dafür, warum es nicht noch mehr waren.

Im Gegensatz zu anderen Branchen spielte das Problem der Rückgabe oder der Entschädigung keine so große Rolle, denn der Volksbuchhandel besaß kaum eigene Immobilien, meist handelte es sich um Mietobjekte. Als positiv erwies sich, dass die buchhändlerischen Arbeitsprozesse in Ost und West sehr ähnlich waren.

Erheblich negativ fiel fehlendes Eigenkapital ins Gewicht, ebenso drastische Mieterhöhungen bei Besitzerwechsel, nicht selten auch ohne diesen. Es gab auch subjektive Gründe, dass mancher, der durchaus das Zeug dazu hatte, den Schritt in die Selbständigkeit nicht gehen wollte, weil er sich nicht verschulden wollte oder sich einfach nicht zum Chef berufen fühlte. Und schließlich unterlag mancher Volksbuchhändler, der sich am Treuhand-Zyklus von Ausschreibung – Angebot – Zuschlag beteiligte, dort anderen, mitunter sogar branchenfremden Interessenten.

Leider ließ sich kein zusammenfassendes Ergebnis über die Privatisierung des Volksbuchhandels auffinden, es gibt lediglich regionale Angaben in den »Informationen der Treuhand«. Durch Recherchen, Aufzeichnungen und Gespräche mit Zeitzeugen konnte schließlich ermittelt werden, was aus 644 der damals bestehenden Buchhandlungen wurde:

– 315 wurden von ehemaligen Volksbuchhändlern
   gekauft
– 20 gingen an von Mitarbeitern gegründete GmbH
– 58 gingen an Privatpersonen

- 25 wurden von bestehenden Privatbuchhandlungen hinzugekauft
- 51 gingen an andere Firmen und Einrichtungen
- 175 wurden ab 1. Januar 1990 geschlossen.
    (Die Schließungen erfolgten entweder durch die Leitungen des Volksbuchhandels oder im Verlauf der Privatisierung durch die Treuhand)

Gut 50 Prozent der Objekte sind also in die Hände ehemaliger Volksbuchhändler gelangt, was allerdings noch wenig über ihre weitere Lebensfähigkeit aussagt. Es waren nicht die größten Buchhandlungen, entsprechend war auch die Zahl der Mitarbeiter geringer, die so in direkter Folge ihren Arbeitsplatz zunächst behielten.

Die Buchhandlungen im Bezirk Dresden waren bereits frühzeitig en bloc an Thurn und Taxis veräußert worden.

Das Buchhaus konnte aufgrund der Entscheidungen der Treuhand nicht gerettet werden. Noch 1991 für sanierungswürdig eingestuft, räumte man ihm einen notwendigen Kredit nicht ein. Auf weitere Anfragen reagierte die Treuhand nicht. Potenzielle Interessenten, unter ihnen auch branchenfremde, gab es durchaus. Ihr Interesse galt jedoch nur den 150 000 Adressen, nicht aber dem Unternehmen und seinen Mitarbeitern.

Das Zentralantiquariat der DDR in Leipzig wurde privatisiert und als GmbH weitergeführt. Die Betriebsberufsschule des Volksbuchhandels ging wieder in die kommunale Verwaltung der Stadt Leipzig als »Deutsche Buchhändler Lehranstalt« zurück. Heute ist sie unter diesem Namen Bestandteil des Beruflichen Schulzentrums 8 in der Gutenbergschule, dort, wo einst das weltbekannte Grafische Viertel lag. Die Unterlagen zum nie realisierten Neubauprojekt wurden an den Stadtrat und Leiter des Schulverwaltungsamts, Wolfgang Tiefensee, den späteren Oberbürgermeister von Leipzig und Bundesverkehrsminister, übergeben.

Zum 30. September 1990 wird den in der Hauptdirektion verbliebenen Mitarbeitern gekündigt. Den meisten bleibt nur der Weg zum Arbeitsamt. Eine Handvoll ehemals Verantwortlicher erledigt unter Leitung von Heinz Börner als Arbeitsgruppe die letzten Tätigkeiten zur Abwicklung. Am 4. Dezember 1990 erfolgt in das Register der volkseigenen Wirtschaft, Bezirk Leipzig, unter der Registernummer 110-13-2094 der Eintrag zur Liquidation der Hauptdirektion des Volksbuchhandels. Heinz Börner verbleibt als Letzter der Arbeitsgruppe im einst mächtigen Haus und übergibt am 31. August 1991 restliche Unterlagen und Schlüssel an den bestellten Liquidator Jürgen Witte aus Karlsruhe.

Die Geschichte des Volksbuchhandels war zu Ende.

Das Gebäude in der Friedrich-Ebert-Straße 25, gründlich restauriert, beherbergt heute eine Rechtsanwaltskanzlei.

Ausklang

Der Volksbuchhandel in der DDR ist bleibender Bestandteil der Geschichte des deutschen Buchhandels. Als bedeutendstes Unternehmen des Sortimentsbuchhandels hat er im zweiten deutschen Staat Beachtliches für die Verbreitung von Literatur geleistet.

Die Idee des Volksbuchhandels geht auf sozialdemokratische, proletarische Wurzeln zurück, die bereits vor 1933 Strukturen angenommen hatten. In der Praxis griff er jedoch, wie das gesamte Buchwesen in der DDR, die Traditionen des bürgerlichen deutschen Buchhandels auf, der einst in der Welt führend war.

Seine Struktur und sein dichter werdendes Handelsnetz folgten der politischen Gliederung der DDR, zunächst in Ländergesellschaften, später in Bezirksbetrieben. Entsprechend dem Gesellschaftsmodell der DDR wurde er streng zentralistisch nach den Prinzipien der staatlichen Leitung und Planung geleitet.

Von den Verantwortlichen in Partei und Staat als fester Bestandteil einer einheitlichen Kulturpolitik behandelt, rückte sein literaturpropagandistischer Auftrag stark in den Vordergrund. Tatsächlich hat er auch seinen Beitrag zur Bereicherung des kulturellen Lebens geleistet. Bei seinen Aktivitäten im Vertrieb ging er sogar neue Wege, indem er einen umfangreichen Verkauf außerhalb der Buchhandlungen organisierte und mit zahllosen Lesungen Kontakte zu Schriftstellern und Literaturfreunden knüpfte und pflegte.

Seine wirtschaftlichen Leistungen waren beachtlich, die an den Staatshaushalt abgeführten Mittel beträchtlich und die Verluste insgesamt gering.

In der Öffentlichkeit war der Volksbuchhandel ein Begriff und genoss ein hohes Ansehen.

Gute Beziehungen pflegte er zu seinen östlichen Nachbarn, wo man die aus besten Traditionen des deutschen Buchhandels resultierende Fachkompetenz schätzte. Dem gegenüber stand im Ergebnis der Teilung und des Kalten Krieges eine fast völlige Abschottung des Sortimentsbuchhandels der DDR vom übrigen deutschsprachigen Buchmarkt, ein Schicksal, das er mit dem Zwischenbuchhandel LKG teilte. Es herrschte hier eine Funkstille, gegen die man die Beziehungen der Verlage in Ost und West sogar als relativ rege bezeichnen muss.

Im weiteren Lauf der Entwicklung litt auch der Volksbuchhandel zunehmend unter den allgemeinen Mangelerscheinungen. Durch die für das sozialistische Wirtschaftssystem charakteristische nahezu vollständige Abführung der Mittel mit anschließender Zuteilung konnte seine einfache und erweiterte Reproduktion nicht in vollem Umfang gesichert werden. Zwar gewährleistete der hohe Stellenwert des Buches bis zuletzt, dass dem Volksbuchhandel attraktive Objekte in bester Lage angeboten wurden, doch bei den Möglichkeiten zur Einrichtung, vor allem aber zur technischen Ausstattung blieb er immer weiter zurück. Noch schwerer und für die Öffentlichkeit deutlicher wahrnehmbar wog die zunehmend ungenügende Bereitstellung von Literatur, die nicht wenige Kunden mit mangelhafter Arbeit der Buchhändler verwechselten. Dazu trugen zentrale Entscheidungen bei, die den Fachhandel, gleichermaßen den Volksbuchhandel und private Buchhändler, als »gekürzte Bezieher« einstuften, nichtbuchhändlerische Einrichtungen dagegen zu »ungekürzten Beziehern« machten.

Als staatlich geleitetes Unternehmen, das in die Planwirtschaft eingebunden war, gab es für den Volksbuchhandel nach dem Zerfall der DDR keine Grundlage mehr für sein Weiterbestehen, weshalb jede Suche nach anderen Organisationsstrukturen scheitern musste. Bestehen konnte nur die Kompetenz vieler Volksbuchhändler, sofern sie unter veränderten gesellschaftlichen Verhältnissen ihren Platz fanden.

Was bleibt, ist die Erinnerung an ein Unternehmen, das sich auch unter widrigen Umständen durch ordentliche Leistungen auszeichnete. Buchhändlerische Kenntnisse, Fleiß und Einsatz im Volksbuchhandel haben zur Verbreitung des Buches in der DDR wesentlich beigetragen.

In den über vierzig Jahren seines Bestehens haben mehr als 30 000 Mitarbeiterinnen und Mitarbeiter, manche davon ihr gesamtes Berufsleben, an der Entwicklung und am guten Ruf des Volksbuchhandels mitgewirkt.

Ihnen ist diese Schrift gewidmet.

Anhang

Ökonomische Daten

Struktur der Bucheinzelhandelsorganisation

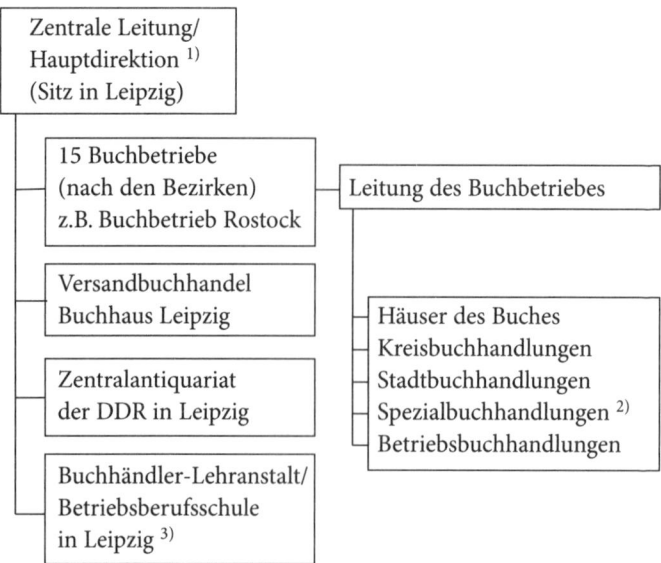

1) *Die Bezeichnung »Hauptdirektion« war ab dem 1.1.1989 gültig.*
2) *Spezialbuchhandlungen waren: Internationale Buchhandlungen, Antiquariate, Musikalien, Reproduktionen (Kunstkabinette).*
3) *Die fachliche Anleitung erfolgte durch den Rat der Stadt Leipzig. Die Umbenennung in »Betriebsberufsschule« erfolgte 1972.*

202

Leitungsorganisation der Hauptdirektion
(Stand 1.1.1989)

Hauptdirektor	Sekretariat	Sicherheit[1]	EDV	Recht

BPO*	Fachdirektion	Fachabteilung	Fachgebiet
BGL*	Literaturvertrieb/ Propaganda	Vertrieb	Sortiment Verkauf Verlage/LKG Sonst. Vertrieb
		Spezial- sortimente	Antiquariat (einschl. Export) Musikalien Reproduktionen Fremdsprachige Literatur (I
		Propaganda Werbung	Öffentlichkeits- arbeit Werbung / Gestaltung
	Ökonomie	Planung/BW[4]	Arbeitsökonomie Kasse
	Kader/ Bildung	Kader Soziales	Kader Sozialwesen
		Bildung	Lehrausbildung Erwachsenen- qualifizierung
	Rationalisierung/ Technologie	Projektierung Grundfonds- reproduktion	Neuererwesen WAO[2] Energie
	Hauptbuchhalter	Rechnungsführg./ Statistik Wirtschafts- Kontrolle/ Revision	

1), 2), 3) Erklärungen siehe nächste Seite
* nur für Hauptdirektion

203

Leitungsorganisation des Buchbetriebes
(Stand 1.1.1989)

| Direktor | Sekretariat | Sicherheit[1] |

- BPO
- BGL
- FDJ

Fachabteilung	Fachgebiet	Sachgebiet
Literaturvertrieb/ Propaganda	Vertrieb	Spezialsortimente
	Literatur-propaganda	
	Werbung/ Gestaltung	schriftl. Werbung Dekoration
Ökonomie	Planung/BW[4]	Arbeitsökonomie
	Inventuren	Kasse
Kader/Bildung	Kader/ Soziales	Kader Sozialwesen
	Bildung	
Rationalisierung/ Technologie	Grundfonds-reproduktion	
		Neuererwesen WAO[2] Energie
Hauptbuchhalter	Rechnungsfüh-rung/Statistik	
	Wirtschafts-Kontrolle[3]	

[1] Arbeitsschutz/Objektsicherheit   [2] Wissenschaftliche Arbeitsorganisation   [3] Revision   [4] Betriebswirtschaft

Die Buchbetriebe des Volksbuchhandels der DDR

Volksbuchhandel der DDR, Zentrale Leitung Leipzig
Volksbuchhandel Bucheinzelhandelsbetrieb Rostock
Volksbuchhandel Bucheinzelhandelsbetrieb Schwerin
Volksbuchhandel Bucheinzelhandelsbetrieb Neubrandenburg
  (Sitz Waren)
Volksbuchhandel Bucheinzelhandelsbetrieb Potsdam
Volksbuchhandel Bucheinzelhandelsbetrieb Frankfurt (Oder)
Volksbuchhandel Bucheinzelhandelsbetrieb Cottbus
Volksbuchhandel Bucheinzelhandelsbetrieb Magdeburg
Volksbuchhandel Bucheinzelhandelsbetrieb Halle
Volksbuchhandel Bucheinzelhandelsbetrieb Erfurt
Volksbuchhandel Bucheinzelhandelsbetrieb Gera (Sitz Jena)
Volksbuchhandel Bucheinzelhandelsbetrieb Suhl
Volksbuchhandel Bucheinzelhandelsbetrieb Dresden
Volksbuchhandel Bucheinzelhandelsbetrieb Leipzig
Volksbuchhandel Bucheinzelhandelsbetrieb Karl-Marx-Stadt
Berliner Buchhandelsgesellschaft
Buchhaus Leipzig Zentraler Versandbuchhandel
Zentralantiquariat der DDR Leipzig
Volksbuchhandel der DDR Betriebsberufsschule »Erich Wendt«
  Leipzig

*Entsprechend der gesetzlichen Anordnung vom 1.7.1990 erfolgte die
Umwandlung der Bucheinzelshandelsbetriebe in Kapitalgesellschaften
(GmbH). Sie bestanden bis ins Jahr 1991.*

Nordbuch GmbH, Rostock
Mecklenburgische Buchhandelsgesellschaft mbH, Schwerin
Bücherfreund GmbH, Neubrandenburg (Sitz Waren)
Kurmärkische Buchhandelsgesellschaft mbH, Potsdam
Märkische Buchhandelsgesellschaft mbH, Frankfurt/Oder
Lectio-Buchhandelsgesellschaft mbH, Cottbus
Anhaltiner Buchhandlungen GmbH, Magdeburg
Hallesche Buchhandelsgesellschaft mbH, Halle
Thüringer Buchhandelsgesellschaft mbH, Erfurt
Ostthüringer Buchhandelsgesellschaft mbH, Gera (Sitz Jena)

Südthüringer Buchhandelsgesellschaft mbH, Suhl
Buchhandelsgesellschaft Buch und Kunst mbH, Dresden
Leipziger Buchhandelsgesellschaft mbH, Leipzig
Buch-Tour Buchhandels- und Reisevermittlungsgesellschaft mbH,
    Karl-Marx-Stadt
Berliner Buchhandelsgesellschaft mbH (BBN), Berlin
Buchhandelsgesellschaft Ex litterae GmbH, Berlin
Buchhaus Leipzig GmbH, Leipzig
Zentral-Antiquariat »Leipziger Antiquariate GmbH«, Leipzig
    (besteht als Kapitalgesellschaft fort)

Direktoren der Buchbetriebe

Buchbetrieb Rostock	1958–1959 Konrad Reich
	1959–1985 Heinz Gerlach
	1985–1990 Just Weiss
Buchbetrieb Schwerin	1958–1960 Günther Stolzenburg
	1960–1964 Gerhard Steiniger
	1964–1975 Albrecht Zabel
	1975–1977 Christel Wilken
	1977–1990 Dieter Pfanne
Buchbetrieb Neubranden- burg (Sitz Waren)	1958–1982 Rudolf Schwesinger
	1982–1990 Günther Stolzenburg
Buchbetrieb Potsdam	1958–1958 Rudolf Schmalz
	1958–1967 Gustav Dähne
	1967–1990 Heinz Neuer
Buchbetrieb Frank- furt (Oder)	1958–1959 Bäker
	1959–1963 Rudolf Vogel
	1963–1981 Erwin Hempel
	1981–1990 Manfred Fischer
Buchbetrieb Cottbus	1958–1958 Arthur Lehmann
	1958–1961 Walter Spazier
	1961–1969 Edit Seifert

	1969–1977 Hans Hartwich
	1977–1980 Wolf-Dieter Krück
	1980–1989 Günter Holitschke
	1990 Roland Quos
Buchbetrieb Magdeburg	1958–1962 Erwin Hempel
	1963–1967 Ruth Lehrmann
	1968–1973 Bruno Senger
	1973–1990 Wolfgang Mitschke
Buchbetrieb Halle/Saale	1958–1959 Rudolf Schmalz
	1959–1969 Helmut Menzel
	1969–1990 Rudolf Schmalz
Buchbetrieb Erfurt	1958–1964 Wilhelm Janke
	1964–1969 Werner Horstkötter
	1970–1986 Robert Häfner
	1986–1990 Hans-Joachim Menzel
Buchbetrieb Gera	1958–1960 Hans Klingelstein
(Sitz Jena)	1960–1965 Erwin Matz
	1965–1990 Egon Brandt
Betrieb Suhl	1958–1970 Robert Häfner
	1970–1990 Fritz Waniek
Buchbetrieb Dresden	1958–1984 Günther Berndt
	1984–1990 Siegfried Förster
Buchbetrieb Leipzig	1958–1982 Erich Heß
	1982–1986 Jürgen Petry
	1987–1990 Wolfgang Krostitz
Buchbetrieb	1958–1960 Rudolf Döbbelin
Karl-Marx-Stadt	1960–1964 Kurt Bauer
	1964–1979 Helmut Kaltofen
	1979–1980 Heinz Börner
	1980–1987 Karl Reimer
	1987–1988 Udo Dietrich

1988–1990 Monika Lang

Berliner-Buchhandels- Gesellschaft	1958–1977 Erich Tamm 1977–1986 Alfred Baumert 1986–1990 Gerald Nußmann
Buchhaus Leipzig (Versandbuchhandel)	1958–1958 Otto Harrendorf 1958–1965 Kurt Rüddiger 1965–1976 Walter Wiedemann 1976–1979 Rolf Büchner 1979–1990 Jutta Sobolewski
Zentral-Antiquariat der DDR	1958–1961 Paul Bernhold 1961–1965 Adelgunde Singer 1965–1977 Rudolf Vogel 1977–1981 Dr. Jürgen Schebera 1981–1990 Helmut Kazimirek
Buchhändler-Lehranstalt Leipzig / Betriebsberufs- schule Volksbuchhandel	1958–1990 Martin Härtling 1990 Heide Waschkies

Leiter Zentrale Verwaltung (bis 1958), Zentrale Leitung (bis 1989),
Hauptdirektion (1989/90)

1954–1955 Erich Heß
1955–1958 Fritz Brilla
1958–1982 Hellmuth Fischer
1983–1990 Heinz Börner

Entwicklung des Handelsnetzes

Bezirk	Volksbuchhandlungen			davon				
	1962	1980	1989	HdB	KB	SB	BB	SpB
Rostock	60	44	46	1	11	22	4	8
Schwerin	27	28	30	–	13	11	1	5
Neubrandenburg	27	32	34	–	16	14	2	2
Potsdam	60	55	60	1	15	26	10	8
Frankfurt (Oder)	28	25	30	1	10	17	1	1
Cottbus	32	37	40	1	16	16	–	7
Magdeburg	49	45	46	1	20	20	3	2
Halle	88	58	60	1	26	20	3	10
Erfurt	42	46	43	1	13	16	4	9
Gera	30	31	31	1	10	13	3	4
Suhl	24	24	26	1	8	13	2	2
Dresden	62	57	58	1	22	27	3	5
Leipzig	65	58	63	1	18	37	2	5
Karl-Marx-Stadt	71	74	74	–	25	43	–	6
Berlin	82	60	61	3	16	21	13	8
Zentralantiquariat	–	–	5	–	–	–	–	5
Gesamt	747	674	707	14	239	316	51	87

Abkürzungen
HdB: Haus des Buches
KB: Kreisbuchhandlung
SB: Stadtbuchhandlung
BB: Betriebsbuchhandlung
SpB: Spezialbuchhandlung

Nutzfläche der Volksbuchhandlungen
(Verkaufsfläche/Nebenfläche) in qm*

	qm	qm/Vobu	qm/10000 Einwohner
1962	75 755	101	44
1980	107 775	159	64
1989	128 365	182	77

Standorte und Nutzflächen Haus des Buches
(in qm)

Das Internationale Buch Berlin	1 842
Haus des Buches Dresden	1 682
Das Gute Buch Halle	1 420
Franz-Mehring-Haus Leipzig	1 317
Karl-Marx-Buchhandlung Berlin	1 259
Haus des Buches Jena	1 137
Haus des Buches Suhl	1 061
Jenny-Marx Cottbus	976
Erich-Weinert Magdeburg	927
Haus des Buches Potsdam	839
Ulrich von Hutten Frankfurt (Oder)	800
Universitätsbuchhandlung Rostock	785
Haus des Buches Erfurt	653
Das Gute Buch Berlin	471

* nur Volksbuchhandlungen (ohne Betriebsflächen Zentralantiquariat und Buchhaus Leipzig, dessen 3 Handelsbereiche jeweils den Typ »Haus des Buches« hatten)

Standorte Betriebsbuchhandlungen
(Stand 31.12.1987)

In Werken
VEB Neptunwerft Rostock
VEB Warnowwerft Rostock-Warnemünde
VEB Volkswerft Stralsund
VEB Mathias-Thesen-Werft Wismar
VEB Qualitäts- und Edelstahlkombinat/Stahl- und Walzwerk
  Brandenburg
VEB Lokomotivbau/Elektronische Werke (LEW)
  »Hans Beimler« Hennigsdorf
VEB Qualitäts- und Edelstahlkombinat »Wilhelm Florin«
  Hennigsdorf
VEB IFA-Automobilwerk, Ludwigsfelde
VEB Chemiefaserwerk Premnitz
VEB Schwermaschinenbau Wildau
VEB Kalk- und Zementwerke Rüdersdorf
VEB Schwermaschinenbau »Karl-Liebknecht« Magdeburg
VEB Schwermaschinenbaukombinat »Ernst Thälmann« Magdeburg
VEB Leuna-Werke, Leuna
VEB Filmfabrik Wolfen
VEB Hydrierwerk Zeitz-Tröglitz
VEB Automobilwerk Eisenach
VEB Büromaschinenwerk ROBOTRON Sömmerda
VEB Keramische Werke Hermsdorf
VEB Chemiefaserwerk Schwarza, Rudolstadt
VEB Stahl- und Walzwerk Unterwellenborn
VEB Kalikombinat »Der Kalikumpel« Merkers
VEB Stahl- und Walzwerk Gröditz
VEB Kombinat »Otto-Grotewohl« Böhlen
VEB Braunkohlenkombinat Espenhain
VEB Schwermaschinenbau »Fritz-Heckert« Karl-Marx-Stadt
VEB Bergmann-Borsig Berlin

In Einrichtungen/Verwaltungen
Pädagogische Hochschule »Liselotte Herrmann« Güstrow
FDGB-Urlauberprojekt »Völkerfreundschaft« Klink
FDGB-Urlauberprojekt »Friedrich-Engels« Templin-Lübbesee

SED-Parteischule »Karl-Liebknecht« des ZK, Kleinmachnow
SED-Bezirksparteischule »Julian-Marchlewski« Potsdam
Pädagogische Hochschule »Karl-Liebknecht« Potsdam
Akademie für Staat und Recht Potsdam Babelsberg
Gewerkschaftshochschule »Fritz-Heckert« beim Bundesvorstand
  des FDGB Bernau
FDJ-Jugendhochschule »Wilhelm Pieck« Wandlitz bei Bernau
SED-Bezirksparteischule »Herrmann Matern« Magdeburg
SED-Bezirksparteischule »Wilhelm Liebknecht« Ballenstedt/Harz
Rat des Bezirkes Magdeburg
SED-Bezirksleitung Halle
SED-Bezirksparteischule »Ernst Thälmann« Erfurt
Pädagogische Hochschule »Dr. Theodor Neubauer« Erfurt
Technische Hochschule Ilmenau
SED-Bezirksparteischule »Georg Wolff« Dresden
Hochschule für Verkehrswesen »Friedrich List« Dresden
Krankenhaus Friedrichshain Berlin
Hufeland-Krankenhaus Berlin
Staatliches Rundfunkkomitee der DDR Berlin
Hochschule für Ökonomie Berlin
Haus der Sowjetischen Wissenschaft und Kultur Berlin
SED-Bezirksparteischule »Friedrich-Engels« Berlin
Haus des Lehrers Berlin
Amtssitz des Ministerrates der DDR Berlin
ZK der SED Berlin
Akademie für Gesellschaftswissenschaften Berlin
SED-Bezirksleitung Berlin
Charité Berlin

Standorte der Spezialbuchhandlungen
(Stand 31.12.1987)

Antiquariate
Norddeutsches Antiquariat Rostock
Norddeutsches Antiquariat »Bibliophil« Rostock
Norddeutsches Antiquariat Greifswald
Norddeutsches Antiquariat Wismar
Bezirksantiquariat Schwerin
Bezirksantiquariat Neubrandenburg
Potsdamer Antiquariat »Carl-Christian Horvath«
Bezirksantiquariat Frankfurt
Cottbuser Antiquariat
Antiquariat Senftenberg
Magdeburger Antiquariat
Dessauer Antiquariat
Hallesches Antiquariat
Antiquariat Erfurt
Antiquariat Gera
Antiquariat Jena
Antiquariat Suhl
Dresdner Antiquariat
Bezirksantiquariat des Volksbuchhandels Leipzig
Bezirksantiquariat des Volksbuchhandels Karl-Marx-Stadt
Freiberger Antiquariat
Antiquariat des Volksbuchhandels Zwickau
Antiquariat in der Karl-Marx-Buchhandlung Berlin
Antiquariat Weinmeisterstraße Berlin
Lindenantiquariat Berlin
Zentrales Antiquariat Berlin
Antiquariat Pankow Berlin
Leipziger Antiquariat
Antiquariat Naturwissenschaft Leipzig
Leipziger Bibliophile
Musikalienantiquariat Leipzig
Zentralantiquariat der DDR Leipzig (Betrieb)

Internationale Buchhandlungen
»Das Internationale Buch« Rostock
Volksbuchhandlung »Das Internationale Buch« Potsdam
»Das Internationale Buch« Altes Lager
Volksbuchhandlung »Das Internationale Buch« Halle
»Das Internationale Buch« Erfurt
»das internationale buch« Dresden
»Internationale Buchhandlung« Leipzig
»Das Sowjetische Buch« Berlin

Musikalienhandlungen
Volksbuchhandlung »Musikalien« Rostock
Volksbuchhandlung »Musikfreund« Stralsund
Schweriner Musikhaus
Musikhaus Wittenberge
»Musik und Kunst« Jüterbog
»Musik und Kunst« Potsdam
Potsdamer Musikalienhandlung
Volksbuchhandlung »Am Turm« Cottbus
»Kunst und Musik« Finsterwalde
Volksbuchhandlung für Musik Spremberg
Volksbuchhandlung »Kunst und Musik« Wilhelm-Pieck-Stadt Guben
Volksbuchhandlung für Musikalien Cottbus
Musikalienhandlung »georg philipp telemann« Magdeburg
Volksbuchhandlung »Kunst und Musik« Bernburg
Musikalienhandlung »Georg Friedrich Händel« Halle
Schallplattenhandlung Halle
Musikalienhandlung »Johann-Sebastian-Bach« Eisenach
»Musikfreund« Erfurt
Musikalienhandlung Nordhausen
Musikalienhandlung »Franz Liszt« Weimar
Volksbuchhandlung »Dr. Theodor Neubauer« Gotha
Volksbuchhandlung »Max-Reger-Haus« Jena
Görlitzer Musikalienhandlung
Musikalienhandlung »Johann Sebastian Bach« Leipzig
»Haus der Musik« Meerane
Musikhaus »Carl Friedrich Zelter« Berlin
Der Musikfreund Berlin

Bilderhandlungen
»Buch und Kunst« Rostock
»Bilderkabinett Stralsund
»Bild und Kunst« Güstrow
»Bild und Buch« Neubrandenburg
Volksbuchhandlung »Kunstkabinett« Brandenburg
Volksbuchhandlung »Buch und Bild« Potsdam   .
Kunstkabinett Halle
Volksbuchhandlung »Bild und Buch« Merseburg
Volksbuchhandlung »Bild und Buch« Naumburg
Volksbuchhandlung »Bild und Buch« Quedlinburg
Volksbuchhandlung »Bild und Buch« Zeitz
Volksbuchhandlung »Bilderkabinett« Suhl
»kunstsalon am altmarkt« Dresden
Volksbuchhandlung »Kunstkabinett« Meißen
Kunstkabinett Altenburg
Leipziger Bilderkabinett
Bilderkabinett Karl-Marx-Stadt
Volksbuchhandlung »Bilder und Musikalien« Zwickau
Kunstsalon Berlin

Anzahl der Vertriebsmitarbeiter und Agenturen
(Jahresmittel) und die Entwicklung von 1968 zu 1989*

Betrieb Volksbuchhandel	Vertriebsmitarbeiter		Agenturen	
	1968	1989	1968	1989
Rostock	455	528	242	193
Schwerin	370	180	177	67
Neubrandenburg	280	273	170	55
Potsdam	609	539	229	121
Frankfurt (Oder)	324	315	196	110
Cottbus	263	310	113	123
Magdeburg	726	535	498	289
Halle	945	583	379	243
Erfurt	796	408	391	145
Gera	489	397	132	104
Suhl	228	183	174	101
Dresden	892	512	462	211
Leipzig	941	332	352	129
Karl-Marx-Stadt	1283	677	513	284
Berlin	533	363	181	35
Gesamt	9134	6135	4209	2210

Ohne Vertriebsmitarbeiter und Agenturen für das Schulbuch

Ökonomische Ergebnisse

	1953*	1989
Warenumsatz Mio M	77	868
Warenbestand Mio M	39	168
Warenumschlag	1,9	5,2
Erlösrate %	30,6	28,8
Gewinnrate %	2,8	15,2
Kostensatz %	27,8	13,6
Vollbeschäftige	3281	4848
Personen	3816	5649
Warenumsatz/VbE	23	173
Warenumsatz/Vobu	155	1 128
Volksbuchhandlungen	496	710

*strukturgleich zu 1989

	1972	1989
Warenumsatz gesamt MioM	405	868
dar. Bücher/Broschüren MioM	350	752
Anteil zu gesamt %	86,4	86,7
dar.: Kommissionsbuchhändler MioM	23	29
Warenumsatz je Vobu/Jhr TM	475	1 128
Erlösrate %	28,9	28,8
Kostensatz %	18,1	13,6
Gewinnrate %	10,8	15,2
Bruttogewinn MioM	43	132
Warenbezug LKG MioM	353	747
Anteil an LKG %	67,7	67,3
Warenbestand	87	168
Lagerumschlag x-mal	4,3	5,2
Lagerbestand je VBE TM	19	33

Kreditumsatz Mio	100	144
Anteil Kreditumsatz %	26	17
Vertriebsmitarbeiterumsatz MioM	32	49
Umsatz je Vertriebsmitarbeiter M/Jhr	3209	8825
Agenturumsatz MioM	22	33
Umsatz je Agentur /Jhr M	5512	16777
Inventurminusdifferenzen (netto) TM	802	1100
Inventurminsdiffenenz %	0,30	0,19
Bestandsbereinigungen MioM	3,1	5,80
Vollbeschäftigte (VBE)	4661	4848
Personen (Pers.)	5669	5649
Lehrlinge	326	201
Warenumsatz je VBE TM	82	173
Durchschnittslohn je VBE M	6688	11231
Stammbelegschaft (über 10 Jahre) %		54
Qualifikation:		
Hochschulabschluss (Pers.)		138
Fachschulabschluss (Pers.)		819
Facharbeiter (Pers.)		4101
Ungelernte/Angelernte (Pers.)		591
Volksbuchhandlungen Anzahl	719	710
Vertriebsmitarbeiter (Pers.)	9973	5552
Agenturen	3991	1967
Gesellschaftliche Buchverkaufsstellen		139
Kommissionshändler Anzahl	96	62
Warenumsatz je Kommissionshändler TM/Jhr	240	467

Zeittafel 1945–1990

8. Mai 1945 Unterzeichnung der »Urkunde über die militärische Kapitulation der deutschen Streitkräfte« in Berlin.

4.–16. Juli 1945 Die SMAD bestätigt die Verwaltungen und ihre Präsidenten in den Ländern Sachsen, Mecklenburg-Vorpommern, Thüringen, Brandenburg und Sachsen-Anhalt.

27. Juli 1945 SMAD-Befehl Nr. 17 über die Bildung von Zentralverwaltungen in der SBZ in Deutschland.

1. August 1945 In Nossen wird eine Buchhandlung mit der Firmierung »Volksbuchhandlung« gegründet. Mit dieser Bezeichnung entstehen in den Jahren 1945 bis 1947 Buchhandlungen in Niedersedlitz, Meißen, Gera, Weinböhla, Jena, Leuna, Schmalkalden und Zittau.

2. August 1945 Befehl der SMAD Nr. 19 zur Verbesserung der Arbeit der Verlage und Druckereien und die Regelung der Kontrolle ihrer Tätigkeit.

14. August 1945 In Leipzig wird die »Buchhandlung Franz-Mehring-Haus« als Abteilung der »Vertrieb für Wissenschaft und Literatur GmbH« gegründet. (Geschäftsführer: Wolfgang Richard Lindner; Prokurist für die Buchhandlung: Heinz Mißlitz).

8. September 1945 Befehl Nr. 39 der SMAD »über die Konfiskation nazistischer und militaristischer Literatur«. Auf dieser Grundlage wird die »Liste der auszusondernden Literatur« in Leipzig erarbeitet. Ihr folgen 1947, 1948 und 1958 weitere Nachträge.

12. September 1945 Die Zentralverwaltung für Volksbildung nimmt die Tätigkeit auf. Sie ist für die Arbeit der Bildungs- und kulturellen Einrichtungen zuständig. 1946 werden in der Verwaltung eine Abteilung Verlagswesen und ein Kultureller Beirat für das Verlagswesen geschaffen.

16. September 1945 Amtliche Bekanntmachung des Stabes der SMAD über die Wiedereinrichtung der Deutschen Bücherei in Leipzig.

14. Oktober 1945 Befehl des Obersten Chefs der SMAD zur Organisation eines Verlages für Lehrmittel und pädagogische Literatur für die deutsche Bevölkerung in der SBZ.

24. Oktober 1945 Die Zentrag (Zentrale Druckerei-, Einkaufs- und Revisionsgesellschaft mbH) wird als parteieigener Betrieb der KPD zur einheitlichen Anleitung und Lenkung der in SBZ entstehenden Verlage und Druckereien gegründet.

Oktober 1945 An der Deutschen Buchhändler-Lehranstalt in Leipzig wird die Lehrtätigkeit wieder aufgenommen.

8.–12. Mai 1946 Die erste Leipziger Messe nach dem Zweiten Weltkrieg findet statt. Einige Verlage nehmen als Aussteller teil.

13. Mai 1946 SMAD-Befehl Nr. 4 des Alliierten Kontrollrates zur »Einziehung nationalsozialistischer und militaristischer Literatur«.

18. Mai 1946 Befehl Nr. 150 der SMAD »über die Herausgabe von Lehrbüchern für deutsche Schulen«. Der Verlag Volk und Wissen wird mit der Herausgabe von 15 Millionen Lehrbücher beauftragt.

14. Juni 1946 Gründung des Leipziger Kommissions- und Großbuchhandel (LKG) als GmbH (Geschäftsführer: Walter Bleck und Karl Klaehr).

21. Juni 1946 Die SMAD erteilt dem Börsenverein der Deutschen Buchhändler zu Leipzig mit Wirkung vom 15. Juni 1946 die Lizenz, die Tätigkeit als Organisation des deutschen Buchhandels wieder aufzunehmen.

25. August 1946 In Leipzig erscheint die erste Ausgabe des 1834 gegründeten Börsenblattes für den Deutschen Buchhandel (113. Jahrgang) nach dem Zweiten Weltkrieg.

19. Dezember 1946 Erste Verlegertagung in Berlin. Das Hauptreferat hält der Schriftsteller und Präsident des Kulturellen Beirats für das Verlagswesen, Erich Weinert.

1. Januar 1947 Der Freie Deutsche Gewerkschaftsbund (FDGB) eröffnet in Leipzig die Buchhandlung »Bücherstube Gutenberg«.

25. April 1947 Die Deutsche Verwaltung für Volksbildung in der SBZ gibt in Zusammenarbeit mit dem Börsenverein »Richtlinien für die Neuzulassung, Führung und Übernahme buchhändlerischer Betriebe« heraus. Die seit dem 1. Mai 1945 erteilten Gewerbegenehmigungen sind nur dann gültig, wenn die Zustimmung der Volksbildungsämter vorliegt.

10. Mai 1947 Erstmalig wird der »Tag des freien Buches« als Gedenktag anlässlich der faschistischen Bücherverbrennung am 10. Mai 1933 begangen.

August 1947 Im Land Mecklenburg findet eine Tagung der Leihbuchhändler statt. Die Zusammensetzung der Literaturbestände wird kritisch bewertet. 1950 erfolgt eine Überprüfung der Bestände, die zur Schließung vieler Einrichtungen führt.

4.–8. Oktober 1947 I. Schriftstellerkongress in Berlin unter Teilnahme von 300 Autoren, darunter etwa 100 aus den westlichen Besatzungszonen und ausländische Gäste.

1947 Der SED-Landesverband Mark Brandenburg vergibt als Anerkennungen für Leistungen Büchergutscheine.

1947/1948 In den fünf Ländern der SBZ werden Ländergesellschaften des Buchhandels gegründet. Sie unterstehen den SED-Landesleitungen. Die Anleitung erfolgt durch die Zentrag. Mit diesem Schritt beginnt der Aufbau des Volksbuchhandels.

März 1949 Erstmalig – und bis zum September 1963 – findet die Buchmesse im Rahmen der Leipziger Frühjahrsmesse im Hansahaus statt.

15. Oktober 1949 Die vom Ministerium für Volksbildung, dem Ministerium für Arbeit und Gesundheitswesen und dem Börsenverein erarbeitete »Ausbildungsordnung des Lehrberufs Buchhändler« wird vom Ministerium für Arbeit und Gesundheitswesen für vorläufig verbindlich erklärt.

21. Oktober 1949 Das »Buchhaus Leipzig« wird als Zentraler Versandbuchhandel gegründet und untersteht als parteieigener Betrieb der SED der Zentrag.

27. November – 3. Dezember 1949 Der Börsenverein veranstaltet die »Woche des Buches«.

24.–26. Februar 1950 In Pößneck (Thüringen) findet eine zentrale Arbeitstagung der Zentrag-Betriebe statt, die als Aufgabe u. a. die Erweiterung des Handelsnetzes und die Qualifizierung der Buchhändler formuliert.

7.–14. Mai 1950 An der zweiten »Woche des Buches beteiligen sich erstmals der FDGB und der Kulturbund.

4.–6. Juli 1950 II. Schriftstellerkongress in Berlin. Der »Deutsche Schriftstellerverband im Kulturbund zur demokratischen Erneuerung Deutschlands« wird gegründet. Weitere Kongresse finden in den Jahren 1952, 1956, 1961, 1969, 1973, 1978, 1983 und 1987 statt.

30. August – 3. September 1950 3. Kongress des FDGB in Berlin. Der Volksbuchhandel wird aufgefordert, seine Vertriebstätigkeit außerhalb der Buchhandlungen zu verstärken und Buchverkaufsausstellungen in den Betrieben zu organisieren.

1. September 1950 Auf Beschluss der SED-Landesleitung Berlin wird die »Berliner Buchhandels-Gesellschaft mbH« (BBG) gegründet. Ende 1950 gehören 16 Volksbuchhandlungen und sieben Buchverkaufsstellen zur BBG.

1950 Mit Stichtag 31.12. hat das Handelsnetz der Ländergesellschaften des Volksbuchhandels 215 Buchhandlungen (59 in Sachsen,

51 in Brandenburg, 42 in Thüringen, 36 in Mecklenburg, 27 in Sachsen-Anhalt).

28. Mai 1951 Das Sekretariat des ZK der SED beschließt die »Schaffung des Amtes für Literatur und Verlagswesen beim Ministerrat der DDR«.

5.–19. August 1951 Anlässlich der »III. Weltfestspiele der Jugend und Studenten« in Berlin organisiert der Volksbuchhandel in den Zentren des Festivals zahlreiche Buchverkaufsausstellungen.

16. August 1951 Die Regierung der DDR erlässt die »Verordnung über die Entwicklung fortschrittlicher Literatur«. Das Amt für Literatur und Verlagswesen wird geschaffen (1.9.1951). Aufgabe ist u. a., die »Arbeit und die Anleitung des gesamten Buchhandels der DDR zur Sicherung der Versorgung der Bevölkerung mit fortschrittlicher Literatur« zu verbessern. Die Hauptabteilung Literatur im Ministerium für Volksbildung wird aufgelöst.

19./20. November 1951 Auf der 1. Verlegerkonferenz des Amtes für Literatur und Verlagswesen in Berlin werden Inhalte des Buchvertriebs erörtert. Es wird gefordert: »Das richtige Buch zur rechten Zeit in die richtigen Hände«.

3. Dezember 1951 Die Deutsche Buchhändler-Lehranstalt in Leipzig wird die zentrale Berufsschule des Buchhandels für die DDR (ausgenommen Berlin, hier bestehen bereits Buchhändlerklassen).

1951 Die Ländergesellschaft des Volksbuchhandels »Unterhaltung und Wissen« in Potsdam arbeitet erstmals mit einem »Vertriebsmitarbeitervertrag«. Nach Bestätigung durch die Zentrag wird dieser den anderen Ländergesellschaften empfohlen.

16. Januar 1952 Die »Druckerei und Verlagskontor GmbH« (DVK) wird als Leitungsorgan des ZK der SED (Abteilung Finanzverwaltung und Parteibetriebe) zur »Planung, Materialversorgung und Geschäftskontrolle bei Druckereien und Verlagen sowie anderen Betrieben der polygrafischen Industrie« gegründet.

10./11. Mai 1952 Der Börsenverein und das Amt für Literatur und Verlagswesen veranstalten die erste zentrale Tagung des Buchhandels der DDR in Leipzig. Schwerpunkte sind die Planung der Buchproduktion und der Buchvertrieb.

16. Juni 1952 Der Börsenverein beschließt mit der neuen Satzung die Pflichtmitgliedschaft. Im Volksbuchhandel besteht dazu eine ablehnende Haltung.

1. Juli 1952 Einführung des »Vorankündigungsdienstes für Neuerscheinungen«. Ab Mitte August 1952 wird er kostenlos dem Börsenblatt beigelegt.

23. Juli 1952 An die Stelle der bisherigen fünf Länder treten 14 Bezirke (Berlin erhält erst am 7.9.1961 den Status eines 15. Bezirks) und 217 Kreise.

1. September 1952 Die Ländergesellschaften des Buchhandels werden aufgelöst. Beim LKG wird die »Hauptabteilung Volksbuchhandel« geschaffen, der die 322 Volksbuchhandlungen direkt unterstellt sind. Leiter der Hauptabteilung wird Erich Heß, bisheriger Chef der Ländergesellschaft »Unterhaltung und Wissen« in Potsdam. Die Volksbuchhandlungen in Berlin verbleiben weiterhin bei der BBG. Für die Kontakte zu den Volksbuchhandlungen und kommunalen Räte der Städte und Kreise werden Instrukteure eingesetzt.

17.–19. Oktober 1952 In Leipzig findet die 2. Verlegerkonferenz des Amtes für Literatur und Verlagswesen statt. Erstmals werden 20 »Schönste Bücher der DDR« aus der Produktion der Jahre 1951/1952 ausgezeichnet.

Oktober 1952 Dem Volksbuchhandel werden von dem ZK der SED die kaufmännisch-technischen und organisatorischen Aufgaben beim Literaturvertrieb in den Grundorganisationen der SED (Parteiliteraturvertrieb) übertragen.

21. April 1953 Das Ministerium für Volksbildung erlässt die »Anordnung über die Versorgung mit Schulbüchern«. Der Versand

erfolgt durch den LKG direkt an die Schulen. Im LKG wird die
»Hauptabteilung Schulbuchvertrieb« gebildet.

18. Mai 1953 Beschluss des ZK der SED zur »Verbesserung und
Verstärkung des parteieigenen Buchhandels«. Er enthält Festle-
gungen zum beschleunigten Ausbau des Handelsnetzes in den
Städten/Stadtbezirken, Betrieben und auf dem Land, für die
Qualifizierung der Volksbuchhändler und die Überprüfung der
Buchbestände der Leihbüchereien. Gegenüber dem Jahre 1952
wurde das Handelsnetz um 174 auf 496 Buchhandlungen erwei-
tert.

26. Mai 1953 Das Politbüro des ZK der SED fasst den Beschluss
»Über die Verbesserung der Literaturkritik, der Bibliographie und
der Propagierung des fortschrittlichen Buches«. Für den Volksbuchhandel werden daraus Aufgaben für eine wirksamere Literaturpropaganda abgeleitet.

Mai 1953 In Berlin findet ein Erfahrungsaustausch über die »Aufgaben und die Struktur des Vertriebs der Parteiliteratur« im Volksbuchhandel statt.

11. September 1953 Anlässlich des Karl-Marx-Jahres wird in Berlin
die »Karl-Marx-Buchhandlung« eröffnet.

23. Oktober 1953 Die »Deutsche Buch-Export und -Import GmbH«
wird in Leipzig gegründet. Dem Außenhandelsunternehmen wird
das »Zentralantiquariat der DDR« als Abteilung angegliedert.

20.–22. November 1953 In Leipzig findet die 3. Verlegerkonferenz
des Amtes für Literatur und Verlagswesen statt. Johannes R. Becher hält eine »Rede an die Verleger«. Auch Vertriebsfragen werden debattiert. Es wird der Vorschlag erörtert, den Volksbuchhandel vom LKG zu trennen.

1. Januar 1954 Gründung der Zentralen Verwaltung des Volksbuchhandels in Leipzig. Der juristisch selbständigen Organisation sind
alle Volksbuchhandlungen der Bezirke der DDR (außer Berlin)
unterstellt. In den 14 Bezirken leiten »Bezirksbuchhändler« die

Arbeit des örtlichen Volksbuchhandels. Direktor der Zentralen Verwaltung wird Erich Heß. Mit der Bildung wird der Volksbuchhandel direkt dem ZK der SED, Abteilung Finanzverwaltung und Parteibetriebe, unterstellt.

Februar 1954 Die Zentrale Verwaltung des Volksbuchhandels und die Fachverlage schließen eine Vereinbarung zur Verbesserung des Vertriebs der Fachliteratur ab.

April 1954 Der LKG gibt den ersten »Lagerkatalog« heraus. Etwa 8000 Titel und Verweisungen sind verzeichnet.

Mai 1954 Vor der Karl-Marx-Buchhandlung in Berlin findet unter Beteiligung von 43 Autoren erstmalig ein Schriftstellerbasar statt.

7.–12. November 1954 Die erste »Woche des sowjetischen Buches« findet statt.

Januar/Februar 1955 Die Zentrale Verwaltung des Volksbuchhandels gibt einen »Informationsdienst Arbeit mit dem Buch für den Vertriebsmitarbeiter« heraus. Bis 1957 erscheinen 10 Ausgaben.

September 1955 Das Amt für Literatur und Verlagswesen erlässt die »Zweite DB zur Verordnung über die Entwicklung fortschrittlicher Literatur (Pflichtexemplare)«. Mit dieser gesetzlichen Regelung werden die Verlage Betriebe, Organisationen, Betriebe, Parteien und ähnliche Einrichtungen verpflichtet, den zentralen wissenschaftlichen Bibliotheken der DDR kostenlos Pflichtexemplare aller Verlags- und Druckerzeugnisse zu liefern.

September 1955 Erich Heß wird als Leiter der Zentralen Verwaltung des Volksbuchhandels von Fritz Brilla abgelöst.

16.–22. Oktober 1955 Die »Woche des Buches« findet unter der Verantwortlichkeit des Ministeriums für Kultur statt.

1955 Bei der Zentralen Verwaltung des Volksbuchhandels wird ein Schulungszentrum gegründet. Es soll Lehrgänge organisieren, die mit der Facharbeiterprüfung als Buchhändler abschließen, und

Kenntnisse auf speziellen Gebieten der buchhändlerischen Arbeit vermitteln.

15. Januar 1956 Das Ministerium für Kultur erlässt eine »Richtlinie über die Neuregelung der Versorgung der allgemeinen öffentlichen Bibliotheken mit Literatur und Bibliotheksbedarf«. Dem LKG, Abteilung Bibliothekswesen, wird die gesamte Beschaffung und bibliothekarische Bearbeitung der durch das Zentralinstitut für Bibliothekswesen ausgewählten Literatur und deren Vertrieb über den Volksbuchhandel übertragen.

24.–30. März 1956 Die 3. Parteikonferenz der SED orientiert darauf, die Mittelschichten verstärkt zu beteiligen. Die Konferenz fasst Beschlüsse zur Förderung von Kommissionsverträgen mit privaten Händlern und zur Bildung von Betrieben mit staatlicher Beteiligung.

10.–24. Mai 1956 Die »Tage des Buches« finden auf Beschluss des Ministerium für Kultur ab 1957 nicht mehr im Oktober (Erntezeit), sondern künftig im Mai als »Woche des Buches« statt.

1. August 1956 Der Minister für Kultur, Johannes R. Becher, gibt eine »Strukturveränderung« bekannt. Für das aufgelöste Amt für Literatur und Verlagswesen werden eine »Hauptverwaltung Verlagswesen« und eine »VVB Verlage«, die sich bisher in Zuständigkeit des Ministeriums für Leichtindustrie befand, gebildet.

September 1956 Mit dem Vorliegen der »Ausbildungsunterlage Buchhändler« wird eine einheitliche Ausbildung im Buchhandel gewährleistet.

November 1956 Im Börsenblatt stellt die Leitung des LKG den ersten Entwurf eines Kommissionshandelsvertrages mit dem privaten Buchhandel zur Diskussion.

28. Februar 1957 Zwischen dem LKG und der privaten Buchhandlung Carl Böttger (Bernburg) wird der erste »Kommissionshandelsvertrag« im Buchhandel abgeschlossen. Bis Jahresende werden weitere 17 Verträge unterzeichnet.

1. März 1957 Der Stellvertreter des Ministers für Kultur, Karl Hagemann, erlässt die »Richtlinie Nr. 2 zur Erteilung der Erlaubnis
für eine Gewerbetätigkeit in der privaten Wirtschaft auf dem
Gebiete der Kultur«. Diese Richtlinie enthält präzisierte Regelungen auf den Gebieten der verlegerischen Tätigkeit, der Herstellung von nichtlizenzpflichtigen Druckerzeugnissen, des
Buchhandels und die Überprüfung bisher erteilter Gewerbegenehmigungen.

6. März 1957 Auf der Buchhändlerversammlung des Börsenvereins
erklärt der Leiter der Zentralen Verwaltung des Volksbuchhandels, Fritz Brilla, die Bereitschaft des Volksbuchhandels zur kollegialen Zusammenarbeit mit den privaten Buchhändlern und zur
aktiven Mitarbeit im Börsenverein.

13. September 1957 In Leipzig wird die Fachschule für Buchhändler
gegründet. Sie nimmt den Lehrbetrieb mit einem zweijährigem
Direktstudium auf.

November 1957 Die »Einheitliche Systematik (ES)«, erarbeitet vom
Ausschuss für Bibliographie des Börsenvereins und Mitarbeitern
der Deutschen Bücherei in Leipzig, wird als buchhändlerisches
Arbeitsmittel eingeführt.

1. Januar 1958 Eine neue Satzung des Börsenvereins tritt in Kraft. In
ihr werden der Sortimenterausschuss und Verlegerausschuss ausdrücklich genannt; sie gehören von nun an zu den Vereinsorga-
nen. Die Vertreter des Volksbuchhandels im Sortimenterausschuss unterstützen das Zusammenwirken der Buchhandlungen
aller Eigentumsformen (Vorsitzende in den Jahren 1958 bis 1990:
Helmut Dietzel, Lothar Winkel, Rudolf Schmalz, Heinz Neuer,
Gerty Funk)

1. Januar 1958 Im Volksbuchhandel wird die erste »Leistungsprämi-
enordnung« wirksam. In der Folge werden diese Festlegungen zur
Zahlung von »Leistungsprämien« an die Mitarbeiter bei der Erfüllung vorgegebener Aufgaben ständig, meist jährlich, präzisiert.

5. März 1958 Hauptversammlung des Börsenvereins zum Thema

»Die Aufgaben des Buchhandels beim Aufbau des Sozialismus in der DDR«.

1. Juli 1958 Zur strafferen kulturpolitischen Leitung und Organisation der Literaturentwicklung und -verbreitung wird im Minsterium für Kultur in Nachfolge der »Hauptverwaltung Verlagswesen« die »Abteilung Literatur und Buchwesen« gebildet.

1. Juli 1958 Die bisherige »Zentrale Verwaltung des Volksbuchhandels« wird in die »Zentrale Leitung des Volksbuchhandels« verändert. Die Bezirksbüros des Volksbuchhandels erhalten den Status juristisch selbständiger Leitungen, zu denen alle Volksbuchhandlungen eines Bezirkes gehören. Als selbständige Buchbetriebe werden der Zentralen Leitung die »Berliner Buchhandels-Gesellschaft« und das »Buchhaus Leipzig« unterstellt. Hauptdirektor der Zentralen Leitung wird Hellmuth Fischer.

22. Juli 1958 Das Politbüro des ZK der SED beschließt im Ergebnis der von der 32. Tagung eingesetzten Kommission die Vorlage »Verbesserung der Arbeit der literaturverbreitenden Institutionen«.

Dezember 1958 »Der Volksbuchhändler« erscheint als Fachzeitschrift der Zentralen Leitung.

1. Januar 1959 Für die Zentrale Leitung und die unterstellten Betriebe wird die »Geschäftsordnung für den Volksbuchhandel der DDR« wirksam.

1. Januar 1959 Das »Zentralantiquariat der DDR«, Leipzig, wird der Zentralen Leitung zugeordnet (bisher Abteilung der Deutschen Buch-Export und -Import GmbH, Leipzig).

3. Januar 1959 Unter der Losung »Auf sozialistische Weise arbeiten, lernen und leben« ruft die Jugendkomplexbrigade »Nikolai Mamai« aus dem VEB Elektrochemisches Kombinat Bitterfeld auf, um den Titel »Brigade der sozialistischen Arbeit« (später: »Kollektiv der sozialistischen Arbeit«) zu kämpfen. Das Kollektiv der Volksbuchhandlung in Kamenz/Sachsen fordert im März

1959 auch die Volksbuchhändler dazu auf. Im November 1959 findet in Leipzig ein erster Erfahrungsaustausch der Kollektive statt. Der Titel wird im Volksbuchhandel erstmals 1961 verliehen.

22. Februar – 8. März 1959 Erstmals finden die »Tage des Buches auf dem Lande« statt.

Februar 1959 Im Bezirksbetrieb Halle des Volksbuchhandels wird der erste »Betriebskollektivvertrag« (BKV) abgeschlossen. Im weiteren Verlauf des Jahres 1959 folgen alle Buchbetriebe. Voraussetzung für diese Vereinbarungen zwischen betrieblicher und gewerkschaftlicher Leitung waren die seit 1958 bestehenden gewählten Betriebsgewerkschaftsleitungen.

24. April 1959 Unter dem Motto »Greif zur Feder, Kumpel! Die sozialistische Nationalkultur braucht Dich!« findet im Kulturpalast des VEB Elektrochemisches Kombinat Bitterfeld die »1. Bitterfelder Konferenz« statt. Die Volksbuchhandlung »Das Gute Buch Halle« repräsentiert in einer Buchausstellung Gegenwartsliteratur von DDR-Verlagen.

21. Mai 1959 Der Minister für Kultur, Alexander Abusch, erlässt die »Anordnung über die Auslieferung der Produktion der lizenzierten Verlage«. Sie sind verpflichtet, ihre gesamte Produktion an den LKG zu liefern.

12.–21. Juni 1959 Im Bezirk Halle finden die 1. Arbeiterfestspiele statt. Der bezirkliche Volksbuchhandel beteiligt sich mit Buchausstellungen und Literaturveranstaltungen. In der Folge werden die Arbeiterfestspiele jährlich, ab 1972, aller zwei Jahre durchgeführt.

Juni 1959 Die »Bücherstube Gutenberg« in Leipzig wird als spezielle Lehrbuchhandlung des Volksbuchhandels im Bezirk Leipzig eingerichtet. Diese Form der Lehrbuchhandlung wird in der Folge auch in anderen Bezirksstädten angewandt.

1. August – 10. Oktober 1959 In Leipzig findet die »Internationale Buchkunstausstellung (iba)« statt, die Traditionen von Veranstaltungen der Jahre 1914 und 1927 aufgreift. Sie folgt einer Anre-

gung der »Konferenz des Verlagswesens sozialistischer Länder« in Leipzig vom April 1957. Weitere »Internationale Buchkunstausstellungen (iba)« finden in den Jahren 1965, 1971, 1977, 1982 und 1989 in Leipzig statt.

August 1959 Die Buchhandlung Franz Otto Genth in Leipzig schließt als erste private Buchhandlung einen »Vertrag mit staatlicher Beteiligung« ab.

19. Dezember 1959 »1. Ökonomische Konferenz des Volksbuchhandels« in Leipzig. Die Teilnehmer beraten über den effektiven Einsatz der verfügbaren finanziellen Mittel und die Erwirtschaftung von Gewinnen.

12. Januar 1960 Die BBG schließt den ersten Kommissionshandelsvertrag mit dem privaten Musikalienhändler Kurt Funke ab.

Frühjahr 1960 In Leipzig, Halle, Dresden und Karl-Marx-Stadt finden Buchhändlerversammlungen des Börsenvereins statt. Aufgabe ist, den privaten Sortimentsbuchhandel durch den Abschluss von Kommissionshandelsverträgen mit dem Volksbuchhandel stärker in die »sozialistische Entwicklung« einzubeziehen.

März/April 1960 In Berlin und Leipzig werden »Betriebsakademien für Verlage und Buchhandel« als Bildungseinrichtungen für Verleger und Buchhändler gegründet.

10./11. Juni 1960 Die »2. Ökonomische Konferenz des Volksbuchhandels« beschäftigt sich mit einer höheren Rentabilität (Kosten, Bestandsbildung, Inventurminusdifferenzen, Gewinn) und mit der Durchsetzung von »Prinzipien der wirtschaftlichen Rechnungsführung«.

10. Juni 1960 Im Volksbuchhandel wird das zentrale Rechnungswesen eingeführt. Zuvor wurde die neue Abrechnung in den Bezirken Gera und Magdeburg erprobt.

4. Juli 1960 Mit der »Anordnung über die Ablieferung von Pflichtexemplaren« wird die Lieferung von Pflichtexemplaren an wis-

senschaftliche Bibliotheken in der DDR gegenüber der Verordnung vom 1. September 1955 präzisiert.

20. Juli 1960 Der Minister für Kultur erlässt die »Anordnung über die Regelung des Antiquariatsbuchhandels«. Sie legt die Aufgaben des Antiquariatsbuchhandels fest und enthält Regelungen zur Führung von Antiquariatsbuchhandlungen und -abteilungen sowie zum An- und Verkauf antiquarischer Literatur.

Juli 1960 Auf einer Konferenz von Vertretern aus Betriebsbuchhandlungen des Volksbuchhandels und Fachverlagen wird eine Vereinbarung über den Vertrieb der Fachliteratur abgeschlossen.

1. August 1960 »Anordnung über die Versorgung der allgemeinbildenden Bibliotheken mit Literatur«. Demzufolge sind die Einrichtungen des Verlagswesens und des Buchhandels verpflichtet, »Literaturbestellungen der allgemeinbildenden Bibliotheken und der mit ihrer Buchversorgung beauftragten Institutionen bevorzugt und termingerecht auszuführen«.

September 1960 An der Fachschule für Buchhändler in Leipzig wird das Fernstudium eingeführt.

28. Februar 1961 Das »Statut für die Fachschule für Buchhändler« wird veröffentlicht. Die Aufgabe ist, mittlere Kader für das Verlagswesen, den Zwischenbuchhandel und Buchhandel mit dem Abschluss »Buchhändler mit Fachschulprüfung« auszubilden.

31. März 1961 Nachdem private Buchhändler beim Abschluss von Kommissionshandelsverträgen den Vertragspartner wählen können, bestehen 27 Verträge mit dem LKG und 41 Verträge mit dem Volksbuchhandel. Für eine intensivere Zusammenarbeit wechseln in den Jahren 1961 bis 1963 alle Kommissionshandelspartner des LKG zum Volksbuchhandel.

Mai 1961 Auf einer Direktorentagung der Zentralen Leitung werden »Grundsätze für die Spezialisierung des Handelsnetzes« beraten und verabschiedet. Die Volksbuchhandlungen werden in drei Kategorien klassifiziert. Ende 1961 umfasst das Handelsnetz: 481 allgemeine Sortimentsbuchhandlungen, 176 Buchhandlungen mit Spezialabteilungen und 114 Spezialbuchhandlungen.

23. Juni 1961 Die erste Zentrale Jugendkonferenz des Volksbuchhandels »Mehr Förderung und Vertrauen der Jugend« findet in Leipzig statt. Danach erfolgt am 21. September 1961 die erste Zusammenkunft der »Zentralen Jugendkommission des Volksbuchhandels«.

1. Juli 1961 Die »Ordnung über Stellung, Rechte und Pflichten des Buchhandlungsleiters im Volksbuchhandel« tritt in Kraft.

1. Oktober 1961 Einführung eines »Grundsortiments für die marxistisch-leninistische Literatur des Dietz Verlages, Berlin« in den Volksbuchhandlungen. Der Umsatz ist gesondert zu erfassen.

23.–26. November 1961 Die 14. Tagung des ZK der SED legt fest, das System des Buchvertriebs zu überprüfen. Der Minister für Kultur wird aufgefordert, Vorschläge zu unterbreiten, wie Mängel beseitigt werden sollen.

31. Juli 1962 Das Politbüro des Zentralkomitees der SED fasst den Beschluss zur »Verbesserung der Arbeit im Verlagswesen und Buchhandel«. Es werden Maßnahmen »zur Erreichung einer höheren politisch-ideologischen Qualität der Buchproduktion, einer einheitlichen politischen und ökonomischen Leitung von Verlagswesen und Buchhandel sowie der weiteren Verbesserung der ökonomischen Ergebnisse in diesen Einrichtungen« beschlossen. Der LKG und der Volksbuchhandel werden in Volkseigentum überführt und dem Ministerium für Kultur, Hauptverwaltung Verlage und Buchhandel, unterstellt.

21. Dezember 1962 Der Ministerrat der DDR fasst den »Beschluss über die Bildung der Hauptverwaltung Verlage und Buchhandel beim Ministerium für Kultur«. Mit Wirkung vom 1. Januar 1963 wird diese aus der Abteilung Literatur und Buchwesen im Ministerium für Kultur, der VVB Verlage und dem Druckerei- und Verlagskontor (DVK) gebildet.

1962 Bei der BBG wird der »Buch- und Zeitschriftenvertrieb Berlin« (Buchhandlung »M 40«) zur Versorgung der Dienststellen der Nationalen Volksarmee) mit Literatur gebildet.

1962 Im VEB Verlag für Buch- und Bibliothekswesen, Leipzig, erscheint die »Ökonomik des Buchhandels«. Es ist die erste umfassende Darstellung der Planung und Leitung des Buchgroß- und -einzelhandels.

7. Januar 1963 Der Minister für Kultur, Hans Bentzien, erlässt die »Anordnung über die HV Verlage und Buchhandel«. In einer Anlage der Anordnung werden die unterstellten Verlage und buchhändlerischen Einrichtungen aufgeführt.

Januar 1963 Eine vom Ministerium für Kultur und dem Ministerium für Handel und Versorgung erlassene Richtlinie tritt in Kraft, die die Zusammenarbeit des Volksbuchhandels mit der staatlichen Handelsorganisation (HO) und dem Konsum beim Vertrieb von Büchern und Reproduktionen regelt.

13. Juni 1963 Der Minister für Kultur erlässt die »Anordnung über die Erteilung Sondergenehmigungen zum Empfang von Literatur aus Westdeutschland, Westberlin und dem kapitalistischen Ausland«.

25. Juni 1963 Vom Ministerrat der DDR wird das »Neue Ökonomische System der Planung und Leitung der Volkswirtschaft (NÖS)« eingeführt. Die Zentrale Leitung legt Ende 1963 eine Konzeption zur Anwendung des Systems im Volksbuchhandel vor.

1.–8. September 1963 Die Internationale Leipziger Buchmesse findet erstmals im neu erbauten »Messehaus am Markt« statt. Anlässlich der Buchmesse werden die Ergebnisse eines vom Rat der Stadt Leipzig und vom Börsenverein ausgeschriebenen Wettbewerbs in der Ausstellung »Schönste Bücher aus aller Welt« gezeigt. Die Ausstellung wird jährlich weitergeführt.

1. November 1963 Das Ministerium für Volksbildung erklärt das »Berufsbild Buchhändler« sowie neue Ausbildungsunterlagen für verbindlich.

1.–3. November 1963 In Halle finden die ersten »Tage der Kinderliteratur« statt.

November 1963 Beim staatlichen Kontrollorgan »Arbeiter-und-Bauern-Inspektion (ABI)« wird eine Zweiginspektion Verlage und Buchhandel gebildet mit der Aufgabe, die Einhaltung von Gesetzen, Beschlüssen und volkswirtschaftlichen Planvorgaben im Verlagswesen und Buchhandel zu überwachen.

November 1963 Die Ergebnisse bei der 1961 eingeleiteten Spezialisierung des Handelsnetzes des Volksbuchhandels werden ausgewertet und neue »Grundsätze für die Spezialisierung« verabschiedet. Ende des Jahres 1963 bestehen 102 Spezialbuchhandlungen, 141 Buchhandlungen mit Spezialabteilungen und 222 Buchhandlungen mit einem erweiterten Fachbuchsortiment.

1963 Im Laufe des Jahres nehmen die ersten drei Buchhandlungsbeiräte als »gesellschaftliche Beratungsgremien« des Volksbuchhandels in der Betriebsbuchhandlung des Stahl- und Walzwerkes Brandenburg, der Volksbuchhandlung Bernburg und der Volksbuchhandlung Bergen/Rügen ihre Arbeit auf.

10. Januar 1964 Die Regierungskommission für Preise beim Ministerrat der DDR verabschiedet die »Preisanordnung Nr. 2025, Verpflichtung zur Preisauszeichnung und zum Preisnachweis«, die vorschreibt, dass die Preisauszeichnung bei Büchern »durch die auf den Umschlägen eingedruckten bzw. die angegebenen Preise« durch manuellen Eintrag zu erfolgen hat. Für den Buchhandel entsteht damit ein enormer administrativer Aufwand.

24./25. April 1964 Die »Ideologische Kommission« beim Politbüro des ZK der SED und das Ministerium für Kultur veranstalten die »2. Bitterfelder Konferenz«. Der Mitteldeutsche Verlag Halle und die Volksbuchhandlung »Das Gute Buch Halle« zeigen eine Buchausstellung über sozialistische Gegenwartsliteratur.

18. Juni 1964 Der Stellvertreter des Ministers für Kultur, Erich Wendt, erlässt die »Anweisung über die Bildung und das Statut der Buchgemeinschaft ›buchclub 65‹«. Verantwortlich für die Lei-

tung ist der Verlag »Buchclub 65«, Berlin. Die Auslieferung der Bücher erfolgt durch das Buchhaus Leipzig.

Juni 1964 Die Zentrale Leitung legt »Thesen zum Perspektivplan des Volksbuchhandels bis 1970« vor.

Juli 1964 Im LKG wird die Abteilung Buchmarktforschung gebildet. Zu ihren Aufgaben gehören Kundenbefragungen im Volksbuchhandel und Untersuchungen zum Leseverhalten. Es sollen Informationen für die Themenplanberatungen erarbeitet werden.

Juli 1964 Der erste »Rostocker Buchbasar« findet statt.

26. August 1964 Der Minister für Kultur erlässt die »Anordnung über das Statut des Volksbuchhandels«, womit der Volksbuchhandel als »volkseigener Betrieb und juristische Person« der HV Verlage und Buchhandel unterstellt ist. Der Sitz ist in Leipzig.

November 1964 Gründung des »Gewerkschaftskomitees Verlage und Buchhandel« bei der HV Verlage und Buchhandel.

Dezember 1964 Im »Zentralantiquariat der DDR« wird eine Verlagsabteilung für wissenschaftliche Nachdrucke (Reprints) gebildet.

13. Januar 1965 Der Vorsitzende der Staatlichen Plankommission und der Minister für Volksbildung erlassen die »Anordnung über die Versorgung der allgemeinbildenden Oberschulen, Sonderschulen und Einrichtungen der Berufsbildung mit Schul- und Lehrbüchern«. Zur Schul- und Lehrbuchversorgung enthält die Anordnung verbindliche Regelungen für das Bestellverfahren beim LKG und beim örtlichen Buchhandel. Eine Präzisierung der Anordnung erfolgt am 5. September 1967.

11. Juni 1965 Die Zentrale Leitung erlässt die »Arbeitsordnung des Volksbuchhandels«.

7. Juli 1965 Das Sekretariat des ZK der SED beschließt »über den Literaturvertrieb in den Grundorganisationen und die Aufgaben des Literaturobmannes«. Für die Auslieferung der Bestellungen

an die SED-Grundorganisationen und für die Bestandshaltung an politischer Literatur sind die Volksbuchhandlungen zuständig.

31. Oktober 1965 Aus Anlass seines 20-jährigen Bestehens organisiert der Volksbuchhandel »eine einheitliche Buchlotterie in der DDR«.

5. August 1965 Die HV Verlage und Buchhandel verabschiedet die »Richtlinie über Kommissionslieferungen und Festlieferungen mit Remissionsrecht zwischen Verlagen und Buchgroß- und Bucheinzelhandel«.

1. September 1965 Die Zentrale Leitung erlässt eine neue »Ordnung über Stellung, Pflichten und Rechte des Buchhandlungsleiters im Volksbuchhandel«, die den Anforderungen des Neuen Systems der Planung und Leitung Rechnung tragen soll.

8. Oktober 1965 Die »Anordnung über die Ausbildung an der Fachschule für Buchhändler« legt die Dauer des Direktstudiums auf drei Jahre, die des Fernstudiums auf vier Jahre fest und regelt, für welche Funktionen im Verlag, im Buchgroß- und Bucheinzelhandel der Fachschulabschluss erforderlich ist. Absolventen mit bestandener Fachschulabschlussprüfung sind berechtigt, die Berufsbezeichnung »Buchhändler mit Fachschulabschluss« zu führen.

16.–18. Dezember 1965 Die 11. Tagung des ZK der SED (Kulturplenum) übt massive Kritik an künstlerischen Entwicklungen und prangert auch das »Versagen« der Kontrollgremien an. Es kommt zu Verboten von Filmen, Theaterstücken, Musikgruppen und auch Büchern. Die Phase der Liberalisierung nach dem VI. Parteitag der SED 1963 endet.

23. Januar 1966 Auf der Grundlage einer Vereinbarung zwischen dem Ministerium für Kultur und dem Ministerium für Nationale Verteidigung beendet die Buchhandlung »M 40« der Berliner Buchhandels-Gesellschaft ihre Tätigkeit. Es entsteht ein juristisch selbständiger Bucheinzelhandelsbetrieb »Buch- und Zeitschrif-

tenvertrieb (VEB) Berlin« (ab 1974: »NVA Buch- und Zeitschriftenvertrieb (VEB) Berlin«), der dem Ministerium für Nationale
Verteidigung (Politische Hauptverwaltung) unterstellt ist.

20. Mai 1966 Der Minister für Handel und Versorgung erlässt die
»Anordnung über die Behandlung von Kundenreklamationen«,
die auch für den Volksbuchhandel verbindlichen Charakter hat.

1966 Im Laufe des Jahres werden wesentliche Konzeptionen der
Zentralen Leitung zur Arbeit im Volksbuchhandel wirksam:
»Thesen und Maßnahmen für die Rationalisierung im Volksbuchhandel«, »Richtlinie für die Literaturpropaganda« und für
die »Entwicklung des Musikalienhandels«.

1. Januar 1967 Eine zwischen dem Volksbuchhandel, dem volkseigenen Einzelhandel (HO) und dem Verband Deutscher Konsumgenossenschaften (VDK) abgeschlossene Koordinierungsvereinba-
rung tritt in Kraft. Sie regelt »die Lieferungen von Büchern und
gerahmten und ungerahmten Reproduktionen«.

29. Mai 1967 Anlässlich des 125. Geburtstages des Verlegers und
Buchhändlers Wilhelm Bracke stiftet der Börsenverein die »Wilhelm-Bracke-Medaille« (in den Stufen »Gold«, »Silber« und
»Bronze«) als höchste Auszeichnung des Verleger- und Buch-
händlerverbandes.

Juni 1967 Auf einer Konferenz der HV Verlage und Buchhandel werden Erfahrungen beraten, die bei der Erarbeitung einer Prognose
der Literaturverbreitung für den Volksbuchhandel und die allgemeinen öffentlichen Bibliotheken im Kreis Borna (Bezirk Leipzig)
gewonnen wurden.

August 1967 Das »Berufsbild Buchhändler mit Fachschulabschluss«
wird eingeführt.

7. November 1967 Die Volksbuchhandlungen »Das sowjetische
Buch« werden in Leipzig und Berlin eröffnet.

10. Mai 1968 Am »Tag des freien Buches« verleiht der Börsenverein

erstmalig die »Wilhelm-Bracke-Medaille«. Zu den Ausgezeichneten gehören drei Kollektive von Volksbuchhandlungen, sieben Volksbuchhändler, vier Privatbuchhändler sowie zwei Mitarbeiter des LKG.

25. Juni 1968 Das Institut für Verlagswesen und Buchhandel an der Karl-Marx-Universität Leipzig nimmt ddie Arbeit auf.

August 1968 Zwischen dem VEB Uhrenkombinat Ruhla und der Volksbuchhandlung Ruhla wird ein »Freundschaftsvertrag« abgeschlossen, der die kulturelle Betreuung der Betriebsangehörigen verbessern und zur Literaturvermittlung beitragen soll. Der Vertrag wird zur Vorlage für weitere Vereinbarungen. Im Laufe des Jahres werden 192 Freundschaftsverträge zwischen Volksbuchhandlungen und Betrieben sowie Bildungseinrichtungen abgeschlossen.

Mai 1969 In der LPG »Thomas Müntzer« in Worin (Kreis Seelow) wird die erste »Gesellschaftliche Buchverkaufsstelle« des Volksbuchhandels eröffnet.

1. Juli 1969 Die von der HV Verlage und Buchhandel herausgegebene »Ordnung für den Literaturvertrieb« wird für verbindlich erklärt. Sie enthält Festlegungen, die das Zusammenwirken der literaturverbreitenden Einrichtungen, der Verlage, des LKG und des Bucheinzelhandels verbessern sollen.

3. Juli 1969 Im Volksbuchhandel findet die erste Vertriebsmitarbeiterkonferenz statt.

1. September 1969 Ein neu erarbeitetes »Berufsbild Buchhändler« und Rahmenausbildungsunterlagen treten in Kraft.

1. Oktober 1969 Der Volksbuchhandel wird anlässlich des 20. Jahrestages der Gründung der DDR mit einem »Ehrenbanner des ZK der SED und des Ministerrates der DDR« ausgezeichnet.

20. Februar 1970 Der Stellvertreter des Leiters der HV Verlage und Buchhandel erteilt eine Weisung »Zur Erhöhung der Ordnung

und Sicherheit in den Verkaufseinrichtungen des Volksbuchhandels und Verfahrensweise bei Kundendiebstählen«.

8. April 1970 Für die gesetzliche »Regelung des Antiquariatsbuchhandels« vom 20. Juli 1960 tritt eine neue, vom Minister für Kultur erlassene Anordnung in Kraft.

Mai 1970 Der Volksbuchhandel wird anlässlich seines 25-jährigen Bestehens mit der »Wilhelm-Bracke-Medaille« in Gold ausgezeichnet.

Juni 1970 Ein Anleitungsmaterial für »Schulungen über eine ordnungsgemäße Bestellarbeit im Volksbuchhandel« erscheint

September 1970 Die Zentrale Leitung gibt Schulungsmaterial über »Sozialistisches Wirtschaften auf der Grundlage der Anwendung des Prinzips der Eigenerwirtschaftung der Mittel für eine hohe kulturpolitische und kulturökonomische Leistung« heraus.

1970 Im VEB Fachbuchverlag Leipzig erscheint die Schrift »25 Jahre Volksbuchhandel der DDR 1945–1970«. In 755 Volksbuchhandlungen sind über 6000 Mitarbeiter tätig. Mit 101 privaten Buchhändlern bestehen Kommissionshandelsverträge.

17. November 1971 Das »Statut für die Betriebsberufsschule des Volksbuchhandels« wird vom Ministerium für Kultur erlassen, gültig ab 1. Januar 1972. Umbenennung der »Deutschen Buchhändler-Lehranstalt« in »Betriebsberufsschule«.

1971 In Dresden findet die »1. Rationalisierungskonferenz des Volksbuchhandels« statt. Weitere Konferenzen folgen im Zweijahresrhythmus bis 1981, eine weitere 1984.

Februar 1972 In Potsdam findet eine Arbeitstagung der HV Verlage und Buchhandel und der Zentralen Leitung zur Tätigkeit des Buchhandels auf dem Lande statt.

21. März 1972 Der Stellvertreter des Ministers für Kultur und der Zentralvorstand der IG Druck und Papier veröffentlichen »Hin-

weise für die Weiterführung des sozialistischen Wettbewerbs in den Verlagen und im Volksbuchhandel im Jahre 1972«.

1. April 1972 Eine neue »Ordnung für den Leiter einer Buchhandlung« wird verbindlich.

Mai 1972 In Leipzig findet eine Konferenz der HV Verlage und Buchhandel /der Zentralen Leitung über seine Effektivität in Industriebetrieben/Einrichtungen statt.

November 1972 Erstmalig werden die »Tage des sowjetischen Buches« veranstaltet.

1972 Im Buchbetrieb Dresden wird probeweise das »Filialgruppenprinzip« als Versuch einer neuen Handelsnetzstruktur des Volksbuchhandels eingeführt. Ergebnisse dieses später nicht weitergeführten Versuchs fließen in die weitere Rationalisierung ein.

1972 Im VEB Fachbuchverlag erscheint die Publikation »Volksbuchhandlungen, Grundlagen ihrer Rationalisierung und Einrichtung«.

März 1973 Klaus Höpcke wird Stellvertreter des Ministers für Kultur und Leiter der HV Verlage und Buchhandel.

22.–27. Mai 1973 Auf der »1. Tagung der Buchhandelsorganisationen sozialistischer Länder« in Moskau mit Vertretern aus sieben Ländern werden Leitungsfragen des Literaturvertriebs beraten. Der Erfahrungsaustausch soll im Zweijahresrhythmus in je einem anderen Gastgeberland fortgeführt werden.

Juli 1974 Im LKG erfolgt die etappenweise Umstellung auf die Elektronische Datenverarbeitung. Begonnen wird mit den Beständen und der Auslieferung der Abteilung Bibliotheken. Es folgt im Oktober 1974 der Bildervertrieb. Bei der Einführung kommt es zu erheblichen Schwierigkeiten im Auslieferungsprozess.

1974 Einführung der »Literatursystematik für Verlagserzeugnisse (LSV)«. Dieser Schritt ist durch den Einsatz der EDV erforderlich.

1974 Der »NVA Buch- und Zeitschriftenvertrieb (VEB) Berlin« übernimmt die buchhändlerischen Einrichtungen des Volksbuchhandels in den Dienststellen des Ministeriums des Innern.

Januar 1975 Der Bundesvorstand des FDGB und der Minister für Kultur schließen eine »Vereinbarung über die Zusammenarbeit auf dem Gebiet der Literaturpropaganda und Literaturverbreitung sowie bei der Entwicklung des Bibliothekswesens« ab, die auch die Unterstützung des Volksbuchhandels beim »gesellschaftlichen Literaturvertrieb« und bei der Einrichtung von Betriebsbuchhandlungen festlegt.

1. Januar 1975 Im LKG beginnt, zunächst mit 16 Verlagen, die 3. Etappe der EDV-Umstellung. Sie wird personell, technisch und technologisch nicht bewältigt. In der Belieferung kommt es zu großen Schwierigkeiten.

IV. Quartal 1975 Erste gemeinsame Tagung leitender Mitarbeiter der volkseigenen Bucheinzelhandelsorganisationen Volksbuchhandel und Dom Ksiazki in Frankfurt (Oder). Ein zweites Treffen findet am 28./29. September 1987 in Krakow statt.

18. Februar 1976 Die HV Verlage und Buchhandel setzt eine »Ordnung für die Zusammenarbeit der Verlagsbeauftragten mit dem Buchhandel« in Kraft, die der besseren Information über die Verlagsproduktion gegenüber dem Buchhandel dienen soll.

Februar 1976 Die HV Verlage und Buchhandel gibt eine Empfehlung für die Vorbereitung und Durchführung von Themenplanberatungen der Verlage« mit den literaturverbreitenden Einrichtungen (Volksbuchhandel, LKG und Bibliotheken).

3. Mai 1976 Der Minister für Kultur erlässt mit Wirkung vom 1. Juli 1976 eine überarbeitete »Ordnung für den Literaturvertrieb« vom 1.7.1969.

24. Mai 1976 Mit den »Themenplanberatungen« gewinnen die »Testbuchhandlungen« für die Kooperation zwischen Verlagen und Bucheinzelhandel weiter an Bedeutung. Die HV Verlage und

Buchhandel gibt »Empfehlungen für die Arbeit der Verlage mit den Testbuchhandlungen« heraus.

28. April 1977 Nach einem gemeinsamen Beschluss des Politbüros des ZK der SED, des Ministerrates der DDR, des Bundesvorstandes des FDGB und des Zentralrates der FDJ vom 7. Dezember 1976 erlassen der Minister für Kultur und der Staatssekretär für Berufsbildung eine »Anweisung über das Verfahren der Bedarfsermittlung und des Bestell- und Vertriebssystems für berufsbildende Literatur«. Gegenüber den Festlegungen vom 29. August 1969 und vom 13. Dezember 1969 werden die Aufgaben für den LKG und örtlichen Buchhandel präzisiert.

September 1977 In Moskau findet die »1. Internationale Buchmesse« statt, an der sich Verlage der DDR beteiligen.

20. Oktober 1977 Der Ministerrat der DDR erlässt ein neues Statut für das Ministerium für Kultur. Die Aufgabe ist, »die politisch-ideologische Arbeit des Verlagswesen und die ökonomische Leitung der dem Ministerium unterstellten Verlage und Einrichtungen des Buchgroß und -einzelhandels zu qualifizieren«.

1977 Im VEB Fachbuchverlag Leipzig erscheint das »Lehrbuch für Buchhändler«. Damit liegt erstmals in der DDR ein Lehrbuch für den Buchhändlerberuf vor.

März 1978 Die Zentrale Leitung verabschiedet eine »Konzeption zur sozialistischen Rationalisierung im Volksbuchhandel bis 1985«. Das ab 1972 begonnene »Filialgruppenprinzp« wird beendet.

Mai 1978 Der neue Gehaltsgruppenkatalog für den Volksbuchhandel wird wirksam.

25. August 1978 »Gemeinsame Anweisung des Ministeriums für Volksbildung und des Ministeriums für Kultur zur Durchführung des staatlichen Kinderbuchabonnements ›Buchklub der Schüler‹« mit Wirkung vom 1. Oktober 1978. Das »Buchhaus Leipzig wird mit der planmäßigen Auslieferung der bestellten Titel beauftragt.

1. September 1978 Die »Direktive zur einheitlichen Anwendung der Facharbeiterprüfungsordnung vom 24. Februar 1978 bei der Ausbildung zum Facharbeiter ›Buchhändler‹ im Bereich des Bucheinzelhandels, des Verlagswesens, des LKG und anderer Einrichtungen« tritt in Kraft.

1979 Der »1. Leipziger Buchbasar« findet statt und wird in den folgenden Jahren weitergeführt.

1. April 1980 Eine neue »Arbeitsordnung des Volksbuchhandels der DDR« in Kraft.

18. November 1980 Der Minister für Kultur erlässt die »Richtlinie über die Preisbildung im Antiquariatsbuchhandel«. Der Geltungsbereich umfasst »den An- und Verkauf von Handelsgegenständen des Antiquariats durch die zuständigen Einrichtungen des Volksbuchhandels und des Kommissionsbuchhandels«.

1980 Durch fehlende Lagermöglichkeiten wird im LKG die »bezirksweise Auslieferung« eingeführt. Damit ist der einheitliche Verkaufsbeginn für Bücher im Buchhandel der DDR nicht mehr gewährleistet. Es erfolgt die Verlagerung der Buchtransporte von der Straße auf die Schiene. Betroffene Volksbuchhandlungen werden enorm belastet, die Kundendienste behindert.

1980 Die »3. Ökonomische Konferenz des Volksbuchhandels« berät über die Senkung der Handelsverluste und die Erhöhung des Gewinns.

4. Mai 1981 Der Minister für Kultur weist eine »Änderung der Ordnung für den Literaturvertrieb« an. Der Abschnitt »Kundendienste der Buchhandlungen« wird neu gefasst und für antiquarische Leistungen erweitert.

September 1981 Zur Durchsetzung der »sozialistischen Rationalisierung« gibt die Zentrale Leitung ein Material zur Technologie und Organisation im Volksbuchhandel (»Rationalisierung 80«) heraus. Das Handelsnetz mit etwa 675 Buchhandlungen wird auf die weitere Ausprägung von »Buchhandlungstypen« (Haus des

Buches, Kreis-, Stadt-, Spezial- und Betriebsbuchhandlung) und deren spezifische Verkaufsformen und Kundendienste eingestellt.

Herbst 1981 500 Jahre Buchdruck in der »Buchstadt Leipzig«.

1981 Als »Solidaritätsgeschenk« wird dem mongolischen Buchhandel in Ulan-Bator die Inneneinrichtung für eine Buchhandlung übergeben. Weitere Ausstattungen erhalten Kuba (1982 in Havanna) und Vietnam (1984 in Vinh und 1986 Ho-Chi-Minh-Stadt).

25. März 1982 Mit der vom Minister für Kultur erlassenen »Anweisung zur Änderung der Richtlinie über die Preisbildung im Antiquariatsbuchhandel« wird der Geltungsbereich einer Richtlinie vom 18. November 1980 ergänzt. Die Regelungen gelten künftig nicht nur für den Volksbuchhandel und Kommissionsbuchhandel, sondern »auch in den zuständigen Einrichtungen des privaten Antiquariatsbuchhandels«.

31. Dezember 1982 Hellmuth Fischer beendet seine Tätigkeit als Hauptdirektor der Zentralen Leitung des Volksbuchhandels. Nachfolger ist Heinz Börner (bisher Ökonomischer Leiter).

29. September 1983 In Leipzig beschäftigt sich eine Tagung des Volksbuchhandels mit der Aufgabe, die »Verkaufskultur« im Volksbuchhandel zu verbessern und die Arbeit im Sortiment kundendienlicher zu gestalten.

10. Oktober 1984 Erste »Bildungskonferenz des Volksbuchhandels« in Leipzig.

26. Oktober 1984 Die »Tage des sowjetischen Buches der DDR« werden in Schwerin eröffnet.

8. August 1985 Zum 40. Jahrestag der Gründung der ersten Volksbuchhandlungen findet in Leipzig eine Festveranstaltung statt.

1. Januar 1986 In der DDR wird die »Internationale Standardbuchnummer (ISBN)« angewendet. Die lizenzierten Verlage sind verpflichtet, die ISBN in den Büchern einzudrucken. Damit soll das

Bestellwesen rationalisiert und die eindeutige bibliographische Identifizierung jeder Edition gesichert werden.

29. Januar 1986 Der Minister für Kultur und der Staatssekretär für Berufsbildung erlassen die »Dritte Durchführungsbestimmung zur Verordnung über die Facharbeiterberufe (Entwicklung, Produktion und Bereitstellung von berufsbildender Literatur)«.

27. Februar 1986 Die 4. Ökonomische Konferenz des Volksbuchhandels befasst sich dem Thema »Kulturpolitik und Ökonomie«.

6. Mai 1986 Nach über zwölf Jahren Verhandlung wird ein »Kulturabkommen« zwischen der DDR und BRD abgeschlossen.

1. Juli 1986 Die Zentrale Leitung gibt eine »Direktive der Entwicklung des Volksbuchhandels 1986–1990« heraus und verweist u.a. auf eine bedarfsgerechte Buchproduktion.

29. Oktober 1986 Die zweite »Zentrale Jugendkonferenz des Volksbuchhandels« findet zum Thema »Der Jugend Vertrauen und Verantwortung« in Leipzig statt.

15. Juni 1987 Eine überarbeitete »Ordnung über die Aufgaben, Pflichten und Rechte des Leiters einer Buchhandlung« wird verabschiedet.

16./.17 September 1987 Im Bezirk Halle finden »Tage der sozialistischen Gegenwartsliteratur« mit Schriftstellern aus der DDR und der UdSSR statt. Der Volksbuchhandel betiligt sich mit Buchverkaufsaustellungen und literarischen Veranstaltungen.

30. März 1988 Unter dem Motto »Literatur ist Weitersagen« wird in Leipzig eine Konferenz zur Öffentlichkeitsarbeit im Volksbuchhandel durchgeführt.

21. November 1988 Der Minister für Kultur erlässt mit Wirkung vom 1. Januar 1989 die »Anweisung für ein neues Statut des Volksbuchhandels der DDR (VEB)«. Der Name ist »Volksbuchhandel der DDR (VEB)«. Die Leitung erfolgt durch eine Hauptdirektion.

Ihr sind die »ökonomisch und juristisch selbständigen volkseigenen Buchhandelsbetriebe der DDR sowie die Berufsschule des Volksbuchhandels »Erich Wendt« in Leipzig unterstellt.

2. Januar 1989 Die Hauptdirektion bestätigt eine »Ordnung über die Leitungsorganisation«, die die Strukturen der Hauptdirektion und der Buchbetriebe festlegt.

5. April 1989 Der LKG organisiert eine Konferenz mit etwa 100 Buchhändlern (Volksbuchhandel, Privatbuchhandel, Kommissionsbuchhandel, NVA Buch- und Zeitschriftenvertrieb, organisationseigener Buchhandel) zur Beratung der Zusammenarbeit.

1. September 1989 Die Regelungen zur »Vorbereitung, Durchführung, Abrechnung und Auswertung von Leistungsvergleichen« (Lehrling »Bester im Beruf«) treten in Kraft.

14. November 1989 Nach Zusammenkünften mit den Direktoren der Buchhandelsbetriebe erarbeitet die Hauptdirektion »Fragen und Probleme für die buchhändlerische Entwicklung«.

November 1989 Karlheinz Selle löst Klaus Höpcke als Leiter der HV Verlage und Buchhandel ab.

22. November 1989 Der Hauptdirektor orientiert in einem Schreiben an die Betriebe auf die »Gestaltung des Handelsnetzes für die Buchversorgung« und betont darin, dass »die Buchhandlungen aller Eigentumsformen gleichberechtigt und nach den gesellschaftlichen Maßstäben einbezogen« werden müssen. Es enthält auch Hinweise für die Kooperation zwischen Volksbuchhandel und privatem Buchhandel.

15. Januar 1990 Der Hauptdirektor legt einen Maßnahmeplan für die Leitungsbereiche der Hauptdirektion vor.

25. Januar 1990 Nach einer Beratung mit den Direktoren der Buchhandelsbetriebe am 18. Januar 1990 orientiert die Hauptdirektion auf die Formierung leistungsfähiger, mit hoher Effektivität wirtschaftender Bucheinzelhandelsbetriebe.

8./9. Februar 1990 In Leipzig findet auf Veranlassung des Ministeriums für Kultur, Hauptabteilung Verlags- und Buchhandelsökonomie, eine »Beratung zur weiteren Aufgabenstellung und Struktur des LKG, des Außenhandelsbetriebes Buchexport, des Volksbuchhandels« statt. Das Protokoll hält fest: Der Volksbuchhandel »wird Struktur- und Eigentumsformen finden müssen, um neben den Konkurrenzunternehmen bestehen zu können. Das bedeutet, sich auf die leistungsstarke Buchhandlungen zu konzentrieren, sich von kleinen Objekten zu trennen.« Es gibt für die Buchhandelsbetriebe auch Optionen zur Zusammenarbeit mit anderen Buchhandelseinrichtungen der DDR und der BRD bzw. mit Verlagen. Für die Hauptdirektion wird die Auflösung festgelegt.

13. März 1990 Der Hauptdirektor gibt gegenüber den Direktoren der Buchhandelsbetriebe seine Zustimmung, in eigener Verantwortung GmbH zu gründen.

19. April 1990 Mit großer Mehrheit lehnen die Direktoren der Buchhandelsbetriebe Überlegungen ab, die Hauptdirektion als »Buchhandels-Holding« zu entwickeln.

1. Juni 1990 Nach der Gesetzlichkeit wird angewiesen, die volkseigenen Betriebe in Kapitalgesellschaften zu überführen. Das betrifft auch die Buchbetriebe des Volksbuchhandels. Damit ist der Prozess der Privatisierung über die Treuhand eingeleitet.

14. Juni 1990 Eine »Konzeption über die Beendigung der Tätigkeit der Hauptdirektion (Auflösung)« legt fest, die ökonomisch und juristisch selbständigen Buchhandelsbetriebe in Kapitalgesellschaften umzuwandeln. Die Betriebsberufsschule des Volksbuchhandels ist wieder in kommunale Leitung zu überführen.

Juli 1990 Der Minister für Kultur, Herbert Schirmer, erteilt den Auftrag, die Hauptdirektion »abzuwickeln«.

13. August 1990 Der Minister für Kultur unterzeichnet die Anordnung »Außer Kraft getretene Bestimmungen«. Dazu zählen die »Ordnung für den Literaturvertrieb«, das »Statut des VEB LKG und das »Statut des Volksbuchhandels der DDR (VEB)«.

248

30. September 1990 Die Hauptdirektion beendet ihre Tätigkeit. Die Mitarbeiter werden entlassen.

23. November 1990 Der Vorstand der »Treuhandanstalt« in Berlin verabschiedet eine »Leitlinie zur Bewertung von Buchhandlungen«. Diese soll »die Bewertung der Buchhandlungen des Volksbuchhandels zum Verkauf durch die Treuhandanstalt« regeln und ist auf eine vollständige Liquidation der Buchhandels-GmbH und der Volksbuchhandlungen gerichtet.

28. November 1990 Das Mitglied des Vorstandes der »Treuhandanstalt« in Berlin, Birgit Breuel, erlässt die »Organisationsanweisung Nr. 13« zur Privatisierung des Buchhandels. Am 7. Januar 1991 erfolgt eine entsprechende Organisationsanweisung für die Niederlassungen der Treuhand.

Verwendete Literatur
(Auswahl)

Adressbuch des Volksbuchhandels der Deutschen Demokratischen Republik. Leipzig: Volksbuchhandel der DDR, Zentrale Leitung, 1963 (präzisierte Ausgabe 1988)

Arbeit mit dem Buch. Informationsdienst des Volksbuchhandels für den Vertriebsmitarbeiter. Herausgeber: Volksbuchhandel, Zentrale Verwaltung (1955–1957)

Arbeitsordnung des Volksbuchhandels der Deutschen Demokratischen Republik. Berlin: Ministerium für Kultur, Hauptverwaltung Verlage und Buchhandel; Leipzig: Volksbuchhandel der DDR, Zentrale Leitung, 1965 und 1980

Ausbildungsunterlage Buchhändler vom 1.9.1956 Herausgeber: Amt für Literatur und Verlagswesen Berlin: Verlag Volk und Wissen, Berlin 1956. (Überarbeitungen in Folgejahren)

Beiträge zur Geschichte des Buchwesens. Herausgegeben im Auftrage der Historischen Kommission des Börsenvereins der Deutschen Buchhändler zu Leipzig von Karl-Heinz Kalhöfer und Helmut Rötsch. Leipzig, Fachbuchverlag, Band V., 1972

Berufsbild des Buchhändlers mit Fachschulabschluss. Leipzig: Fachschule für Buchhändler, 1967

Die Bestellorganisation im Volksbuchhandel unter den Bedingungen der Anwendung der elektronischen Datenverarbeitung. Herausgegeben von der Zentralen Leitung des Volksbuchhandels der DDR. Leipzig: Zentrale Leitung des Volksbuchhandels der DDR, 1973

Börner, Heinz: Entwicklung und Struktur des Volksbuchhandels der DDR, Leipziger Jahrbuch zur Buchgeschichte 12 (2003), Seite 347 bis 358, Harrassowitz Verlag, 2003

Börsenblatt für den Buchhandel und das Verlagswesen der DDR 1946 bis 1991, Herausgeber: Börsenverein der Deutschen Buchhändler zu Leipzig

Buchbesprechungen und Verkaufsargumente. Herausgeber: Zentrale Leitung des Volksbuchhandels der DDR Leipzig 1974 (Lehrmaterialfür die Aus- und Weiterbildung im Volksbuchhandel)

Dokumentation zur Verlagskunde DDR-Verlage. (Unterrichtshilfe für die Berufsausbildung Facharbeiter Buchhändler), Herausgeber: Volksbuchhandel der DDR, Zentrale Leitung, 1988

Fauth, Harry, Wolfgang Lehmann: Taschenbuch des Buchhändlers. Leipzig, Verlag für Buch- und Bibliothekswesen, 1958

Fauth, Harry/ Weiss, Just: ... viele wollten den Bücherschreibern in die Augen sehen. 25. Rostocker Buchbasar 1988. Herausgeber: Volksbuchhandel Buchbetrieb, Rostock 1988

25 Jahre Volksbuchhandel der Deutschen Demokratischen Republik. 1945-1970 (Festschrift), Herausgeber: Volksbuchhandel der DDR, Zentrale Leitung, 1970

Gäbler, Klaus/Schön, Arnold: Die Arbeit mit der marxistisch-leninistischen Literatur und ihr Vertrieb, Dietz Verlag, Berlin 1967

Göhler, Helmut: Öffentliche Bibliotheken und der Buchhandel in der DDR, Leipziger Jahrbuch zur Buchgeschichte 12 (2003)

Grundsätze zur Anwendung der »Richtlinie über Rechnungsführung und Statistik des Volksbuchhandels der DDR« in den Volksbuchhandlungen. Herausgeber Volksbuchhandel der DDR, Zentrale Leitung, 1980

Handbuch für Planung / Handbuch für den Literaturvertrieb, Herausgeber die Fachabteilungen der Zentralen Leitung des Volksbuchhandels (Loseblattsammlung mit jährlichen Präzisierungen)

Höhne, Heinz-Walter: Zur Thematik Die Anwendung der Wissenschaftlichen Arbeitsorganisation im Volksbuchhandel. Leipzig: Zentrale Leitung des Volksbuchhandels der DDR, 1980

Hünich, Hans: Das Rechnungswesen im Volksbuchhandel. Leipzig, Fachschule für Buchhändler, 1964

Krück, Wolf-Dieter: Der NVA Buch- und Zeitschriftenvertrieb (VEB) Berlin, Jahrbuch zur Buchgeschichte 12 (2003), Harrassowitz Verlag, 2003

Lehmann, Hans: Einführung in den Musikalienvertrieb, Herausgeber: Zentrale Leitung des Volksbuchhandels der DDR, 1968

Lexikon Buchstadt Leipzig. Von den Anfängen bis zum Jahr 1990, Hrsg. Helmut Bähring und Kurt Rüdiger, Tauchaer Verlag, 2008

Löffler, Dietrich: Rundgespräch zum Buchhandel der DDR, Leipziger Jahrbuch zur Buchgeschichte 12, Harrassowitz Verlag, 2003

Löffler, Dietrich: Zwischen Literaturvertrieb und Buchmarkt. Der Buchmarkt der DDR seit den siebziger Jahren, Leipziger Jahrbuch zur Buchgeschichte 11, Harrassowitz Verlag, 2001/02

Löffler, Dietrich: Buch und Lesen in der DDR. Ein soziologischer Rückblick, Ch. Links Verlag, Berlin 2011

Mitschke, Wolfgang: Der Gesellschaftliche Literaturvertrieb, Leipziger Jahrbuch zur Buchgeschichte 12, Harrassowitz Verlag, 2003

Moderne Warenpräsentation im Volksbuchhandel. Anleitungsmaterial für Schulungen innerhalb von Arbeitsbesprechungen in den volksbuchhändlerischen Kollektiven. Herausgeber: Zentrale Leitung des Volksbuchhandels der DDR, Leipzig 1973

Ökonomik des Buchhandels (Autorenkollektiv), Herausgeber; Zentrale Leitung des Volksuchhandels der DDR. Verlag für Buch- und Bibliothekswesen, Leipzig 1962

Ordnung für den Literaturvertrieb vom 1.7.1969. Herausgegeben von der Hauptverwaltung Verlage und Buchhandel im Ministerium für Kultur. Leipzig, Fachbuchverlag, 1969 (Weitere Auflage 1976 und Ergänzungen 1981)

Petry, Jürgen: Das Monopol (Geschichte des Leipziger Kommissions- und Großbuchhandels) Verlag Faber & Faber, Leipzig 2001

Prüfer, Wilfried, Berufsbild Buchhändler, Herausgeber: Zentralinstitut für Berufsausbildung Berlin, Staatsverlag der DDR, 1978 (Überarbeitung in Folgejahren)

Richtlinie über das einheitliche System von Rechnungsführung und Statistik im Volksbuchhandel. Herausgeber: Zentrale Leitung des Volksbuchhandels der DDR, 1971 (Loseblattausgabe, jährliche Präzisierung)

Rumland, Marie-Kristin: Veränderungen in Verlagswesen und Buchhandel der ehemaligen DDR 1989/1990 (Wissenschaftliche Beiträge aus dem Deutschen Buchhandel/Bucharchiv München, Band 44), Harrassowitz Verlag, 1993

Tripmacker, Wolfgang: Buchhandel in Potsdam 1945-1952, Leipziger Jahrbuch zur Buchgeschichte 12, Harrassowitz Verlag, 2003

Der Volksbuchhändler. Monatliche Fachzeitschrift der Zentralen Leitung für die Mitarbeiter des Volksbuchhandels der DDR. Herausgeber: Zentrale Leitung des Volksbuchhandels der DDR, publiziert 1958–1965

Volksbuchhandlungen. Typen, Umsatzstruktur, Flächenstruktur. Herausgegeben von der Zentralen Leitung des Volksbuchhandels 1977 und1980

Vordruck-Sammelmappe für Volksbuchhandlungen. Informations- und Schulungsmaterial für Volksbuchhändler (Loseblattausgabe mit Vordrucken) Herausgegeben von der Zentralen Leitung des Volksbuchhandels, 1967 (ständige Aktualisierung)

10 Jahre Versandbuchhandel der Deutschen Demokratischen Republik. Herausgegeben von der Leitung des Buchhauses Leipzig, 1959

Die Autoren:

Heinz Börner, geboren 1934, Seeoffizier, Großhandelskaufmann und Diplomwirtschafter, tätig im Volksbuchhandel als Planungsleiter und Ökonomischer Leiter, Direktor Buchbetrieb Karl-Marx-Stadt und von 1983-1990 als Hauptdirektor.

Bernd Härtner, geboren 1939, gelernter Sortimentsbuchhändler, seit 1970 verschiedene Funktionen in der Zentralen Leitung des Volksbuchhandels, von 1990 bis 2008 Personalverantwortlicher und Prokurist im LKG.

ISBN 978-3-360-02134-2

© 2012 Verlag Das Neue Berlin, Berlin

Umschlaggestaltung: Verlag unter Verwendung
eines Fotos von Klaus Stopper
Druck und Bindung: CPI Moravia Books GmbH

Ein Verlagsverzeichnis schicken wir Ihnen gern:
Das Neue Berlin Verlagsgesellschaft mbH
Neue Grünstr. 18, 10179 Berlin
Tel. 01805/30 99 99
(0,14 Euro/Min., Mobil max. 0,42 Euro/Min.)

Die Bücher des Verlags Das Neue Berlin erscheinen
in der Eulenspiegel Verlagsgruppe.

www.das-neue-berlin.de